主力表态

高胜算战术精解

魏宁海○著

南方出版传媒
广东经济出版社
·广州·

图书在版编目（CIP）数据

主力表态 / 魏宁海著. —广州：广东经济出版社，2020. 5（2024. 5重印）
ISBN 978-7-5454-7076-5

Ⅰ. ①主… Ⅱ. ①魏… Ⅲ. ①股票市场—研究—中国 Ⅳ. ①F832. 51

中国版本图书馆CIP数据核字（2019）第273092号

责任编辑：罗振文　赖芳琨　周伊凌
责任技编：陆俊帆

主力表态
ZHULI BIAOTAI

出　版 发　行	广东经济出版社（广州市环市东路水荫路11号11～12楼）
经　销	全国新华书店
印　刷	佛山市迎高彩印有限公司 （佛山市顺德区陈村镇广隆工业区兴业七路9号）
开　本	787毫米×1092毫米 1/16
印　张	14.75
字　数	264千字
版　次	2020年5月第1版
印　次	2024年5月第2次
书　号	ISBN 978-7-5454-7076-5
定　价	49.00元

图书营销中心地址：广州市环市东路水荫路11号11楼
电话：（020）87393830　邮政编码：510075
如发现印装质量问题，影响阅读，请与本社联系
广东经济出版社常年法律顾问：胡志海律师

布林线

（珍藏版）

［美］约翰·布林格 著

张 铁 译

PLAN THE TRADE AND TRADE THE PLAN!

▲ 约翰·布林格先生给本书作者魏宁海的寄语

老魏股市十大法则

01 执行力是股市第一秘笈。

02 主力不表态，不替主力表态。

03 均线是舞台，K 线是演员。

04 逃顶要坚决，抄底慢半拍。

05 看左侧做右侧，看大周期做小周期。

06 进出有依据，不要拍脑袋买，卖了拍大腿。

07 不与趋势作对，要成为趋势的朋友。

08 紧跟热点，用技术寻找机会。

09 市场是条鱼，不要幻想从头吃到尾。

10 建立适合自己的交易模型，然后去复制你的成功模式。

扫一扫，听听老魏对你说的话

目录

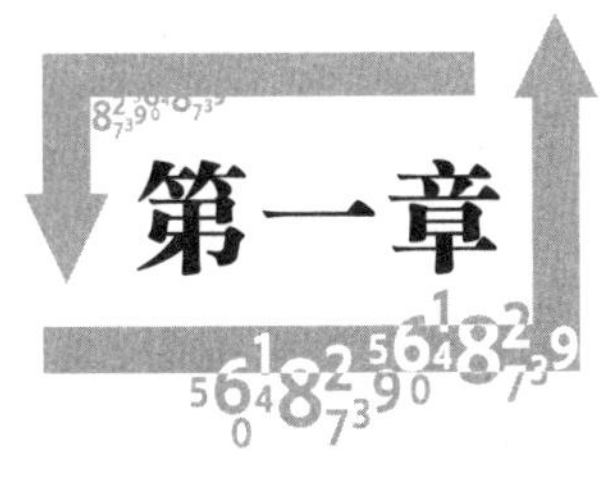

第一章　来龙去脉

第一节　A 股历史很短，股票历史可不短

尽管股票进入中国的时间并不长，只有短短几十年的时间，但实际上，从国际上来看，股票从发明到现在已经有 400 多年的历史了。从股票的定义我们可以得知，股票是股份公司发行的所有权凭证，是股份公司为筹集资金而发行的给各个股东作为持股凭证并以此获得股息和红利的一种有价证券。简单来说，股票相当于公司的一部分，有了股票，我们就拥有了一部分的公司，哪怕只是很小一部分。

股票起源于荷兰，正如股票的定义，其出现的缘由是股份公司发展的需要，是为了解决企业融资的现实问题。确实有很多能赚钱，或者暂时不赚钱但是掌握了新兴技术，将来可能会赚大钱的企业，受制于现金流的匮乏，无法快速发展。随着企业经营规模的不断扩大，其资本需求无法得到充分满足的痛点越发明显。因此，股份公司应运而生，完美解决了公司需要获得大量资金以满足企业发展的需求。

股份公司是股东共同出资经营的企业组织。股份公司的发展产生了以股票形式出现的融资活动，而股票融资过程中不同人对股票价值的分歧产生了股票交易的需求，进而促成了股票市场的完善和发展。反过来，股票市场的发展，同样反哺了股票的融资交易活动以及股份公司的发展壮大。

荷兰曾经是欧洲的霸主，16 世纪、17 世纪的欧洲，群雄割据，战火纷飞。当时的欧洲老大是西班牙，如今的荷兰、卢森堡、比利时以及法国的东北部，都是西班牙国土的一部分。但哪里有压迫哪里就有反抗，不甘被奴役的荷兰人揭竿而起，无奈还是太过稚嫩，荷兰刚一起势就被西班牙的反扑打得找不着北了，好在荷兰在

1588 年迎来了转机，后起之秀英国一举击败了西班牙的无敌舰队，荷兰也算得到了喘息的机会。

而战争则意味着大量的人员流失，众多的商人、有钱人、技术工人等纷纷逃亡。在荷兰的北部有个偏远的海港城市，它有得天独厚的优势资源——河流、森林和煤炭，交通又十分便利，地理位置也相对偏远，可以远离战争的纷扰。于是，这个小海港城市悄悄地发生着变化。到了 17 世纪，久经建设发展的小海港城市已经从一个默默无闻的小城，摇身一变，一跃成为世界上最重要的港口之一，甚至变成欧洲的金融中心，这个海港城市就是阿姆斯特丹。

阿姆斯特丹的金融活动之所以如此活跃，很大程度是因为这里的金融家族势力强大，甚至连政府和议会都是他们把持的，在国家意志的加持下，“赚钱”成了阿姆斯特丹的全民爱好。为了赚更多的钱，1602 年荷兰人以政府官员作为董事，以国家的名义建立了当时最赚钱的公司——荷兰东印度公司。

除了当时最为热门的东西方贸易，荷兰东印度公司还做战舰、雇佣兵等军事生意，甚至发行货币、与其他国家签订条约、占领并开发殖民地……俨然是一个戴着公司面具的“国家机器”，跟现在传统意义上的公司在本质上完全不同。

不过，当时的海上贸易是风险很大的生意，一方面世界并不太平，另一方面当时航海装备和技术也没有如今这么发达。不光可能遇到海上风暴、水手暴动，甚至运气不好，万一遇到敌对国或者海盗的打劫，抑或在恶劣的海上环境下爆发传染病，可能连船带货都没了。

而此时聪明的东印度公司为了筹措足够的资金，想出了一个绝招，发售“股票”，这也是现代股票的原型。东印度公司起草了一份章程：每个荷兰公民，只要花费 50 荷兰盾就可以购买一份东印度公司的股票，成为东印度公司的股东，在 3 年内可凭股票领取 150 荷兰盾的分红。除此之外，他们还发明了做多和做空的交易机制。当然，公司也不傻，3 年 200% 本金的收益跟天上掉馅饼没什么区别，东印度公司并没有打算真给所谓的股东 150 荷兰盾，而是组织一批人从急需用钱的人那里回购股票，然后高价卖给想要股票的人。于是，眼看着股票价格节节攀升，人们的赌性被点燃了，纷纷加入了这种投机倒把的股票交易中……

随着交易活动的日渐火热，荷兰于 1609 年成立了世界上第一个股票交易所——阿姆斯特丹证券交易所。由于股份公司这种企业组织形式非常之高效，解决了企业融资困难的问题，因而迅速在欧洲等资本主义国家广泛传播，成为最重要的企业组织形式之一。股份公司的发展，带动了股票市场交易的繁荣并促进了其发展和完善，股票买卖交易也日趋频繁，而后有了专门的股票经纪人撮合交易。

如今，股票市场已经遍及全世界，作为证券市场重要的基本内容，担负着企业融资的重任。

思　　考:

为什么股票交易所最先出现在荷兰，而不是别的地方？

参考答案:

一个新事物的诞生，必然伴随着其所需要的前提条件的完善。交易所是股权交易的场所，而股权来源于投资者对于股份的认购，交易是民众对于股票背后所代表的财富的追求。荷兰受益于大幅提高生产力的工业革命以及对外殖民活动，积累了大量的财富。荷兰东印度公司率先通过股票的方式向社会融资，荷兰人诚信的传统美德也让人们勇于把真金白银交给公司。可以说荷兰是商品经济制度的创造者，荷兰人很早就认识到了股票市场的作用：可以募集生产经营所需的资金，优化资源的配置，吸引公众出资参与公司的经营，将全国民众分散的资金集中化，风险分散化，集中资源办大事。

老魏寄语:

公司上市制度是一个非常棒的机制，让需要融资的企业得到资金，也给了投资者很好的投资渠道，同时也成就了一些优秀的投资者。这里，老魏也祝大家在A股市场投资顺利，钱包鼓鼓。

第二节　全球股市看它脸色

美国股票市场是当今世界上最发达的股票市场，无论是发行市场还是流通市场，都是首屈一指的。尽管世界上第一家股份公司MUSCOV在1551年诞生于英国，第一家证券交易所诞生于荷兰，但受益于“一战”“二战”后建立起来的全球霸主地位，美股市场对全球金融市场有着无可比拟的影响力。

美国最早的证券交易所——纽约证券交易所于 1811 年按照《梧桐树协议》建立并开始运行，如今美股市场已经有了 200 多年的历史，大致可分为四个时期。

第一个历史时期：初步发展

早在 18 世纪末，美股市场已经得到了初步的发展，1790 年，当时美国的财政部长亚历山大 · 汉密尔顿发行了大量的债券，直接导致了证券市场的活跃，对股票市场的发展也起到了重要的刺激作用。但直到 1811 年美国纽约证券交易所的成立才标志着美股市场的正式形成。初期，政府起到了至关重要的作用，特别是 1861 年到 1865 年的南北战争时期，当时联邦政府为了应对巨大的军费开支开始在股票市场融资，发行的股票数量及金额迅速增加，证券市场得到了空前的发展。1860 年到 1870 年之间的 10 年，大量的铁路股票在美国上市，大幅上涨后出现了铁路股票的泡沫。著名的道琼斯指数的一大重要参考指标便是铁路股票的表现。美国证券市场起先以债券为主，而南北战争之后，股票市场逐渐成为主角，特别是 19 世纪的后几十年，华尔街的股票市场发展空前繁荣，成为了美国的证券交易的中心。

股票市场的野蛮生长伴随着必然的丛林法则，此时的美国股票市场几乎是一个纯粹的投机市场，大量操纵股票的老千充斥其中，与赌博无异。美国一向信奉“最少干预的政府就是最好的政府”的格言，同时当时美国政府的腐败也助长了股票市场的“投机倒把”，其股票市场交易充满了掠夺性和弱肉强食，一直到 19 世纪末，美国的金融市场几乎处于没有政府管制、自由发展的状态。

“适者生存”的达尔文法则大行其道。只不过在各路“强盗资本家”（如：杰伊 · 古尔德、科尼利尔斯 · 范德比尔特等）的操作下，股市乌烟瘴气，很多人公然通过垄断上市公司股票，操纵股价甚至贿赂法官改变规则来为自己牟利，中小投资者的权益无法得到丝毫保障。如今，美股市场已经是非常机构化的市场，散户比例已经大大降低，当然这是后话了。

第二个历史时期：迅速发展

在 1886 年到 1929 年期间，特别是“一战”期间，老牌资本主义国家陷入战争泥沼，而美国本土远离纷争，因此美国逐渐发展成了世界政治和经济中心，美国股票市场得到了空前的迅速发展。著名的道琼斯指数也是在那时候（1896 年）建立的。19 世纪后期，企业为了给铁路行业、制造业和矿业业务融资，纷纷发行股票，股市也成了实至名归的晴雨表。当然，这个阶段的股市依旧充斥着严重的操纵和内幕交易，而股票投机天才杰西·利弗莫尔也正是在这个阶段逐渐在华尔街崭露头角的。

与铁路股票同步发展的还有工业股票，1900 年，伴随铁路业的大发展，各类工业也顺势得到了迅猛的发展，工业的发展让美国一举超越英国，成为世界第一经济强国。美国股市也进入了空前繁荣的时代。一方面是美国在“一战”过程中积累了大量的财富，保存了实力，加上自由贸易的扩大以及保持在持续低位的通胀率，使美国企业的竞争力迅速得到增强，而汽车、无线装备的发展也为经济的发展注入了强大的动力。另一方面，国际资本大量流入美国，进一步刺激股市的上涨，甚至出现了数百万居民争相购买股票的景象。当时热门的汽车和无线电板块的股票被爆炒。人们普遍认为这次不一样了，经济周期“消失”了，一直到 1929 年美国股市崩溃之前，市盈率达到了不可想象的高点，标普指数在 3 年多时间内涨了近 200%。

市场永远是牛、熊交替的，在这期间，股市也经历了多次崩溃，如 1893 年、1901 年、1903 年、1907 年、1914 年、1917 年以及 1929 年的大萧条。那时股票市场的名人或多或少都通过一些不光彩的手段发了些财，操纵的手法也花样层出，甚至出现了“股票欺诈是整个股市体系的一部分，无须特别谴责”的言论。尽管 1913 年美联储尚未成立，但著名的 J.P. 摩根公司在 1893 年和 1907 年两次组织救市，挽救了许多投资银行及投资人。

总体来说，这段时间是美股市场飞速发展的黄金时期。

第三个历史时期：规范发展

经历了 1929 年的大萧条，美国股市进入了至为重要的规范发展期，也是其走向投资时代的重要一步，价值投资的思想在这段时间逐渐被人们广泛传播并得到认可。

1929 年的大萧条极度打击了人们对于股票的信心，道琼斯指数由 1929 年 8 月的 380 点跌至 42 点，跌幅近 90%。同时大量债券无法得到正常偿付，约有 40% 的银行倒闭。覆巢之下安有完卵，在股市大萧条的低谷期，大量具备投资价值的优质企业被严重低估，这也造就了价值投资的土壤。从 1933 年起，股市进入了缓慢的恢复期，直到 1954 年，道琼斯指数才回到 1929 年的高点。期间，著名价值投资人、巴菲特的老师——格雷厄姆提出了新古典价值投资理论，并出版了《有价证券分析》这一伟大著作。

而在国际上，大萧条导致了一系列的连锁反应，开始从美国向其他主要的资本主义国家蔓延，各国货币竞相贬值。英国和美国分别在1931年和1933年放弃了金本位制。

美国国内的失业率也从3.2%上升到最高的41%，工业生产下降了45%，大量企业破产。而大萧条也让美国痛定思痛，罗斯福总统不顾华尔街利益阶层的坚决反对，推行了新政，重构了美国的证券市场监管框架，其中金融操纵、上市企业的信息透明披露以及投资者保护被提到了史无前例的重要位置。同时，养老基金等机构投资者迅速发展，市场机构化成为一种趋势。

第四个历史时期：投资的现代化

噩梦终将过去，时间来到1954年，股票指数也回到了大萧条之前的位置，经过多年的恢复整顿，美国股票市场进入现代化投资时代。

20世纪50年代的股票市场被称为“三杯马提尼酒的时代”，这时候的股票经纪人由于股市的繁荣过得非常惬意，钢铁、摩托罗拉、惠普等股票是市场的热门股。

而到了20世纪60年代以后，美股市场进入了腾飞的10年。先是出现技术股和电子股狂潮，拥有新技术的成长股票是股市的宠儿，不断增长的盈利预期甚至可以比拟1929年的投机狂潮。而接下来的并购热潮以人为制造的利润推高股价。到了20世纪60年代末期，概念股大行其道，但概念投机行为在1970年左右遭受了毁灭性的打击，而迷信概念股的投资者也容易遭到华尔街的蔑视，最终概念股慢慢淡出人们的视野。

到了1970年，美股股市迎来了“漂亮50”的浪潮，投资者不再追求概念股，转而恢复稳妥的投资，竞相购买那些真正有业绩、能赚钱的公司股票。这段时间涌现了大量至今仍广为人知的公司，如通用电气、可口可乐、麦当劳等。当然，再好的公司也经不住不断上涨的股价威胁，获利的投资者终会套现离场，这些优秀公司的平均市盈率最高涨到了60倍，但最终也崩溃收场，整体跌幅接近60%，阶段性股市大繁荣宣告结束。

时间进入1973年，这一阶段，美股市场和美国经济一同进入了震荡盘整的阶段，由于石油危机爆发引发油价暴涨，美元进入了长达10年的贬值时期，美国经济也进入了滞涨阶段，可以说是美国经济在“二战”以后最严重的衰退。由于货币政策导致的利率疯涨，股市和债市都开始大幅下挫。

直到 1982 年，第三世界爆发债务危机，国际资本不断向美国回流，为美股市场的新发展提供了动力。从 1982 年到 1987 年的 5 年时间，美股经历了一轮上涨幅度超过 200% 的牛市。一方面，之前较低的通胀率、较好的经济增长、减税的政策促进了股市的发展。另一方面，20 世纪 70 年代股票市场的低迷导致了大量企业的股票价格甚至低于其账面价值，杠杆收购和大规模兼并促使了股票价值的快速回升。后来的世界首富巴菲特也正是在这个时期开始活跃起来的。

当然，这场狂欢最终还是在 1987 年 10 月 19 日迎来了大崩盘。道琼斯指数当天暴跌 22.6%，创历史最大单日跌幅。这场美股的崩盘引发了全球股市的病毒式暴跌，香港股市被迫关闭。同时，美国的垃圾债券市场崩溃，储蓄贷款出现危机，商业银行面临困境。如果不是美联储快速降低了利率，提高货币供应量，市场可能会迎来大萧条的再次降临。现在看来，1987 年的危机是一次极好的买入机会。

1991 年，道琼斯指数从 2000 多点起涨，到 1997 年到达 8000 点，1998 年到达 9000 点，1999 年突破 10000 点，而 2000 年突破了 11000 点。从 1991 年到 2000 年，美股市场连续上涨，可谓是华尔街历史上最长的繁荣时期。

不过没有只涨不跌的股市，在 2000 年的春季，随着网络股泡沫的破灭，美股市场急转直下，而 2001 年的“9·11”事件更是让美股市场的境况雪上加霜。20 世纪 90 年代的大牛市成就了首富巴菲特，但面对不熟悉的新兴产业，巴菲特选择了观望，并对美股市场日渐膨胀的泡沫发出了警告。

牛市、熊市不断轮转，2007 年美股再创新高，2008 年美国次贷危机再次引发全球危机，之后又经过 10 余年上涨至今（2019 年 7 月）。

美股市场 200 多年的历史如同一幅画卷，向人们展示了股市随着经济发展的好坏而起起伏伏的面貌。多少投资者在历史中书写了自己的传奇。

思　　考:

为什么美股市场是全球股市的风向标?

参考答案:

任何一个市场的发展都是一个循序渐进的过程。一开始由于制度的不完善，往往是野蛮生长的，美股也不例外，自然界适者生存的法则大行其道，妖股庄股频出。经历 200 多年的发展，美股市场的制度已经相当完善，世界各地的优秀企业也竞相前往美国上市募集资金。股市是经济的晴雨表，美国作为全球第一大经济体，其 GDP（国内生产总值）在全球占有很大的比重，美股的表现对于全球市场有着不俗的影响力。而且美联储作为全球性的央行，其加息降息、缩表扩表等动作，对于全世界资金的流向都有着举足轻重的牵制作用。

老魏寄语：

相比美股 200 多年的历史，咱们的 A 股还处于非常初级的阶段，也有非常多的地方被吐槽、被抱怨，但我们也不必过于悲观，A 股也正在不断向好的方向发展。怨天尤人是无济于事的，我们要做的是，适应这个市场，并努力成为其中的佼佼者。

第三节 疯狂邻居的过往

说起熊市，人们往往大惊失色。但哪怕是国人心中最惧怕的 2007 年顶点后的熊市，和日本股市曾经的熊市比起来，绝对是小巫见大巫了。一个长达 14 年的熊市，是何等的令人无法想象，但它实实在在存在过，就在咱们的邻国——日本，这场熊市始于 1990 年，止于 2003 年，持续了整整 14 年。

当然，在这样一个罕见的大熊市之前，是一个史无前例的大牛市。在 1950 年到 1989 年的 39 年间，日本股市经历了从 85 点到 38957 点的巅峰演出。

不得不说，日本的崛起是一个奇迹。在“二战”中，日本元气大伤，战争对于经济的消耗以及后续影响让日本经济雪上加霜，原子弹的轰炸也给了日本迎头痛击，“二战”后的日本几乎都是大片的废墟，主要城市受到了严重的破坏，国民经济更是一派萧条。

“二战”后的日本人民更加努力地工作，尽管美国驻军于日本，日本失去了军事指挥权，但美国提供的军事保护以及大量美国资本的进入也使日本的经济开始趋于稳定并逐渐恢复，经济运作充满了自由而高效的气息。

随着日本的重建，大量工厂开始拔地而起，很多农民进城进厂成了产业工人，很多原本的白领成了工人。日本当时约定俗成有着终身雇佣的“习俗”，这使得这些雇员对于雇主有着一种莫名的忠诚，而绝大多数日本人民也十分节俭，有储蓄的良好习惯，

喜欢把余钱都存起来，而不是挥霍一空。

经过“二战”后长时间的经济复苏，日本的经济逐步进入正轨，从缓慢恢复转变为强劲的经济增长。其间涌现了大量优秀的公司，这些日本公司经合并形成了庞大的产业集团，也就是所谓的“财阀”。这些财阀利用后发优势通过复制改进西方的产品，迅速拥有了一大批质优价廉的产品，从而获得了极大的竞争优势，广受西方消费者的欢迎。同时，各个财阀相互合作，进而形成了企业联盟，这些企业联盟甚至与日本政府进行了深度的协作，在政商合作的模式下，经济迅速增长，日本股市也迎来了暴涨，企业联盟之间也相互购买彼此的股票，甚至成了一种风潮，这也给欣欣向荣的股市加了一把“油”。当然，这些廉价产品对于西方市场的冲击也为后续日本与西方国家矛盾的爆发埋下了伏笔。

随着20世纪70年代石油危机的爆发，通货膨胀逐渐蔓延至全球，极大地削弱了全球经济的增长势头。油价的暴涨也给日本带来了契机，日本的小汽车制造商，如本田汽车，迅速抓住这一机遇，扩大节油型小汽车的生产规模，与美国传统的汽车行业不同的是，日本早在20世纪60年代初就开始了自动化组装，这些小汽车的质量也得到了显著提升，且价格也比美国车便宜很多。此时，美国大马力、高油耗汽车在市场竞争中越来越力不从心了，低技术汽车行业开始衰退。

20世纪80年代，欣欣向荣的日本又大力发展了电子产业，著名的日立和索尼，通过仿制和创新，开始生产电子信息产业所需要的高质量电子设备。在微处理器、芯片、电路板和其他元器件市场，日本通过借助廉价劳动力以及机器设备，在质优和价廉之间找到了平衡点，并在残酷的市场竞争中越挫越勇，获取了如IBM、英特尔等企业的信任与青睐。日本最终在电子产业方面也狠狠地打击了传统的美国企业。

一个是汽车业，一个是电子业，日本成功地在两个重要的工业领域中取得了优势，这也给日本经济带来了前所未有的高度繁荣。整个20世纪80年代，日本的整体生活质量位居全球前列，人们健康长寿，人均GDP也是世界上最高的，这里似乎变成了一个理想的乌托邦社会。

与此同时，日本成为了世界上最大的债权国。“日本公司”甚至成为了一个流行词，世界各地的企业代表团企图通过对日本企业进行考察寻找成功的秘诀。此外，房地产价格以及日经股价指数均不断地创出新高，东京、大阪等主要城市四处开发摩天大楼。然而一片繁荣背后，隐藏着巨大的危机。

作为一个本土有美国驻军的国家，日本一旦遇到资本主义的“铁拳”必然是毫无反抗之力。由于日美之间存在巨大的贸易顺差，美国持续对日本施压，1985 年两国签订了《广场协议》。自此原本的日元升值趋势由于升值预期的强化持续进行，愈演愈烈，日元兑美元的汇率，从 1985 年的 260∶1 上升至 1987 年的 150∶1，两年内日元升值幅度接近 50%。

1986 年到 1988 年期间，东京地区的商业用地价格暴涨了一倍，不动产价格的飞涨，让日本有了一种似乎可以买下全世界的幻觉。据说，按当时的计价，东京地区的房地产价值竟与整个美国的房地产价值旗鼓相当。资产价格已经到了疯狂的地步。

1955 年到 1990 年期间，日本逐渐变为充满泡沫的海洋。土地价格上涨了 70 倍，股票价格上涨超过 100 倍。与此同时，股票投机活动在全球成为一种时尚热潮，其中以日本最为狂热，全世界的投资者都竞相购买日本股票，群众陷入了癫狂的状态，仿佛牛市永远不会结束。随着暴富者越来越多，投资者慢慢认识到日本正处于一片恐怖的经济泡沫之中，但贪婪还是战胜了理智，绝大多数人仍然沉浸在狂欢之中，天真地认为通过政府和企业同心协力的合作，这种不真实的高增长可以永远维系下去。公司开始抵押它们的土地去购买股票，而后利用股票的价值去购买更多的资产。

然而这场疯狂的欢愉终以惨痛结束。日本政府意识到了事情的严重性，为了给严重过热的经济降温而提高了利率，并企图切除房地产和股市这两个病态暴涨的毒瘤。令人意外的是，这辆高速行驶的股市列车带着巨大的惯性，依然向 4 万点猛冲过去，但最终止步于 1989 年 12 月 29 日的 38957 点。

随后，日经指数掉头向下，狂泻不止，数月之内已经跌得面目全非，而这一跌就是 14 年。

在牛市的时候，耳边似乎只有好消息，股市也失去了本来的面目；而在熊市中，股票真实的一面逐渐显露出来。人们幡然醒悟，之前股票的高价值很多是被人为操纵后过度膨胀的假象，远远不是其真实面目。股价操纵、贪污腐败、挪用公款等行为充斥在整个泡沫的膨胀过程中，不管是政界还是商界都逃脱不了干系。

从 1990 年到 2003 年这 14 年间，日经指数从巅峰时候的近 4 万点一直滑落至 2003 年最低不到 8000 点的谷底。日本为这巨大的泡沫付出了惨重的代价。这教训是昂贵的，日本在接过市场经济的繁荣以外，也接过了美国人手中的股灾，同时比美国历史上任何一次股灾都更加惨烈。

高价购买的土地以及股市顶端的投机让日本背负了几乎无法承受的债务，随后的十几年，日本长时间处于低迷之中，但尽管步履蹒跚，股市最终还是走向了正轨。

可谓眼看它泡沫吹起，眼看它泡沫消散……

思　　考:

日本股市对我们有什么启示?

参考答案:

梳理日本股票市场崩盘的经历，我们不难发现，股票市场运行机制的不完善，是这场灾难的首要原因。当时上市公司财力雄厚，相互联合，甚至和政府勾结。企业联盟之间相互购买股票以抬高股价，完全无视企业的内在价值。企业上市制度的初衷是为企业募集进一步发展的资金，若企业募集的资金不用于扩大生产、改善经营，仅仅是投机炒作，无疑是对上市制度初衷的完全违背。另外，对于投资者，不管是机构投资者还是个人投资者，都要合理加强其监管和教育。

老魏寄语:

回顾咱们的A股市场发展历程，牛市的疯狂历历在目，熊市惨痛的经历相信很多投资者也记忆犹新。人性是疯狂的，当大家过度乐观，人人都在喊大牛市的时候，要有几分警觉，要意识到兴许就要到顶了；当大家过度悲观，都觉得A股没救了，机会也许会悄然而至。要学会客观冷静看待市场，努力做到涨跌都能淡然处之。

第四节　让人又爱又恨的A股

20世纪90年代初，上海证券交易所和深圳证券交易所的先后成立，标志着中国证券交易市场的正式诞生。一转眼，如今A股也有了近30年的历史，回顾A股的峥嵘岁月，可歌可泣。回想当初沪深交易所开业时仅有“老八股”和“老五股”当家的场面，恍如隔世。

20多年的探索，让中国股市由“野蛮生长”逐渐转向成熟发展，伴随着股票市值增长的不只是价值的发现，证券媒体也逐渐在成长中日臻专业。

经济学家成思危曾经说过，对于中国股市的看法应该是辩证的，就是说当它涨的时候，你要看到它内含的危机；当它跌的时候，你要看到它复苏的希望，这是投资的根本逻辑。

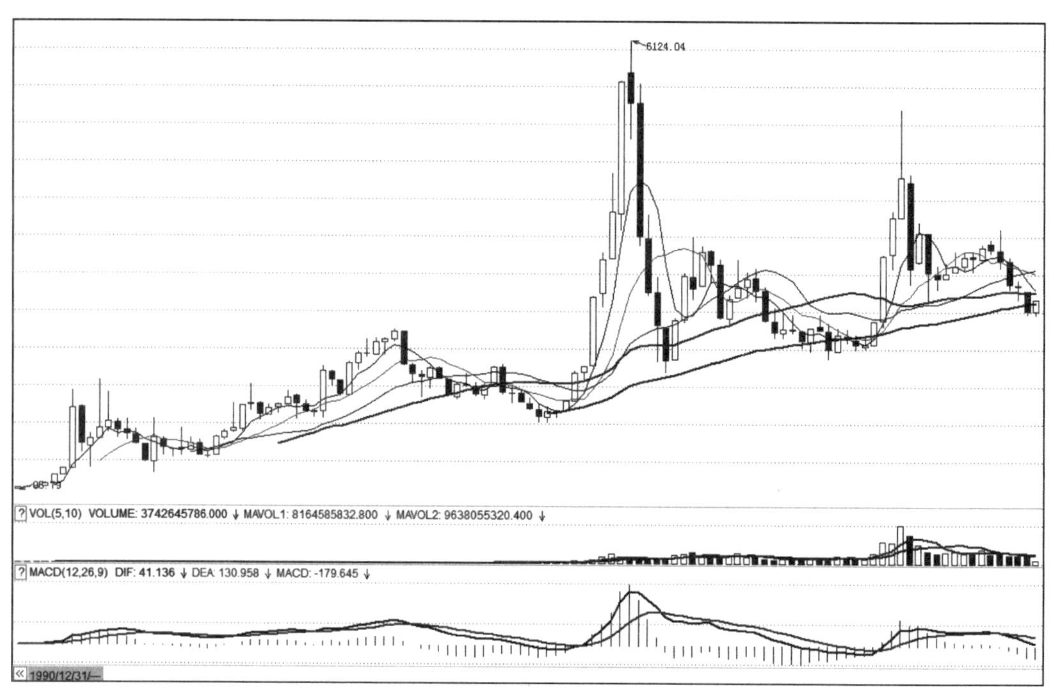

图 1-1 上证指数成立以来的季 K 线走势图

尽管中国股市正式诞生是在 20 世纪 90 年代，但如果我们追溯其源头，还要从 1978 年说起，这一年是中国股市传奇的开始。因为这一年，中央首次提到了“公司”的概念。

而两年后，“第一块红砖”出场，抚顺市的一个砖厂率先印制了股票，当时也不卖给个人，全是卖给工厂，如抚顺铝厂、抚顺钢厂、石油三厂等。买了股票的工厂可以优先买砖，不用排队。尽管后续因为不合规等问题，红砖股票基本都被回收了，也不能算严格意义上的股票，但依旧是中国股票历史上浓墨重彩的一笔，犹如星星之火，有了这个先例，后续也涌现出了越来越多的“准股票”。

而后先进地区更进一步，深圳市当时有个叫宝安县的小地方，率先成立了宝安县联合投资公司，而后《深圳特区报》帮忙宣传发布，就像简版的招股说明书，后来还发展成为大型综合类集团公司。无独有偶，其实早在三年前，四川的成都市工业展销信托股份有限公司就用这个方法筹集到了 2000 万元，盖起了一座蜀都大厦，后来甚至还在深交所挂牌上市，叫作“蜀都 A”。尽管这些现象如今看来很平常，但在当时看来无疑是惊天动地的举措。

之后，天桥百货、小飞乐等企业纷纷发行股票，但最引人注目的还是交易所的成立。而其中又以沈阳一马当先，当时各企业为了筹集技术改造所需的资金在沈阳市发行了近 4000 只股票，同时为了解决股票的流动性问题，沈阳市政府又开办了一家证券交易市场，这家交易市场直到 1997 年才结束它的使命，而那时沪深股市已经成立了足足 7 年。

上海也同样在推进交易市场的诞生，1986 年上海工商银行信托投资公司静安营业部成立，尽管由于制度的不完善，当时仅有少数几家企业的股票被批准上市流通，因而很长时间内这里有些冷清，但从未歇业，最后也发展成了足以影响世界的上海证券交易所。

当然，交易所的成立，也得益于 1984 年党的十二届三中全会，会上明确提出：中国社会主义经济不是计划经济，而是以公有制为基础的有计划的商品经济。这也是沈阳交易市场和上海工商银行信托投资公司静安营业部存在的政治基础。

历史的车轮推着人们不断前行，但有时候，人们也影响着历史的发展。其中“杨百万”就是这样一个普通而又传奇的人物。他是中国个人职业投资者的第一人，本名是杨怀定，在“万元户”的年代，“杨百万”的声名已经响彻上海滩了。

1988 年，国家放开了国库券的交易，而极具商业头脑的杨怀定脑中捕捉到了商机，利用低买高卖的方法赚取差价。一开始，杨怀定只是买了之后经常去交易所瞧瞧，涨高了就卖了。后来他琢磨着可以反复买卖国库券，便通过在图书馆查阅各地的党报，获取各地不同的国库券价格，兴奋的他常常连夜赶去买国库券，而后又回到上海高价卖出。通过这个方法越赚越多，也就成了“杨百万”。后来这个方法也被越来越多的人使用，但“杨百万”只有这一个。

各地方政府的探索、学者和官员的促进以及海外人士的呼吁，最终促成了中国证券市场的建立。1990 年，沪、深两市交易所终于在千呼万唤中成立了，这也拉开了中国股市的正式序幕。

1990 年，中国股市的第一波牛市由“深发展”引发，深发展在半年之内上涨了 900% 左右，而同期的其他股票也不甘示弱，万科 A 涨了 476%，深金田涨了 237%，深安达上涨了 433%，深原野上涨了 300%。巨大的财富效应引起了举国关注，全国人民开始涌向深圳，一夜暴富的贪念牵动着每个人的心。而股市异常的火爆也引起了高层的关注。于是，中央派出了调查组，深市受到调控。先是设定涨跌幅限制 10% 制度，后又设定涨停幅度为 1%，跌停幅度为 5%，并将印花税提高到 6%，甚至规定党政干部不许买卖股票等。最终市场在政令调控下冷清了起来。经过 9 个月的下跌，市场一片恐慌，甚至还出现了零交易的极端情况。而后深圳市政府直接出钱救市，市场又活跃了起来。

这也是A股历史上第一次出现过热的牛市和政府第一次救市。

1992年，“股疯”再临。这一年上证交易所率先放开了涨停幅度的限制，上证指数从842点疯涨至1365点。大盘尚且涨成这样，个股更不用说。当时的市场实施的还是T+0制度，刚刚买的股票可以马上卖掉，刚刚卖掉股票的钱又可以拿去买股票，股市的波动可想而知。越吹越大的泡沫再次引起了上层的担忧，1996年下半年，管理层连续发出“12道金牌”，涨跌停幅度的限制制度再次来临，勒令“疯牛”放缓脚步。

关于证券市场，改革开放的总设计师邓小平同志在1992年南方谈话时说过一段话：“证券、股市，这些东西究竟好不好，有没有危险，是不是资本主义独有的东西，社会主义能不能用？允许看，坚决地试。搞一两年，看对了，放开；错了，纠正，关了就是了。关，也可以快关，也可以慢关，也可以留一点尾巴。”

和其他国家的股市一样，规范化总是一个循序渐进的过程。而深市“老五股”中的深原野可以说是一个缩影，深原野的主角是彭建东，他炒卖深原野的股票，最后违规向海外汇走1亿元，同时还有2亿多元的贷款逾期未还。最后这个通过投机取巧钻政策管理漏洞的事件也以深原野被停牌重组告一段落。那时的股市，真是一片“原野”。

一个个历史故事触目惊心，股市发展从来不是一帆风顺，但随着A股制度的日益完善，以及广大投资者投资知识的增加，中国股市也将愈加成熟稳定，投资者也将因此受益。

思　考：

A股可能会如何发展？

参考答案：

相比国外几百年的股市历史，A股短短几十年的发展时间只能用年轻来形容，但后发同样可以制人。由于有着国外丰富的历史经验可以借鉴，A股的发展也必定会少走许多弯路。相较而言，A股的上市制度和退市制度尚有待改进的地方，一来企业上市排队时间过长，很多需要资金的优质企业无法及时上市，转而寻求国外的市场；二来退市制度不够完善，很多毒瘤公司哪怕企业经营得一塌糊涂仍然作为壳资源被捧着。尽管道路是曲折的，但前途必定是光明的。相信未来，真正优质的企业会得到资金的追捧，而坑蒙拐骗的企业也会得到法律的严惩。

老魏寄语:

我想说，相比于“恨”，只要大家还待在这个市场，总是“爱”更多一点的，还是心怀希望的。既然这样，那我们还是要努力适应，提高自己的投资水平，早日实现稳定盈利。要么离开，要么适应，总要做一个抉择。

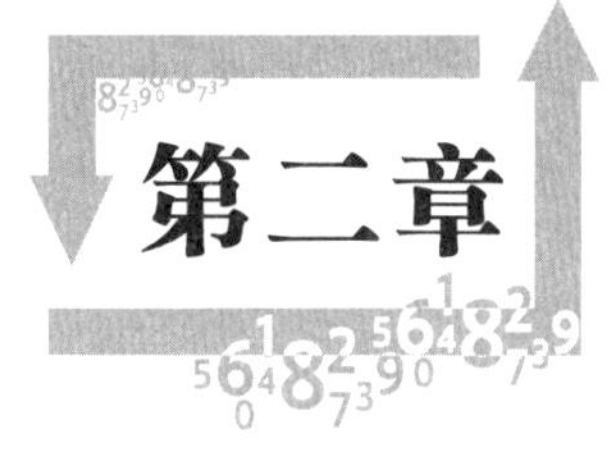

第二章 不管白猫黑猫，能抓老鼠就是好猫

第一节 价值投资集大成者

如果要将股市投资者分类，可以把他们分成两类，一类是技术派，以技术图形分析为操作依据；而另一类就是以公司基本面分析为操作依据的价值投资者。说起价值投资，不得不提的便是沃伦·巴菲特，他以其传奇的投资经历演绎了什么是价值投资、什么是复利。在其50多年的投资生涯中，巴菲特曾以平均年化率超过20%的傲人战绩登顶世界首富。

这也印证了股神巴菲特广为流传的一句关于复利的至理名言——复利就像在山坡上滚雪球，刚开始的时候雪球很小，但雪球在从山上往山下滚动的过程中会逐渐变大，只要雪球有适当的黏度，滚动的时间足够长，最后这个雪球一定会出乎意料的大。而其精华就在于湿湿的雪和长长的坡。而巴菲特用自己的投资经历对滚雪球的效应完美地作出了诠释，其股票投资生涯正是一个滚雪球的过程，长长的坡是经年累月的积累过程，其稳定的投资收益正是湿湿的雪。

巴菲特师从价值投资大师格雷厄姆，用巴菲特自己的话说，他就是85%的本杰明·格雷厄姆加上15%的菲利普·费雪。格雷厄姆的投资时代主要是在美国大萧条过后，在这段时间里，出现了大量的破净股，实际价值远大于其股价，这些破净股拥有良好的安全边际。举个极端的例子，一家企业目前在股票市场卖1亿元，但其拥有的土地、设备等资产本身的价值可能不止 1 亿元，这是一种市场极端恐慌下，企业价值和价格严重失衡的表现。而费雪是成长股投资的代表人物之一，其投资风格更加倾向于关注企业未来的成长。如果说纯粹的价值投资是用 5 毛钱买 1 块钱的企业，那成长股投资可能是用 1 块 2 买 1 块钱的企业，但看好企业可以成长到 2 块钱。

老魏寄语:

股市是一个非常有包容性的地方，很多人会用你完全看不懂的方法赚到很多钱。我们在这个市场中，最重要的是找到适合自己的方法，然后稳定盈利，这就够了。当然在此之前，一定会走很多弯路，需要很多的学习和尝试，才能最终找到适合自己的方法。不过有个好老师，会少走不少弯路。

第二节　三起三落，技术的信仰

起起落落，利弗莫尔的跌宕一生

在美国 200 多年的金钱游戏中，有许多顶尖高手在华尔街叱咤风云，而最令人难忘的可能是杰西·利弗莫尔。这是一位实至名归的“投机之王”，他深谙股市的游戏之道，巅峰时候资产达到亿万美元，但在起起落落之后最终戏剧性地结束了一生。

股市的红红绿绿牵动着许多投资者的心绪， 在这个弱肉强食的市场，除了努力还需要天赋，而杰西·利弗莫尔凭借对数字的极端敏感和惊人的记忆力，不到二十岁便成了华尔街的“投机之王”。

这位华尔街里程碑式的传奇人物，在 1907 年，正确判断出股市即将迎来大崩盘，一天之内便赚进 300 万美元，当时的金融家摩根为了救市，恳请他不要再做空，而他也答应了；而后在经济衰退、股市低迷的 1921 年，他毅然进场做多；在 1929 年，他再次准确预判大崩盘的到来，提前做空赚进 1 亿美元，达到人生的巅峰。

成功总是有迹可循的，杰西·利弗莫尔很早就展示了投资的天赋。

小杰西的 5 美元发家史

1877 年，利弗莫尔出生于一个普通的美国农民家庭，作为家里 3 个孩子中最小的那一个，母亲非常喜欢他，几乎把生命中最美好的东西都给了他，同时把所有能教的东西都教给了他。令人欣慰的是，杰西非常爱学习，也很聪明，学得很快，在三岁半的时候他便开始学习读写，到五岁的时候已经可以独自阅读报纸，并对金融板块情有独钟，这也给他后续跌宕的人生作了铺垫。然而他的父亲是一个实用主义者，整天学习的小杰西并不受父亲待见，短视的父亲在杰西十四岁的时候便强迫小杰西辍学，想让他通过多干农活来赚钱。

但年轻的杰西有着自己的野心与理想，他坚定地坐上马车独自离开了家乡。

而潘恩·韦伯公司是他交易生涯的第一站，这是一家位于波士顿的证券交易公司。当马车路过那里的时候，杰西毅然让车夫停了车，证券交易的魔力让小杰西无法自拔，似乎打开了一个潘多拉魔盒。

由于杰西超越同龄人的成熟以及对交易的热忱和渴望，他在潘恩·韦伯公司谋得了一份交易员的工作，这份工作的内容实际上就是在交易板上书写数字，周薪 5 美元，自此开始了他传奇一生的交易生涯。

小杰西对于这份工作异常认真负责，一段时间后，笔记本上便已经写满了密密麻麻的数字，对数字出奇敏感的他，很快发现这些交易数字并非无规律可寻。于是，杰西开始把他每周的薪水拿到市场上交易，去实践他的发现。很快，他的交易收益已经超过了他在潘恩·韦伯公司的薪水。这是杰西通过研究交易赚取的第一桶金，很快，潘恩·韦伯公司这个小交易所已经无法满足杰西了，他想去更大的市场看看。

由于杰西的天赋以及勤奋，他屡战屡胜，一次又一次地赢得了更多的本金，而高调的杰西逐渐吸引了一些交易市场的注意，这个“总是赢”的年轻人不断地被“赌场”撵出去。哪怕最后贴上胡须，精心装扮，最终还是被发现并永久禁止入内，谁会欢迎一个“总是赢钱”的“赌徒”呢？

1899 年，杰西对自己愈加自信了，他来到了纽约，同年遇到了他的妻子乔丹，不过结婚后他们很快就草草分开了。分开的原因是由于交易数据的滞后，杰西那一次输得一分不剩，甚至要求妻子典当首饰。

5000 美元重新起航

尽管惨痛的经历将杰西打回了原点，但是杰西依旧对未来充满了信心，他回到了圣路易斯的市场附近徘徊，但由于交易场对他的入场禁令，杰西只能委托他人代为交易，最终，杰西还是赚取了 5000 美元，而这 5000 美元正是杰西重新腾飞的启动金。

1901 年，美国迎来了一轮大牛市，而此时杰西也回到了华尔街。信心满满的他立马就赚到了 5 万美元，但没想到的是，他却在一起棉花交易中栽了跟头。这次失败的经历给了杰西一个大教训，也让他开始更加敬畏市场，交易的风格也趋于保守，甚至有些过分谨慎，从而也失去了很多机会。尽管 28 岁的杰西已经有了 10 万美元，但是他却失去了信心。从前的连胜状态似乎再也回不来了，他也开始质疑自己是否真正拥有持续的交易能力。

杰西给了自己一个海边度假的放松期，在豪华酒店度假的同时，他也进行了赌博和社交，这似乎让杰西重新找回了自我。

回到城里的杰西听闻了有关旧金山地震的消息，敏锐的他预感到联合太平洋的股票价格即将下跌。尽管朋友们都觉得他疯了，或者认为他有内幕消息，但结果证明杰西是对的，杰西因做空联合太平洋的股票而大获全胜，随后杰西准备寻找下手的时机购买其股票，但他的一个老朋友却警告他不要轻易出手。杰西听从了建议，但事后证明，这位老朋友完完全全错了，为此，杰西为自己的不坚定后悔不已。

在 1907 年，杰西曾单日赚到了超过 100 万美元。市场不是永恒不变的，尽管大多数人还处在市场低迷的迷茫和恐慌中，杰西却看到了股市复苏的迹象，并开始买入，同时带动其他华尔街的朋友一起买进，而市场的回暖证明了杰西判断的正确，很多朋友也因此发了财，杰西被视作英雄。

短短的几年时间，杰西实现了 0 到 300 万美元的财富飞跃，但他也自此开始奢靡无度的生活。高昂的生活成本逐渐让杰西入不敷出，他再次回到了熟悉的股票市场中。

500 万美元声名显赫

人总是容易犯错，甚至是重复犯同样的错误，杰西在 1908 年再次轻信了一个“朋友”，将 500 万美元押注于芝加哥大宗商品交易市场，而结果却是输了个精光，这次他从天堂掉到了地狱，杰西陷入了走投无路的困境。

1915年，杰西·利弗莫尔宣告破产。但是他1907年出于救市目的而购买的股票给了他重生的机会，在熬过磨人的大熊市后，仅仅一年的时间，杰西就在接踵而至的大牛市中重新赚回因错误押注而损失的500万美元。

时间有如白驹过隙，这时的杰西已经40岁了，经过旷日持久的离婚拉锯，杰西摆脱了第一任妻子，迎娶了22岁的演员多罗西，并于1919年、1922年先后拥有了两个孩子。声名显赫的杰西开始穿梭于上流社会，频繁出现在媒体的头版头条。疯狂的人们甚至指望杰西在报纸上推荐的股票发家致富。

杰西的事业蒸蒸日上，建立了正式的交易办公室，两年后又搬到了更大的办公地点，手下也有近百名的雇员。与此同时，杰西的知名度不断增长。1925年更是做了1000万美元的小麦和玉米的交易，这被认为是向著名的牛市交易商亚瑟·卡顿宣战。

如今闻名世界的股市经典著作《股票大作手回忆录》也是那时候开始撰稿的，埃德温·勒菲弗采访了杰西，并于1923年公开出版。尽管书中主人公取名为利文斯顿，但其原型正是杰西·利弗莫尔。

1亿美元做空华尔街

1929年杰西得到了英国银行准备提高利率的消息，敏锐的他觉察到市场潜在的变动，与此同时，精明的杰西通过各种信息觉察到经济的萧条在所难免，并精准地预测到股市即将迎来崩盘，股价必跌无疑，于是提前不断做空股价，大赚特赚，顺利赚到了1亿美元。

然而杰西·利弗莫尔幸福的婚姻生活似乎也走到了尽头，由于杰西数不清的情妇以及花边新闻，最终让妻子多罗西陷入了绝望，并染上了酗酒的恶习，她要求快速离婚，最终拿到了两个孩子的抚养权以及价值1000万美元的别墅，快速嫁给了一名年轻的政府官员。

56岁的杰西早已不再年轻，也不再那么富有，尽管他回到纽约打算东山再起，但他的精神已经不堪重负了。过往婚姻和家庭生活的失败甚至让他患上了抑郁症。前妻多罗西海滩别墅的奢华生活最终使她债台高筑，入不敷出，那栋曾经承载了他们的快乐、杰西引以为傲的豪宅被便宜变卖了，而曾经送给多罗西的珠宝和婚戒也被廉价处理了。

此外，杰西的儿子也成了纨绔子弟，问题缠身，同样有着酗酒的毛病，甚至在感恩节的晚上，杰西的儿子又犯起了酗酒的毛病，多罗西盯着儿子说：“我宁愿看到你死也不要看到你这样喝酒。”而她的儿子轻蔑地丢给了她一把枪：“你没有勇气开枪。”而同样醉酒的多罗西在争吵之中冲动战胜了理智，居然向儿子扣动了扳机，尽管最终儿子活了下来，多罗西也避免了指控，但对杰西来说，又是一次精神上的沉重打击。

这一切都让杰西羞愧万分，抑郁不已。

再次以破产谢幕

一年以后杰西第三次宣布破产，这对 60 岁的杰西来说，已经是不堪重负了，连他自己都觉得回天乏力，这次破产对他来说是致命的。曾经熟悉的市场也早已翻天覆地，随着美国证券交易委员会的成立，股市也愈加规范起来，杰西往日的雄风早已不再，曾经叱咤华尔街市场的他最终没能在股票交易中东山再起。

1940 年，迷失已久的利弗莫尔在一家宾馆中开枪自杀，讽刺的是，他的儿子在 1975 年以同样的方式结束了自己的生命。

投机之王的启示

人性的贪婪和恐惧在华尔街尽显无遗，在杰西传奇的一生中更是演绎得淋漓尽致，在杰西疯狂的一生中，我们能看到一个交易者的人生百态。他的故事也给了我们几点启示：

①独立思考。杰西曾经几次折戟，原因均是放弃独立思考，转而轻信了他人，特别是那次拿出 500 万美元投注芝加哥大宗商品交易。与之形成鲜明对比的是，他在旧金山事件中，坚持自己的思考判断而大获全胜。

这个原则同样是我们投资者在实际操作中需要谨记的，强调再多次都不为过。所有来到市场的投资者都是想吃肉的狼，所有的交易者都会成为对手盘，只有对自己有着清醒的认识，对股市有着独立的思考和认识，才能拥有自己独特的操作方法，交易者总是孤独的。

②顺势而为。与大多数浮躁的交易者不同的是，杰西总是非常有耐心。杰西曾说：“无论何时，只要耐心等待市场到达关键点之后再动手，我的交易总能获利。”只要他对于趋势的判断没有错，总能耐心地等待下去，直到最佳的交易时机出现。在下重注之前，总会先用少量仓位进行尝试，待趋势和买点确认无误后再大举进军。

股价总是按照最小阻力的方向前进，顺应趋势无疑是在股市生存的一大重要法则。当市场中 80% 的股票都上涨时，这时候买入上涨股票的概率就大得多；当市场中 80% 的股票都下跌时，这时买入上涨股票的概率就小得多。同样，下降趋势中的股票，买入后往往会下跌；上升趋势中的股票，买入后往往会上涨。总想着买在最低点，卖在最高点，无疑是痴人说梦。

③风险思维。尽管当年 1 亿美元大举做空华尔街让很多人误认为杰西是一个高风险偏好者，但这种评价其实有失偏颇，杰西大多数时间面对风险时还是非常保守的，只是当时他看到了巨大的机会。事实上，只要出现他认定风险很大的地方，他往往都不会有任何犹豫，先躲开再说，等过几天，市场看起来不错，还可以再回来。对于风险的管理往往是投资者最缺乏的，殊不知这才是在股市生存最重要的基础。我们应该永远把保护本金放在第一位，哪怕赚得再多，只要亏一个 100%，资金也将消耗殆尽。留得青山在，不怕没柴烧，遇到潜在的危险及时躲避，哪怕事后证明错了，也不亏钱，无非就是少了一次高风险的获利机会。而市场中，风险是无限的，机会也是无限的，唯有本金是有限的，只要本金在，就不愁没机会。

④从众心理。一个优秀的交易者必然对人性有着独到的见解，深谙人性的贪婪和恐惧，而杰西正是抓住了这一点，对股票市场里深层的欲望有着透彻的研究，而非仅仅依赖技术上的分析或者内幕消息。在趋势的行进中，大众往往是对的，顺势而为是最好的选择。而在趋势的转折中，大众往往是错的，疯狂的大众往往会反应过度，无论是对于牛市的贪婪，还是对于熊市的恐惧。华尔街没有新鲜事，今天发生在交易市场的事过去都发生过，今后也会继续发生。股票会变，投资者会变，钱包会变，而交易市场永恒不变，因为人性永不改变。明知道是泡沫，仍有大量的人去赌自己接的不是最后一棒。

同样的事情在 A 股市场里也不断地发生，看似不一样，实则并无两样，换汤不换药而已。最近 A 股的大牛市还是 2015 年，这场始于 2014 年 7 月的狂欢再次激起了人们对股市尘封已久的热情，哪怕是 2015 年 5 月 28 日那根 6 个多点的大阴线都不能浇灭人们对财富的疯狂追求，直到历史定格于 5178 点这个牛市的顶点。而后随着连续大阴线的到来，投资者夺路而出，疯狂踩踏，而心怀幻想的投资者则留在了山岗遥望。期间亏损最严重的往往不是跑得慢的，而是跑了又自作聪明回来博反弹的，甚至是越跌越补仓的，不知道他们还好吗。

美国股市也好，中国股市也罢，人性的博弈永不停止。

老魏寄语:

聪明人善于从自己的经历中总结经验，避免再次踩坑。更聪明的人会从他人的经验中总结教训，并不一定要自己亲自去“失败”。杰西·利弗莫尔大起大落的股市生涯值得每个投资者研读，希望每个投资者都能够读一读《股票大作手回忆录》。当然，如果愿意，大家也可以来跟老魏多交流，我也经常和学员分享我几十年的投资经历，希望我在A股市场的经历对你会有所帮助。

第三节　技术图形反映一切信息

由于信息的不对称性，绝大多数的投资者刚开始交易的时候，往往是从技术分析开始学习的，一眼望去红红绿绿的K线图便是技术分析的一部分。那么技术分析到底有什么魔力，技术分析派的底气又在哪里呢?

关于技术分析的有效性，还要从道氏说起，道氏作为技术分析的鼻祖，提出了三个重要的假设，奠定了技术分析的理论基础。

技术分析的第一个假设：价格包含一切市场信息

这是技术派信心的来源，市场上的信息多如牛毛，特别是现在的互联网时代，绝不缺少信息，反而因为信息过多导致相互矛盾，我们不可能对所有的信息进行处理，但所有有用的信息都会在价格上反映出来。担心利空的投资者可能着手卖出了，而关注利好的投资者可能出手买入。而价格是不会骗人的，投资者的行为最终会表现为资金的变化。

就拿我们最常见的日K线图来说，一天的价格变化被浓缩成开盘价、收盘价、最低价、最高价四个最为重要的要素。开盘价代表投资者开始对于股价的预期，最高价和最低价分别代表场内情绪的高低极点，而收盘价则是投资者一天下来对于股价的最终的评价。

而细心的技术分析投资者会从分时盘口中观测到更加细致的资金动向，只有价格包含市场信息，才能坚定地通过技术分析进行操作。

技术分析的第二个假设：价格以趋势的形式变动

观察实际的股价运行，我们会发现股价的变动并非一直是依照趋势运行的，很多时候市场处于无趋势的状态，也就是既不是上升趋势也不是下降趋势，而是在某些区间内上下震荡，此时趋势的技术分析可以说是失效了。

技术分析的第三个假设：历史会重演

尽管很多技术分析的模型早在100多年前就被发明出来了，但如今仍然被广泛应用，并指导现在的技术操作。其原因就在于历史会重演。这并不是说个股跌下去了一定会涨回来，如果这样想，那显然是进入了误区。有些股票就像网球，跌下去了还会弹回来，而有些股票则是鸡蛋，跌下去了可能就再也没有机会上来了，甚至有面临退市的风险，投资者如果深陷其中，将会血本无归。

那么历史重演的是什么呢？一方面，只要股市不关门，牛、熊总会转换，只是时间的长短不同，很多投资者在漫漫“长熊”中没能熬过去，陷于一些“鸡蛋型”股票中，早早地把本金亏完了，没了反攻的资本。另一方面，人性不变，重演的是市场参与者的行为规律，不管是涨是跌，投资者的不理性总会让股价偏离过大。

个人的行为是不可预测的，而一群人的行为却是有规律可寻的。股市最终的参与者只是一群像你我一样的人，而人是会有情绪和弱点的，百年来人性并没有什么大的变化，贪婪和恐惧从来没有消失过。因而，技术分析正是基于群体行为的概率性预测，在某些情况下有着出乎意料的效果。

在笔者看来，技术分析表面上分析的是市场，而本质上分析的却是人性，是在市场中交易的人的心理和情绪。市场中有两种钱可以赚，一种是赚企业的钱，正是由于投资者的投入，企业扩大了生产，改善了经营状况，赚取了更多的利润，从而给股东带来回报，是一个双赢的过程。这样的企业在A股中占比并不多，格力电器算是一个，格力向市场融资了40多亿元，但多年来股东的分红已经超过400亿元了。而另一种是赚博弈的钱，你赚的钱，就是别人亏的钱，这也是技术投机者主要赚的钱。

技术分析发展至今，已经有各种各样的指标，就拿最简单的K线来说。仔细思考一下，K线是怎么来的。显而易见，K线是投资者交易的记录，说白了就是金钱流动的足迹。而金钱存在于交易者的账户中，众多交易者的行为最终决定K线是涨是跌，是阴是阳。

所有市场的参与者都是多空博弈的力量，而K线则是多空双方博弈留下的痕迹。技术分析的不是简单的战场，而是打仗的多空双方。在以往懂技术分析的人很少时，几乎没人会躲躲藏藏，该出手时就出手，因而经常暴露大资金动向，行情也常常一边倒，少数老道的技术分析者享受着被抬轿的待遇，割了一茬又一茬“韭菜”。

如今，很多简单的技术分析已经烂大街了，并不是说完全无效了，而是效果没那么好了，或者“韭菜”相对变少了。在以前，可能“均线金叉买入，死叉卖出”这类方法就非常好用，但如今经常会失效。可以说如今的市场是一个“反技术”的市场，很多经典的技术形态会失效，大家都懂了，都等着形态的形成，好一哄而上抢钱。但哪有这么好的事情，天上不会掉馅饼，所有人都能看到的机会就不叫机会，就像所有人都知道了利好，往往这个利好也就没有先发优势了。

归根结底，技术分析是一种分析的方式，不是确保赚钱的股市神器，但不得不承认的是，还是有很多技术分析者通过某项技术在市场中取得了良好的成绩，这类技术分析者会根据市场变化不断优化自己的交易系统。

找到适合自己性格的技术分析系统，认清技术分析的本质，学会透过技术分析洞察市场上投资者的情绪，灵活运用K线、形态、均线、MACD等技术分析指标，不死板、不教条，随着市场的变化不断改进技术，这才是真正的技术分析派。

老魏寄语:

不得不说，对于广大普通投资者来说，使用技术分析是比较合适的，因为在信息获取上我们是没有优势的，而每个人看到的K线都一样，学好了学精了，图表一看，一目了然。技术分析是投资中非常重要的技能，大家要一起学好这项技能。

第四节 价值和技术的中庸之选

股市中的投资流派根据不同的风格大致可以分为两类，一类是以企业基本面为依据的价值投资，另一类是以技术图形为依据的技术投资。由于两者的投资依据不同，常常会出现矛盾的地方。如有些企业基本面很不错，经营利润等也在稳步增长，但是从技术图形来看，尚未走出下跌通道。还有些股票技术图形相当好看，但一看企业基本面就会发现糟糕得不行，一副没救了的样子。

毫无疑问，来到股市的投资者都是想到这里分得一杯羹、吃几口肉的。能从市场中赚取一些财富是每个投资者的梦想。投资收益本质上分为两种，一种是赚企业的钱。股市的初衷是一个交换和双赢的场所，企业有赚钱的能力，但是缺乏足够的资金，广大投资者有资金但是缺乏好的投资渠道，两者一拍即合，企业通过股市筹集的资金去扩大生产，改善经营，赚取更多的利润，企业得到发展，与投资者实现共赢。当然，在股价的上涨过程中，也会有投机者因为技术图形而进进出出，但最终推动股价上涨的还是企业自身的发展壮大。市值 = 净利润 × 市盈率，净利润是企业赚取的纯收益，市盈率代表市场对企业的看好程度，多基于其投资逻辑和企业发展前景。

股市中还有另一种赚钱逻辑——赚取博弈的钱。在这种情况中，企业本身的盈利情况并不重要，甚至优秀的企业反而会被嫌弃，因为优秀的企业通常有看中企业基本面的机构入驻，对于投资炒作的资金来说可能是个不小的障碍。如若机构的盈利预期是年化 10%，短线游资一下子给拉起了 40%，你说机构是砸还是不砸呢？因而，依靠资金博弈的游资通常会选择不太被关注的小企业，通过资金的运作将股价拉起，甚至持续地上涨，吸引跟风盘进入。试盘、洗盘、震仓、拉升……最终绘制出让人眼馋的图形，在获得足够利润后，逐步出货走人。而其中上涨的逻辑仅仅是基于资金的推动，抑或一些似是而非的消息，在主力资金离开后，终将一地鸡毛。

这两种赚钱的方法本质上便是价值投资和技术投资，各有优势而又各有劣势。技术投资的优势在于股价是受到中短期资金青睐的，一旦出现爆发式上涨往往短期内可以达到 20% 甚至 50% 的收益，在概念风口中，翻倍也并非奢望。但其劣势又非常明显，其底层逻辑常常是短视的，一旦风口过去，资金逃离，跑得慢的投资者要么承受巨大的损失割肉离场，要么付出巨额的时间成本，回本遥遥无期。

是金子总会发光，价值投资的优势在于，真正优秀的企业，当其被严重低估后，越跌越值得买入，就像值 10 块钱的东西，现在只卖 5 块了，买还是不买？对于一个好的企业，时间是你的朋友，随着时间的流逝，企业会给予你意想不到的回报。但其最大的劣势在于时间成本和对企业的把控，在企业真正展现出耀眼的光芒前，可能会经历长期的低迷期，甚至低迷到投资者会怀疑自己的逻辑是否还站得住脚，是否错了，是否有自己不知道的坏消息……

恰恰是因为价值投资有可能存在的判断错误，而技术投资中股价在资金撤离后一

地鸡毛惨不忍睹，一些稳健的投资者开始将价值投资和技术投资相结合，从而出现了价值选股、技术择时的中间派。

本质上，中间派压缩选股范围，剔除了一些质地较差的企业，从而降低了遇到垃圾股炒作的可能性。而择时则减少了股价长期低位徘徊带来的痛苦，有些人坐得住，有些人遇到漫长的等待感觉很煎熬……

中间派中较为典型的是交易大师威廉·欧奈尔，欧奈尔是华尔街经验最丰富的投资人之一，白手起家的他在而立之年便拥有了纽约证券交易所的席位，创办了《投资者商业日报》，著有《笑傲股市》《证券投资二十四课》等。

他的“CANSLIM 法则”是典型的价值投资和技术投资结合的产物：

C= 当季每股收益。当季每股收益至少要达到 18% 到 20%，能够有 40% 到 100% 以上，甚至 200% 当然更好了，简单来说，越高越好。而且最近几个季度内，每股收益最好是持续上涨的，同时销售额也应有至少 25% 的涨幅。

尽管国内外股市情况有所区别，但本质还是一样的，每股收益不断增长说明公司正在良性持续发展，而同步的销售额增长则说明公司业务的稳定，利润来源于主营业务而不是不稳定的公司资产变卖等“偶然收入”。

A= 年度收益增长率。近三年来，每年的年度每股收益率都应大幅上涨（上涨 25% 及以上），同时股本投资回报率大于等于 17%（能达到 25% 到 50% 就更好了）。

三年的收益率稳步增长，足以证明公司的盈利能力是经得住考验的，而不是昙花一现。

N= 新公司、新产品、新管理层、股价新高。N 是 new 的缩写，简而言之，公司要有新的东西，而不是一成不变。

S= 供给与需求。尽管当今市场环境下，只要股票满足“CANSLIM 法则”的其他要求，不论流通盘大小，都可以被投资者接受，不过，需要关注那些在股价底部刚刚巨量向上突破的股票。

不管公司的基本面如何，底部的巨量突破往往意味着，有人愿意大量接收筹码，而这也为后续的股价上涨奠定了基础。

L= 领军股或者拖油瓶。买入领军股，回避落后股。买进行业中业绩优秀的公司股票，大多数领军股的相对价格强弱指数在 80 以上。

相对价格强弱指数是指一段时间内，涨幅在所有股票中的排名，若排名在前 10%，则相对价格强弱指数大于 90。

这也是欧奈尔交易体系的一个核心观点，我们应买入强势的股票，而不是买入慢慢悠悠在底部徘徊，不知道什么时候才能涨起来的股票。

I= 机构认同度。买入近期业绩持续上涨，至少有一两家优秀的共同资金投资者认同的股票，同时留意投资机构管理层的变化。

不得不承认的是，很多时候，机构投资者往往会比一般散户消息更灵通，专业团队对公司的调研也更加详尽。如果跟他们的选择不谋而合的话，往往会有不错的结果。

M= 判断市场走势。必须顺势而为，不要偏离市场趋势去进行投资。

诚然，有人能够穿越“牛熊”，无视指数。但毕竟，这是少数中的少数，绝大多数人在熊市中是很难赚钱的。一段时间内 80% 的股票都在上涨，一段时间内 80% 的股票都在下跌，哪段时间更容易赚钱？随着国内股市的愈发规范，投资者的愈发成熟，真正的优秀企业会得到最大程度的价值发挥，我们应筛选出这样的股票并在关键点买入持有，博取最安稳的收益。

老魏寄语：

这种既考虑基本面又考虑技术面的选股方式，其实是一种相对中庸的方法，只通过基本面选股，相当于人为缩小了选股范围。好处是排了一些“雷”，坏处是会放走一些“大牛股”，如很多大热的题材大妖股。具体的话还是要自己抉择，风险管理上，其实只要能做到分仓，问题也不大。当然，不管是技术投资，还是价值投资，只要精研到深处，都能赚到一定的财富。

第五节　普通人摆脱亏钱的密钥

股市历来都是“七亏二平一赚”的地方，能够最终赚钱离开的永远是少数，稍微有点理智的人都知道，很多股票根本值不了那么多钱，甚至股票涨多了拿着都要心慌。

在这个瞬息万变的市场中，中小投资者属于天生弱势的一类，一是因为信息不对称，往往无法避开很多知道了些信息就能逃过的陷阱；二是因为资金不对称，稍微一折腾资金就用完了，再遇到好机会想买也没法买了，遇到大资金砸盘更是如临大敌。我们常常会自嘲，股市偏偏和自己过不去，庄家就看中了我手中的 100 股，买了就跌，卖了就涨，仿佛非要和我们过不去，一个小散户的一举一动都能影响这个股票行情的运行。

这时候的操作，基本属于瞎买，看对眼了就买，想卖就卖，除了感觉毫无根据可言。

而过了最初的亏损阶段，我们通常会开始不停地收集信息，学习知识，把 MACD、KDJ、RSI 等各个指标学了个遍，但实际操作中又遇到了问题，很多指标可能会出现相互矛盾的地方，这个信号让买了，那个信号却让卖了，反复折腾还是亏。这时候的我们常常会怀疑自己，是不是指标没学好，于是开始求助于“高手”，此时论述得一套一套的技术分析往往是自己的指路明灯。

当然市场中不止是技术分析，很多在技术分析上碰壁的投资者开始转而进行价值投资。茅台、格力……这些市场中不朽的常青树激励着投资者砥砺前行，积极探索第二个茅台、第二个格力，然而过程不是一帆风顺。甚至很多人开始骗自己，一旦被套住了就骗自己是在进行价值投资。但是长期持有不等于价值投资，长期持有只是一个结果，而不是目的。

股市中并没有绝对赚钱的方法，但是很多把一个方法学精了的投资者“一招走天下”，不再迷茫和不知所措，有的只是耐心地等待，放弃平庸的机会，只等待那个属于自己的出手时机。

曾经有个大爷，买了股票后就没关注市场了，甚至都忘了交易账户和密码，几年之后才发现，不知不觉中已经赚了好几倍了。这是投资领域的最大法则——时间超越一切技术指标，是市场中无上的存在。但是前提是这个企业能够长久地存在和发展，如果买的是业绩“爆雷”的企业，恐怕就是另一番景象了。

曾经有个大妈，在证券营业部门口卖茶叶蛋，在门可罗雀时买入股票，在证券营业部门口热热闹闹时卖出股票，尽管卖出的时候往往远不到牛市顶峰，但也赚到了不少钱。操作股票可能并不需要太多的技巧，在人少的时候买入，在人多的时候卖出，也许就是大道至简吧。

大家苦苦追寻的“屠龙神技”并不存在，因为每个人都不一样，没有最好的方法，只有最适合自己的方法。如果你熬得住，在熊市买个历年来一直稳定发展的公司也许就能获得不错的收益；如果你擅长做趋势，便耐心等待趋势的形成。适合自己的才是最好的，认清自己，寻找适合自己的交易方式，建立自己的交易系统才是长久生存之道。

老魏寄语:

不管白猫黑猫，能抓住老鼠就是好猫。股市是非常有包容性的，总有人用你甚至看不懂的方法赚到数不清的财富。我们尊重任何方法，但就个人来说，找到适合自己的交易策略至关重要，而在找到之前，我们需要去尝试，各种各样的方法都体会过，最终会有适合自己的交易系统，那个系统就是你的聚宝盆。

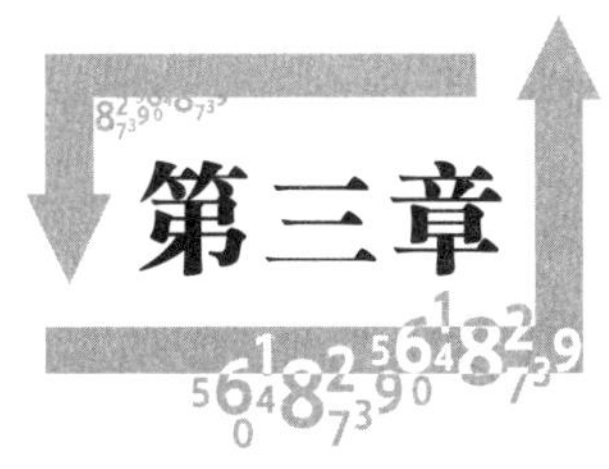

第三章　A 股投资必知必会

第一节　A 股市场重要大盘指数

覆巢之下，安有完卵。在股市火热的时候，可能 80% 的股票都在上涨，而在股市陷入恐慌的时候，可能 80% 的股票都是下跌的。在哪种情况下更容易赚钱是不言而喻的，就 A 股而言，也有几个重要的大盘指数供我们参考。

上证指数

上证指数是反映上海证券交易所（下简称“上交所”）所有挂牌股票总体走势的统计指标，也是广大投资者最常用的大盘参考指标。其指标以 1990 年 12 月 19 日为基期，基期值为 100，以全部的上市股票为样本，以股票发行量为权数进行编制，并于 1991 年 7 月 15 日公开发布。

上证指数的样本包括所有在上交所上市的股票，其中新股在上市第二天纳入股票指数的计算范围。上证指数的权数是上市公司的总股本，但值得注意的是，我国上市公司的股票有流通股和非流通股之分，总股本与流通股数通常不一致，总股本较大的股票对股票指数的影响较大。

上证指数的发布几乎与股市行情的变化是同步进行的，它也是广大股民和证券从业人员重要的参考依据，值得引起所有投资者重视。

深证指数

深证指数是深圳证券交易所（下简称“深交所”）编制的股价指数，其股票指数的计算方法与上证指数的编制基本相同，其权数为股票的总股本，其样本为所有在深交所挂牌上市的股票，其发布与股市行情的变化同样几乎是同步的，是投资者研判市场趋势变化的重要参考依据。

创业板指

创业板指代表了创业板市场的指数。创业板市场又称二板市场，与拥有大量成熟上市公司的主板市场不同的是，创业板更注重公司发展的前景与增长潜力，上市标准也更低，是一个更加高风险的市场。股票代码通常以 300 开头。

总体而言，上证指数更多是大盘权重股，我们会发现里面有非常多的国有银行股，而深证指数和创业板指中，科技股比较多。我们平时听到的大盘冲向 3500 点等，通常指的是上证指数。大盘指数对于我们的操作有着重要的意义：大盘环境良好时，我们的操作是如鱼得水；大盘环境糟糕时，我们的操作是火中取栗。

老魏寄语：

A 股市场是一个生态系统，从大盘，到板块，再到个股，是一个层层递进的关系。不同的情境下，我们操作的胜率是大不相同的。当大盘环境良好，板块又是热门板块，哪怕个股选得一般，其结果往往也是赚钱的。而当大盘环境较为恶劣，板块也较为冷门，此时就算选了一个板块中的强势股，也可能因为整体环境弱势而失色不少。

第二节 行业的朝阳起、夕阳落

5G 板块

5G，即第五代移动通信技术。蜂窝移动通信已经经历了 4 代的更新换代。从最早满足语音通话需求的 1G，到可以发送和接收短信的 2G，再到适配上网以及社交应用需求的 3G，3G 出来没多久又出现了可以满足在线游戏、视频以及直播需求的 4G，而接下来就是即将到来的可以满足 VR、物联网、自动驾驶等特殊功用的 5G 时代。1G 到 4G 时代，主要满足的是人与人之间的通信，而 5G 网络将满足万物互联，开启新一轮的信息网络革命。

由于 5G 是我国的重要项目，工信部也相当重视。目前的项目方案是 2018 年进行规模实验、2019 年推出预商用产品、2020 年计划规模商用。5G 商用发展已经进入加速期。

5G 作为一个大型的产业链，有着相当规模的受益者，天线、射频、光模块等关键器件最先收益，受益最大的是主设备行业，最后是各个垂直行业的应用以及融合发展。

白酒板块

白酒行业作为中国的特色行业，源远流长，早在唐朝，诗仙李白就对白酒赞誉有加，“解我紫绮裘，且换金陵酒”，金陵酒就是一种白酒。而白酒板块在 A 股也占据着重要的地位，和医药板块一起担当着“喝酒吃药”的防御板块重任。白酒在过去的几十年中也经历了不少的变化，在资源匮乏的时期，以汾酒为代表的清香型白酒（生产成本低、生产周期短）火遍大江南北，而后随着人们生活水平的提高，中高档的浓香型白酒逐渐占据主流，而今以茅台为代表的酱香型白酒以其优越的品质满足人们对高端白酒的追求。

白酒行业普遍具有极高的利润率，其原料主要是粮食和水，而产品却能卖上百元甚至上千元。曾经也有很多房地产企业转型白酒行业，最终以失败告终。白酒本身对于品牌和品质有着一定的要求，不管是品牌酒还是地产酒，其产地普遍有着自己的“护城河”。

总体来说，目前白酒行业已经进入较为成熟的阶段，茅台、五粮液、老窖等企业抢占了相当一部分市场，尽管没了以前非常可观的增量，但其商业模式决定了这依旧是个赚钱的行业，特别是高端白酒。

券商板块

券商即我们常说的证券公司，尽管在很多人的眼中，券商就是收手续费的，但事实上远非如此。交易中的经纪业务是广大投资者最为熟悉的。券商为投资者提供代理买卖证券的服务，主要是从股票、基金等业务中收取佣金，这是券商最基础也是最早开始的业务。但不足之处在于这是典型的“看天吃饭”板块，在牛市中，券商往往赚得盆满钵满，而一旦进入熊市，往往哀鸿遍野、要死要活。此外，如今手续费也不是那么好收了，由于券商众多，经过价格竞争后的手续费已经很低了，加上手机端开户方便快捷，很多券商的手续费甚至已经到了万分之一了，不可谓不惨烈，今后不出意外的话只会越来越低。

除经纪业务以外，很多券商还涉及投资银行的业务。说起投资银行业务，大家的第一反应往往就是高收入、高地位，一副上流社会的样子。投资银行的业务也就是直接融资，通过IPO、定增、发债等方式直接从资本市场募集资金，从中收取一定的中介费。

此外，还有资产管理业务、证券自营业务、券商研究业务（以卖研究报告为主）、融资融券业务、资产托管业务。

总体来说，这是一个周期性较强、“牛熊”完全两张脸的行业，却又是必不可少的行业。

银行板块

大家总会把中央银行称为“央妈”，显然“央妈”在一定程度上掌握着生杀大权。银行业对社会的发展有着举足轻重的作用，特别是在中国。通过和美国的对比我们会发现，在美国，企业融资很多时候是通过直接发放债券；而在中国，企业融资通常是通过银行贷款。只要各行各业还在往前发展，需要融资扩大生产，可以还得起向银行借的款项，银行就能盈利。尽管很多行业的生命周期并不长，但并不会影响银行业的盈利，行业消亡和兴起只不过是让原本借给A的钱转而借给B，可以说，银行永远和胜利者站在一边，这是一个永不过时的行业。

银行业是我国金融体系中重要的一环，债券、理财等业务都是围绕银行建立起来的。此外银行是有着极高门槛的行业。

由于投资者对银行有着坏账等担忧，其估值目前一直保持着个位数，属于明显的低估值板块，甚至还有很多破净的银行股。但银行业一直会存在，加上分红，这也是值得配置的板块。

食品板块

时常有人自怨自艾，认为普通投资者由于信息方面的偏差天生处于弱势，但是再不济，在食品这个板块里，我们作为消费者，有自己的生活体验，因此在这个板块有一定的话语权。而且食品行业是一个牛股辈出的行业。如果不会看复杂的基本面、技术面，就找我们日常生活中熟悉的公司、逛过的超市，看看什么东西卖得好，思考是否有什么深层次原因，特别是放进嘴里的东西，龙头公司铺货补货往往与一般公司有着相当大的差距。

比如调味品行业，如超市里常见的美味鲜，这是中炬高新的产品。此外还有休闲食品行业，如涪陵榨菜，这些产品的优势在于价格相对低廉，公司具有很强的定价能力，一包榨菜涨 5 毛，可能都发现不了，但企业利润却可大幅地增加。

此外还有肉制品、乳制品等。食品板块就在我们身边，不妨多留心，感觉不错时再去研究研究对应的企业和股价，说不定有惊喜。

医药板块

医药行业是一个事关民生的重要行业，特别是年纪大了之后，新衣服可以不买，很多消费都可以节省，但是医药是不能省的，谁不希望自己健康长寿呢？医药行业有两个最大的特点，第一是高度专业，医药是治病用的，哪怕是一些小差错也会造成不可估量的危害，因而医药行业不是随随便便就能进入的。第二是高度监管，监管部门包括卫生部、商务部、发改委、药监局等。此外，医药板块的消费者也比较特殊，很大一部分药品是在社保范围内的。

而从产业链来看，也较为复杂。从上游的原料药、中药的种植，再到化学药、中成药等，是一个冗长的链条。此外，其细分行业也特别多，如原料药、化学药（可以分为仿制药、普药、专科药、创新药等）、中药（可以分为中成药、饮片等）、生物制品（可以分为血制品、生物制药、疫苗等）、医疗器械、医药流通等。

当前中国正处于老龄化的初级阶段，随着老龄化的不断加剧，未来老年人占人口比越来越大是个板上钉钉的大趋势，谁也无法改变。医疗的需求也随之愈发旺盛，这是一个永远不会被满足的行业，且是不可预知和被动的，生病了必须得治，并没有什么选择权，本质上是人对疾病和死亡的畏惧。我国无疑是一个医疗行业的巨大市场，病人对于医药的支付意愿是很强的。

尽管医药行业的市场是不断增长的，但这也是受政策影响非常大的行业，监管政策的变动往往会带来行业格局的变化，2018 年医药板块从机构抱团的香饽饽变成机构一哄而散纷纷出走的烫手山芋，也正是“4+7 带量采购”政策导致的，原本的医药暴利情况瞬间面临考验，特别是一些“护城河较浅”的仿制药行业，其利润势必遭到大幅压缩。企业为了市场份额往往会压缩利润，与此同时一些竞争力不强的企业可能面临退出市场，医药行业集中度进一步加大。医保控费是一个长期的过程，不管是国家还是普通老百姓，对于物美价廉的药品的追求是不会懈怠的。

参考全球各国的历史，对于医保医改并没有完美的解决方案。美国的制度相对均衡，但略市场化，药企有一定的主动权，且美国的药品还出口到世界各地；而日本采用的是全民医保，以牺牲医药企业的利益来满足人民的医药需求，因而整个医药板块的估值极低。而我国目前的政策，也是偏向于降低企业的暴利，医保控费是大势所趋。

整体来说，由于之前我国医药行业一直享受着高估值、高溢价，而如今“4+7 带量采购”拉开了重新估值医药行业的序幕，敬请期待。

老魏寄语：

A 股市场有 3600 多只股票，散落在各行各业中，由于不同行业的发展阶段不同，其个股的大趋势也势必不同。如食品饮料，得益于我国近 14 亿人口的巨大消费市场，总体来说，相关企业活得都比较滋润，特别是龙头企业。又如钢铁行业，由于产能过剩，整体利润率较低，可以说赚的是辛苦钱。对于偏长线做价值投资的投资者，尽量选择景气行业，而纯技术快进快出，则不必过于在意，更多的是资金和情绪的博弈。

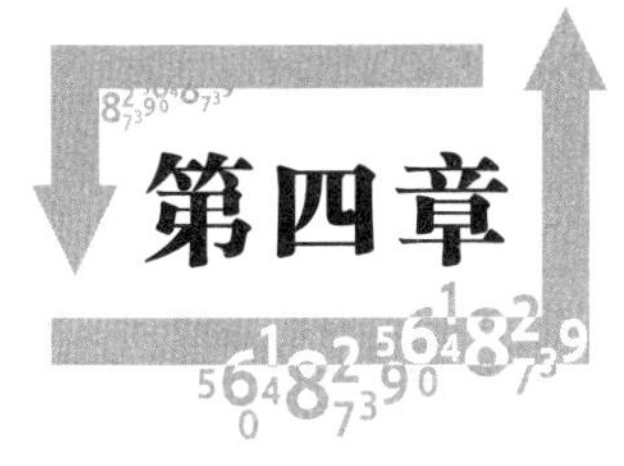

第四章　K 线永不过时

第一节　何为 K 线

K 线也被称为阴阳线、蜡烛图，听名字就充满东方的神秘气息。而 K 线据传最早起源于 18 世纪德川幕府时代的日本，当时是米商用于记录米价变动的工具，因其画法具有独到之处，又能简洁地显示很多的信息，逐渐取代西方的传统 K 线而被广泛应用于股票、期货等市场。

K 线可以说是每个初入市场的投资者第一个接触到的技术分析要素，打开交易软件的第一眼，就能看见图标上的一根根 K 线，有红有绿，有长有短。K 线通常是投资者学习技术分析时遇到的第一道门槛。K 线分析理论从发明至今已经经受了数百年的洗礼，这是一种可以与任何其他西方技术分析工具相得益彰的理论，也是进一步学习其他技术的基础。

K 线是一种特殊的语言，是一种神奇的密码，读懂 K 线的语言并发现其规律，可以指导实战操作。

以日 K 线为例（每个交易日形成的一根 K 线），一根标准的 K 线是由开盘价、最高价、最低价和收盘价绘制而成的一条柱状线（如图 4-1 所示）。K 线结构由影线和实体组成，其中中间的矩形称为实体，影线在实体上方的细线叫上影线，下方的部分叫下影线，实体分阳线和阴线（阳线代表上涨，阴线代表下跌）。

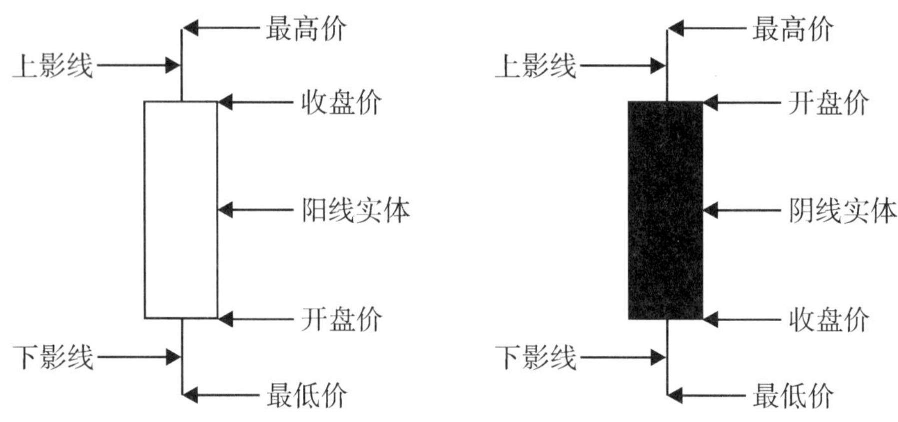

图 4-1 K 线形态

根据 K 线的计算周期可分为日 K 线、周 K 线、月 K 线，在动态股票分析软件中还常用到分钟线和小时线。根据开盘价与收盘价的波动范围，可将 K 线分为极阴、极阳，小阴、小阳，中阴、中阳和大阴、大阳等线型。K 线是一种特殊的市场语言，不同的形态有不同的含义。

K 线这种直观形象的市场语言，蕴含着丰富的东方哲学思想，充分显示股价趋势以及买卖双方力量对比的变化，对于后市走向具有重要的参考意义。

思　　考:

为什么要重视 K 线?

参考答案:

对于广大中小投资者来说，与大资金存在力量对比的悬殊以及信息获取的不对称性是毋庸置疑的。而 K 线本质上是资金博弈的结果，是股票交易留下的痕迹。K 线简单精练，包含的内容却翔实有用，开盘价、收盘价代表资金初始的态度以及结束的态度，而最高价、最低价则是当天多方和空方意志的极限位置。从小细节中知资金流动的重要信息，为投资决策提供必要的依据。

老魏寄语:

在其他领域，比如上学，会有小学、初中、高中、大学、研究生……这些阶段，可以一步一个脚印慢慢学习，但一到股市，广大投资者似乎就忘了这个道理。

同样，在股市里也是需要慢慢学习的，从最简单的K线开始，哪怕是小小的K线，里面的学问也不少。

第二节　单根K线知阴阳

K线是技术分析的基础知识，任何事物的学习都是从简至繁的，学习K线也是一样，我们必须从最基础的每一根K线学起。单一K线可分为阳线和阴线。阳线是指股价呈现上涨态势，即收盘价高于开盘价形成的K线，在交易软件中用红线标注。阴线指股价呈现下跌走势，即收盘价低于开盘价的K线，在交易软件中用绿色标注。

下面我们介绍10种最为基础的K线形态。

穿头破脚阳线

穿头破脚阳线指在交易过程中多方占据绝对优势，如配合量能的稳步放大，后市继续看涨。

【图形解析】

（1）图4–2为浪潮软件（600756）2018年3月26日的分时走势图，当天此股的开盘价为15.24元，收盘价为16.63元，盘中最高价为16.75元，最低价为15.01元，全天振幅为11.11%，实体部分波幅为8.88%，形成的K线图为典型的穿头破脚大阳线。

（2）从图4–2中可以看出在当日的交易中多方占据上风，虽然盘中多空进行交战，但是买方的态势较为积极，带动股指持续上扬。并且从量能来看，在股市上涨的过程中配合量能的同步放大，预示后市还有上涨空间。

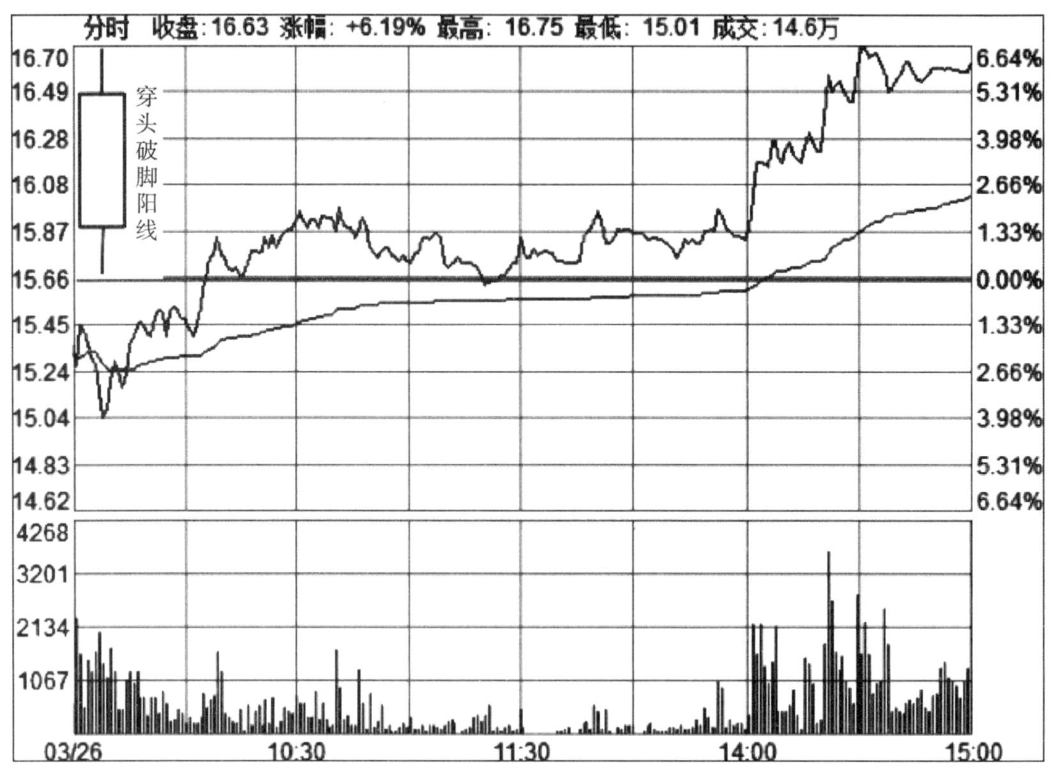

图 4–2 浪潮软件（600756）2018 年 3 月 26 日分时走势图

【图形解析】

由图 4–3 可以看出，浪潮软件（600756）股指经过前期的缩量整理，2018 年 4 月 24 日股指走出穿头破脚的大阳线，并且量能配合放大，表明多头趋势强劲，后市股指突破前期的整理平台，开启上涨格局。

【小结】

（1）如果在下跌趋势或一段时间的缩量整理后出现穿头破脚的阳线，并且伴随量能的放大，后市行情止跌反弹或突破整理平台向上变盘的可能性极大。

（2）从 K 线形成的分时图来看，如果穿头破脚阳线在形成过程中股价全程呈大幅震荡，尾盘放量拉升，表明主力洗盘驱赶“乘轿客”，尾盘轻松拉升，后市继续看涨。

（3）如果股价全天多数时间波幅较小或呈盘跌态势，在临近收盘股价迅速拉升预示次日开盘或跳空高开或走低。

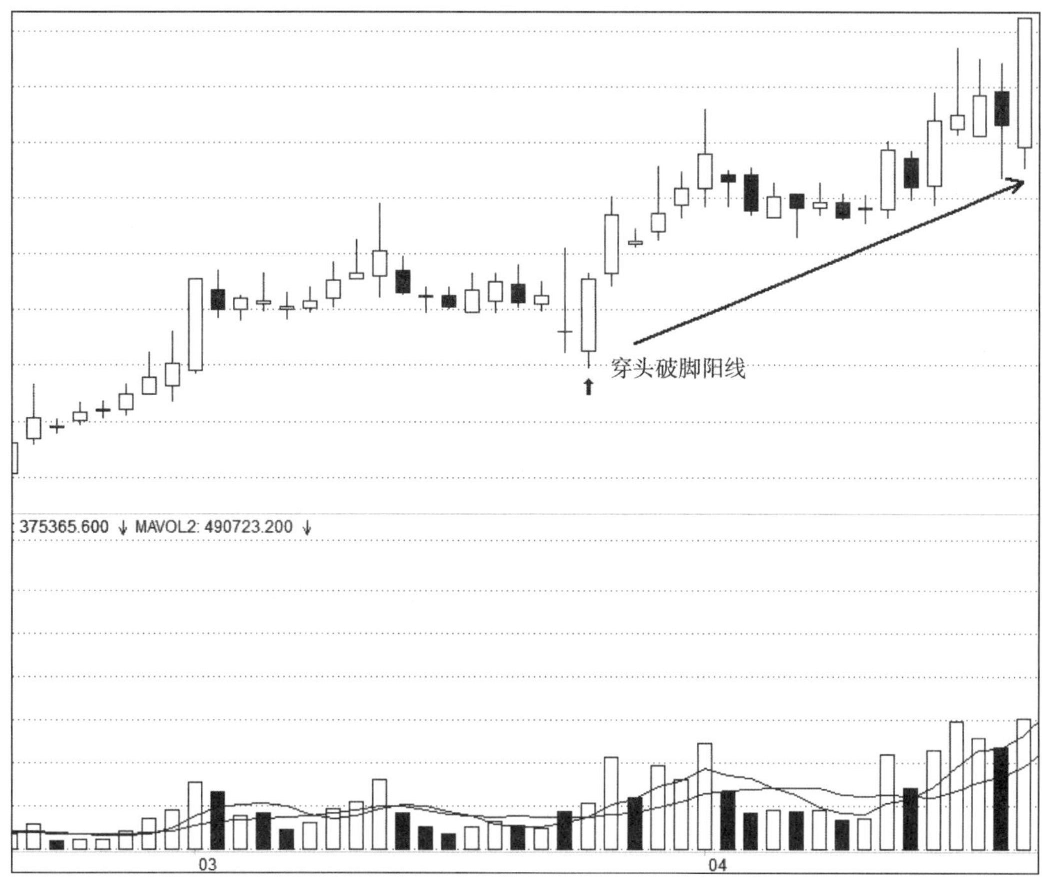

图 4-3　浪潮软件（600756）2018 年 2 月 13 日—4 月 24 日走势图

光头光脚阳线

光头光脚阳线表明交易的过程中多头占据绝对上风，持有股票者因看到手中股票上涨势头强劲，不愿抛售，出现供不应求的状况。在 K 线形态上表现为收盘价与最高价相同，开盘价与最低价相同，无上下影线。

【图形解析】

（1）图 4-4 为星湖科技（600866）2018 年 7 月 10 日的分时走势图，当天此股的开盘价为 3.60 元，收盘价为 3.96 元，盘中最高价为 3.96 元，最低价为 3.60 元，全天振幅为 10%，实体部分波幅为 10%，形成的 K 线图为典型的光头光脚大阳线。

（2）由图 4-4 可看出，当日开盘后买方的态势十分积极，午后开盘多头再度发力，股价快速冲击涨停，表现出强劲的多头行情趋势。

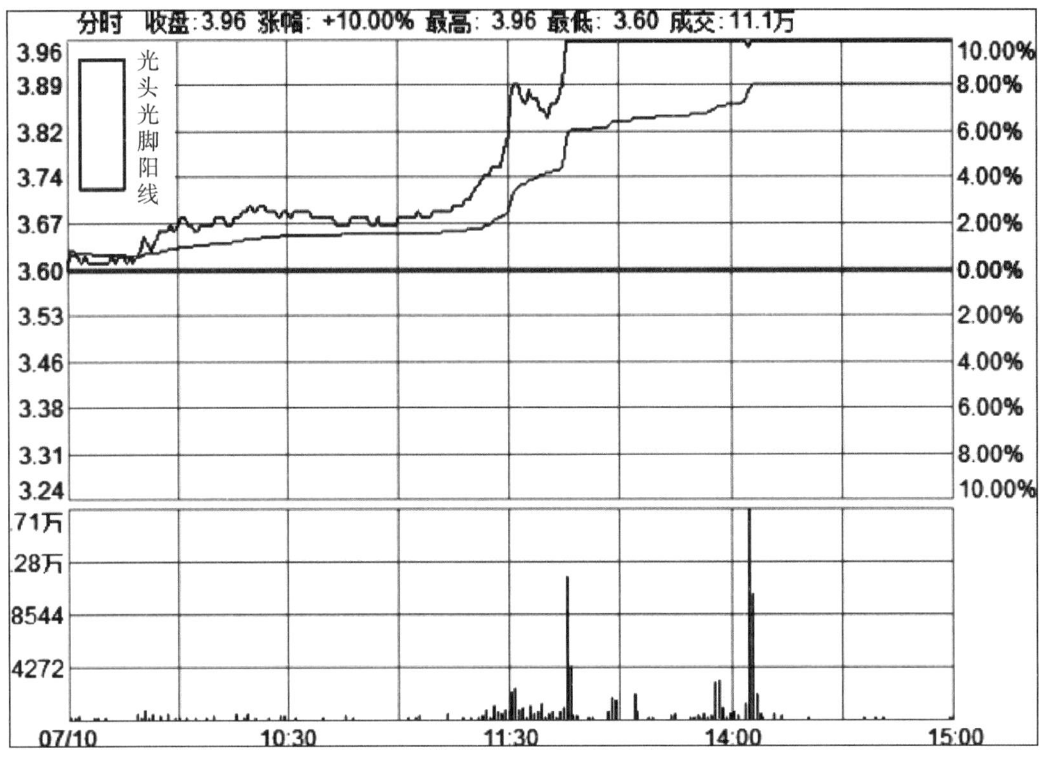

图 4-4　星湖科技（600866）2018 年 7 月 10 日分时走势图

【图形解析】

由图 4-5 可以看出，星湖科技（600866）股指前期经过两个多月的震荡整理，多方积蓄了较多的能量，一触即发最终收出光头光脚的大阳线，并伴随量能的放大，表明股指止跌回升，后市股指呈现出强劲的上攻态势。

【图形解析】

由图 4-6 可以看出，荣之联（002642）在 2018 年 3 月 27 日收出光头光脚阳线。但是结合当时的行情来看，股指一直处于反弹趋势中，且当前股指的最高价处于前期波段高点附近，上方的压力不容小觑，并且成交量呈现不规则变化，此位置进场风险较大，建议投资者在这样的行情中保持观望态度。

【小结】

由上述案例可看出，虽然两只个股均收出光头光脚的阳线，但是其所处的行情形态不同，光头光脚的阳线对后市个股的走势会产生不同的影响。说明 K 线对后市行情走势的影响应结合其所处的行情状态进行综合判断。

图 4-5　光头光脚阳线实战图情形一

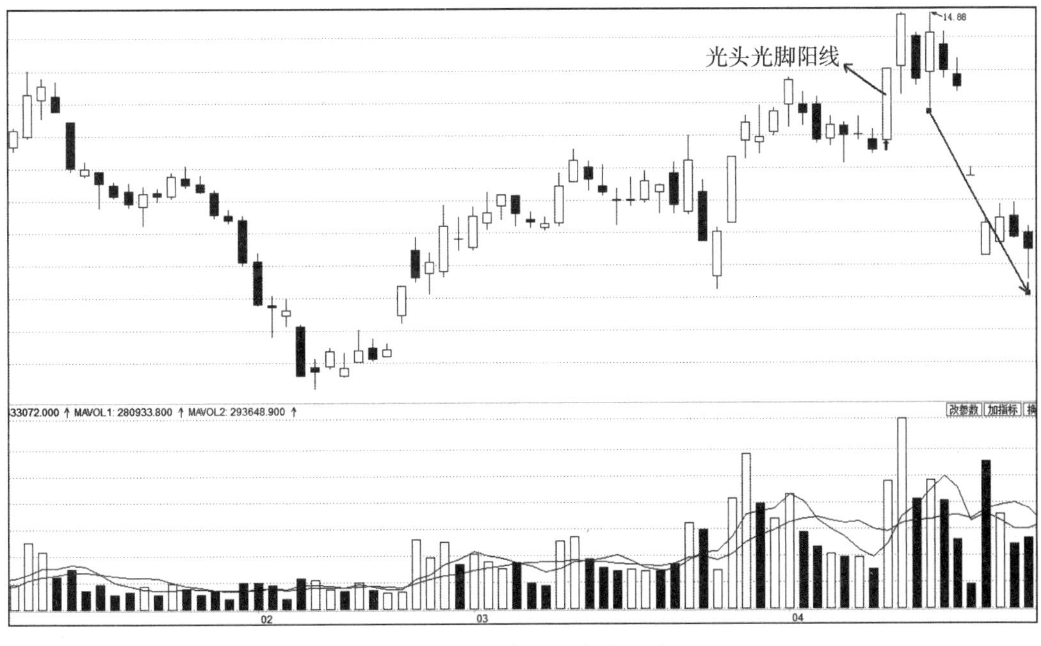

图 4-6　光头光脚阳线实战图情形二

光头阳线

光头阳线表明股价下探后再度上涨，如果在低价位区域出现光头阳线，并且配合量能的放大，后市行情可能变盘向上。如果光头阳线呈现在上升行情中，后市可继续看好。K 线图表现为无上影线。

【图形解析】

（1）图 4–7 为跃岭股份（002725）2018 年 6 月 25 日的分时走势图，当天此股的开盘价为 10.79 元，收盘价为 11.99 元，盘中最高价为 11.99 元，最低价为 10.50 元，全天振幅为 13.67%，实体部分波幅为 11.01%，形成的 K 线图为典型的光头阳线。

（2）由图 4–7 可看出，当日开盘后股价略微下探后一路上涨，最终收出光头阳线，表明多头的态度十分积极，后市股市走势将继续向好。

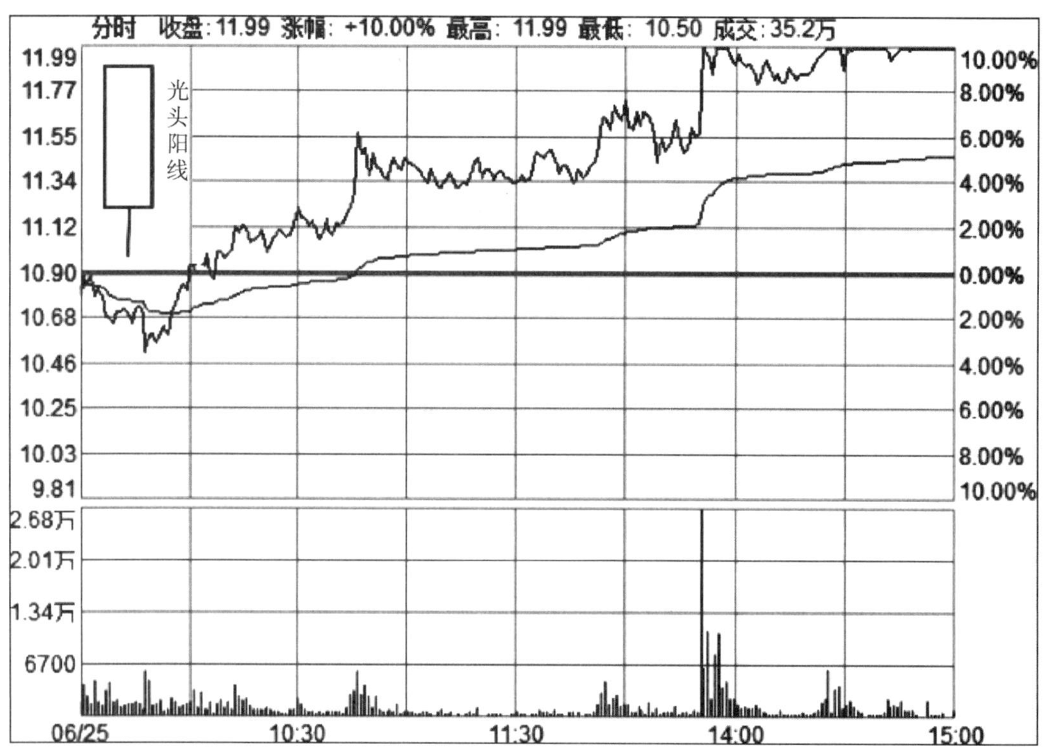

图 4–7 跃岭股份（002725）2018 年 6 月 25 日分时走势图

【图形解析】

由图 4–8 可以看出，跃岭股份（002725）在 2018 年 6 月 25 日收出光头阳线，当前行情处于反弹的趋势，后市继续向好。

图 4-8　跃岭股份（002725）2018 年 6 月 25 日分时走势图

【小结】

光头阳线及前面提到的穿头破脚阳线、光头光脚阳线，及下文将要介绍的光脚阳线实体部分均较长，上下影线较短，在实战操作中的应用比较类似，具体分析如下：

（1）如果在下降趋势中出现一根光头阳线，尤其呈现量价齐升的态势，后市行情可能发生变盘，投资者应密切关注行情走势，寻找合适时机进场布局。

（2）如果在上升趋势途中出现一根光头阳线，量能再度配合放大，多头趋势有望再度爆发，可继续持仓。

（3）阳线实体部分越长，表明多头态度越坚决，看涨信号准确率越高。

（4）另外，如果股指前期连续上涨，尤其上涨的速度较快，做多能量可能已经开始衰竭，此时应保持谨慎，不可盲目继续进场，高位套牢的风险增大。

（5）在分析 K 线时也应结合分时走势，有时会出现假阳线，看涨信号将不再具有参考意义。

光脚阳线

光脚阳线表明开盘后多方占据主导地位，但在高价位区域受到卖方抛盘的压力，股价出现回落，最终以带有上影线的阳线报收。在 K 线形态上表现为最低价与开盘价相同，最高价高于收盘价。

【图形解析】

（1）图 4-9 为辽宁成大（600739）2018 年 4 月 3 日的分时走势图，当天此股的开盘价为 17.90 元，收盘价为 18.50 元，盘中最高价为 18.57 元，最低价为 17.90 元，全天振幅为 3.69%，实体部分波幅为 3.30%，形成的 K 线图为光脚阳线。

（2）由图 4-9 可看出，当日开盘后买方表现较为强势，午后开盘多空双方出现分歧，股价走势出现回落，最终收盘价略低于最高价，收出带有上影线的光脚阳线。

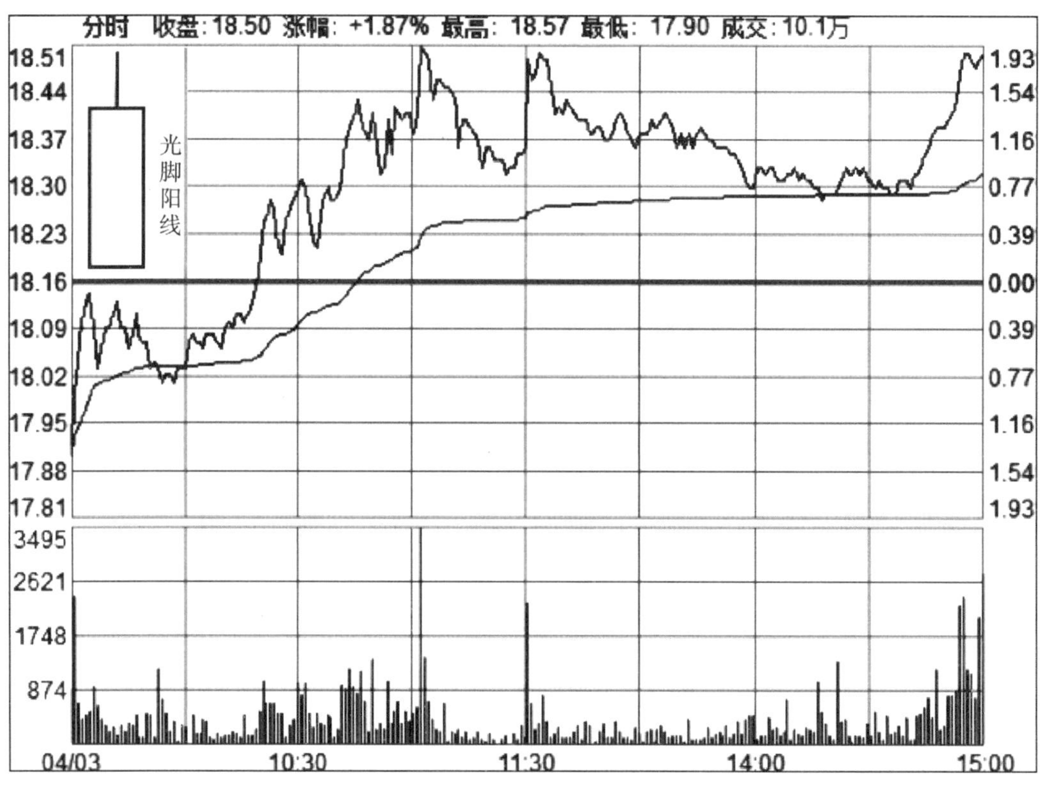

图 4-9 辽宁成大（600739）2018 年 4 月 3 日分时走势图

【图形解析】

由图 4–10 可以看出，辽宁成大（600739）在 2018 年 4 月 25 日收出带有上影线的阳线，但是前一交易日股价已走出阶段性的高点，并且当前位置也是 2018 年 1 月反弹的高位区域，表明当前位置的压力较大，在操作中投资者需持谨慎态度。由 K 线图也可看出，股价走出阶段性的高点后，行情再度呈现回跌走势。

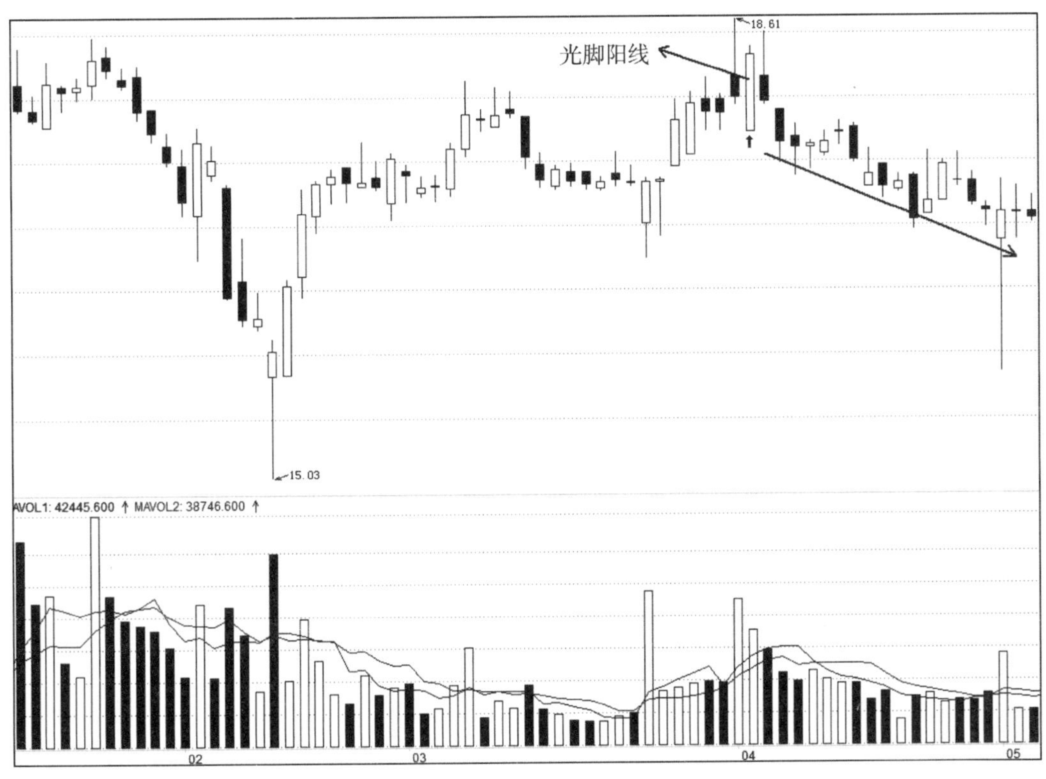

图 4–10　光脚阳线实战图

【图形解析】

由图 4–11 可以看出，华域汽车（600741）在 2017 年 10 月 19 日收出带有上影线的阳线。10 月 13—17 日股指呈现缩量小阴线，随后股价放量上扬，10 月 19 日的光脚阳线更是突破前期整理的小平台，并且以跳空缺口的形式出现，表明多头强势发力，后市股指也走出了上涨行情。

图 4-11　光脚阳线实战图（其他情形）

【小结】

（1）光脚阳线如果出现在上涨行情中的高价位区域，尤其上影线较长，表明多方上攻的能量开始减弱，卖方的能量开始增强，多空双方出现分歧，行情可能发生变盘。

（2）光脚阳线如果在低价位区域，且实体的部分比上影线的部分长，表明多方开始试盘，随着量能的放大，后市极有可能呈现上攻行情。

小阳星

小阳星表示在交易的过程中股价的波幅较小，收盘价略高于开盘价，如果开盘价与收盘价相同，则形成的 K 线形态可称为阳十字星。

【图形解析】

（1）图 4–12 为广田集团（002482）2018 年 5 月 8 日的分时走势图，当天此股的开盘价为 7.55 元，收盘价为 7.60 元，盘中最高价为 7.63 元，最低价为 7.52 元，全天振幅为 1.45%，实体部分波幅为 0.66%，形成的 K 线图形为小阳星。

（2）由图 4–12 可看出，全天股价一直围绕开盘价上下波动，表明多空双方互不让步，争夺较为激烈，导致行情扑朔迷离，需以观望为主，等待市场明确方向。

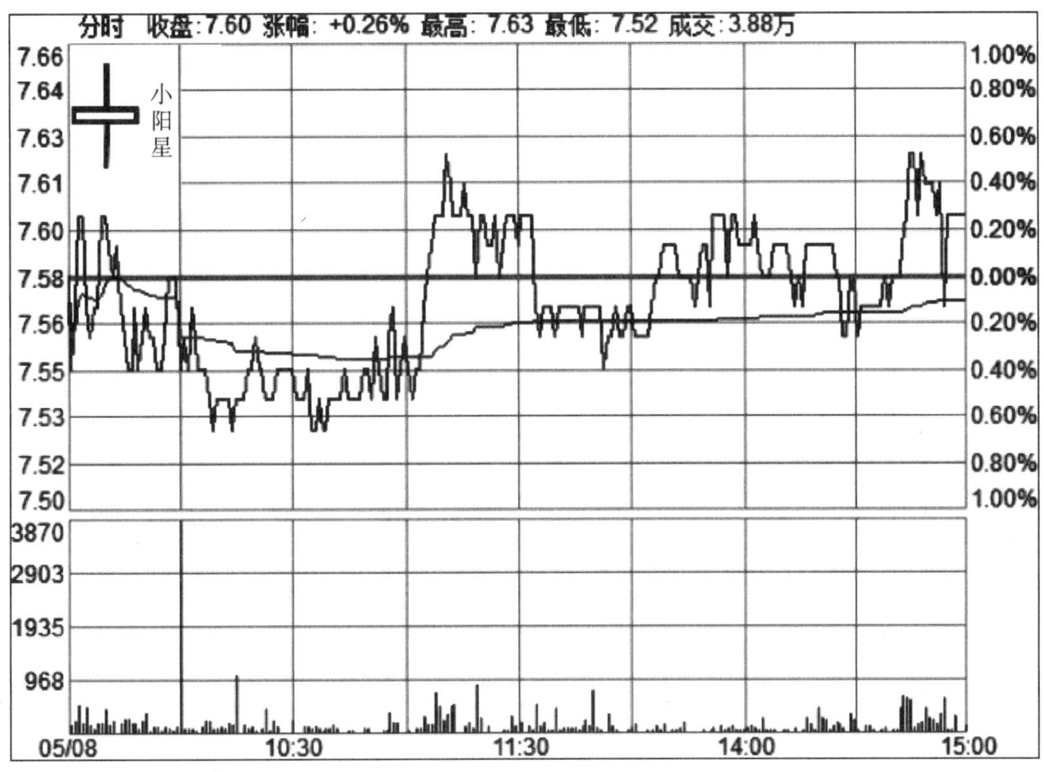

图 4–12　广田集团（002482）2018 年 5 月 8 日分时走势图

【图形解析】

由图 4–13 可以看出，广田集团（002482）2018 年 5 月 8 日收出小阳星。从当前行情的位置来看，股指出现一波下跌行情之后，出现小阳星，表明多空双方发生分歧，随后股指横盘整理，同年 5 月 14 日的放量中阴，显示空方力量依然强大，后市股价再度走低。

图 4-13 小阳星实战图

【图形解析】

由图 4-14 可以看出，水星家纺（603365）2018 年 5 月 2 日收出小阳星，随着行情的展开，阳线数量不断增多，并且从量能配合来看，呈现阳线放量、阴线缩量的态势，表明行情已开始变盘向上。

【小结】

（1）小阳星出现在上涨行情或者下跌行情中，可能为上涨或者下跌的中继行情，也可能是上涨或下跌行情的末端，此时多空双方的竞争较为激烈，投资者需保持谨慎，待后市方向明朗之后再度操作。

（2）行情中出现小阳星要根据前期 K 线的组合形态以及当前股价所处的区域综合判断，后文会对 K 线的组合形态部分进行详细讲解。

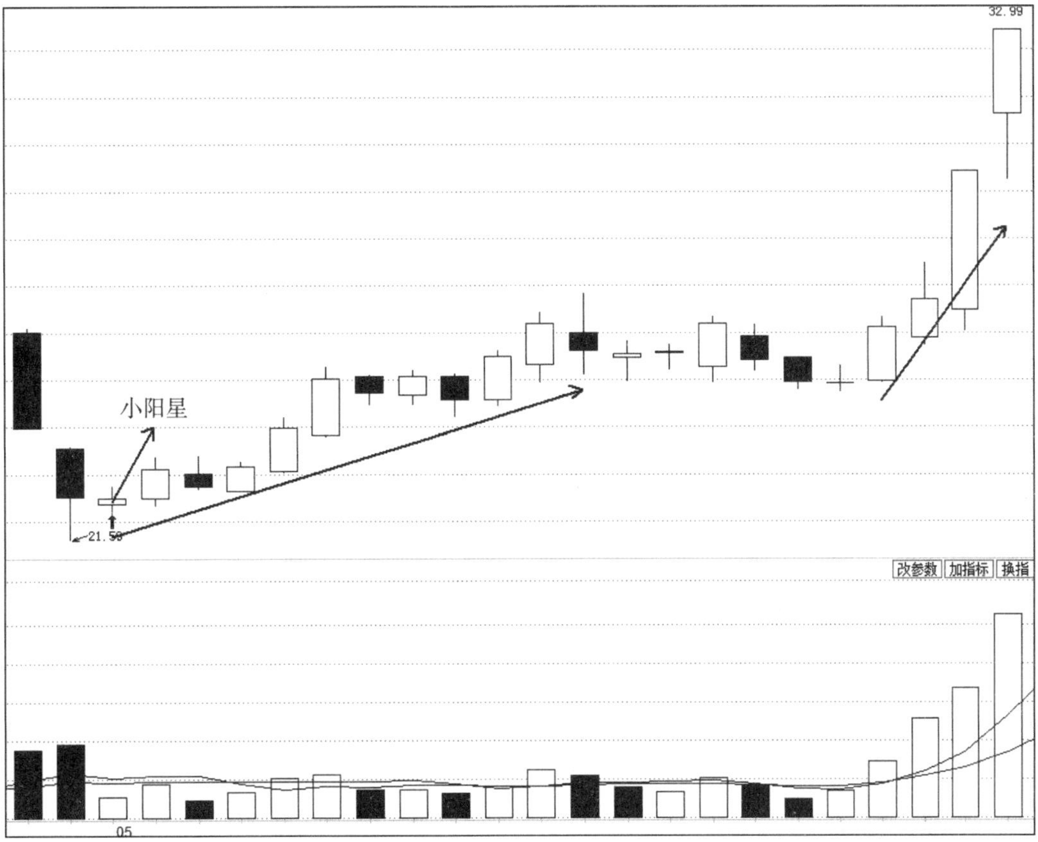

图 4-14　小阳星实战图（其他情形）

光头光脚阴线

光头光脚阴线表明在交易过程中空头占据绝对上风，开盘后股价在空头的打压下一路下跌，市场的恐慌氛围严重，行情较为低迷。在K线形态上表现为最高价与开盘价相同，最低价与收盘价相同，无上下影线。

【图形解析】

（1）图 4-15 为东华软件（002065）2017 年 10 月 16 日的分时走势图，当天此股的开盘价为 11.41 元，收盘价为 11.00 元，最高价为 11.41 元，最低价为 11.00 元，全天振幅为 3.59%，实体部分波幅为 3.59%，形成的K线图为典型的光头光脚阴线。

（2）由图 4-15 可看出，开盘后股价在卖方的打压下一路下挫，表明当前市场心态出现恐慌，持有此股的投资者疯狂抛售手中的筹码，市场行情呈现低迷，后市继续看跌。

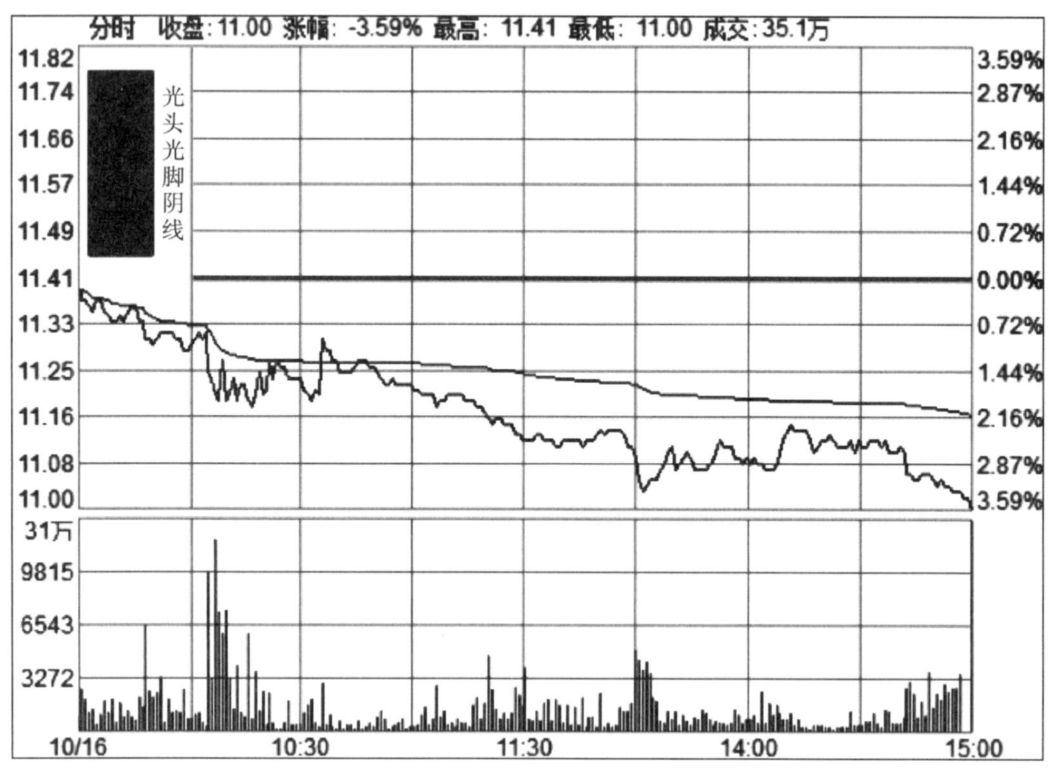

图 4-15　东华软件（002065）2017 年 10 月 16 日分时走势图

【图形解析】

由图 4-16 可以看出，东华软件（002065）在 2017 年 10 月 16 日收出光头光脚阴线，并且当前位置也是前高 11.84 元附近，前几个交易日股价并未成功突破前高点，表明做多的能量出现衰竭，做空的能量增加，光头光脚阴线的出现更是打压了市场人气，随后行情逆转向下。

【图形解析】

由图 4-17 分析可看出，信隆健康（002105）在 2018 年 2 月 6 日收出光头光脚阴线，但是此阴线位于下跌行情的末端，并且成交量并未放大，表明空方的能量已经释放完毕，股价下跌的空间减小，从 K 线图看出股指经过几日的缩量整理，开启了新一波的反弹行情。

【小结】

（1）光头光脚阴线出现在经过一波大幅上涨行情中，大概率是上涨行情末端，股价将出现或已经处于阶段性的高点，后市修整或出现变盘向下可能性较大，需保持谨慎。

（2）光头光脚阴线出现在连续加速下跌行情中，空头进行最后的抛盘，可能是见底信号，后市行情将会变盘向上。

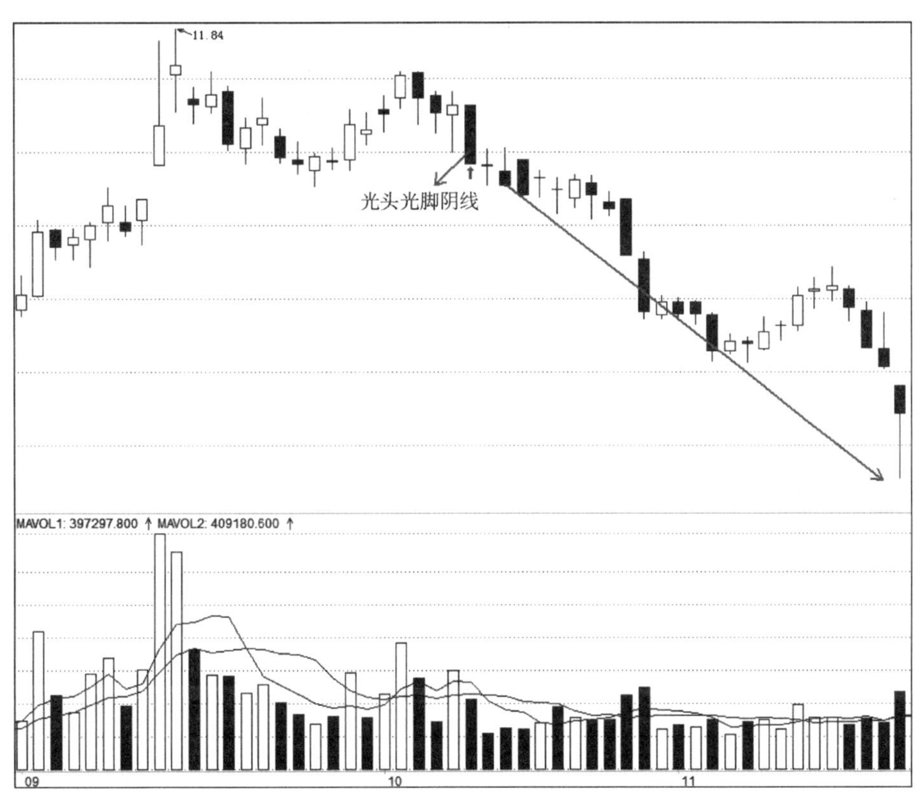

图 4-16　光头光脚阴线实战图

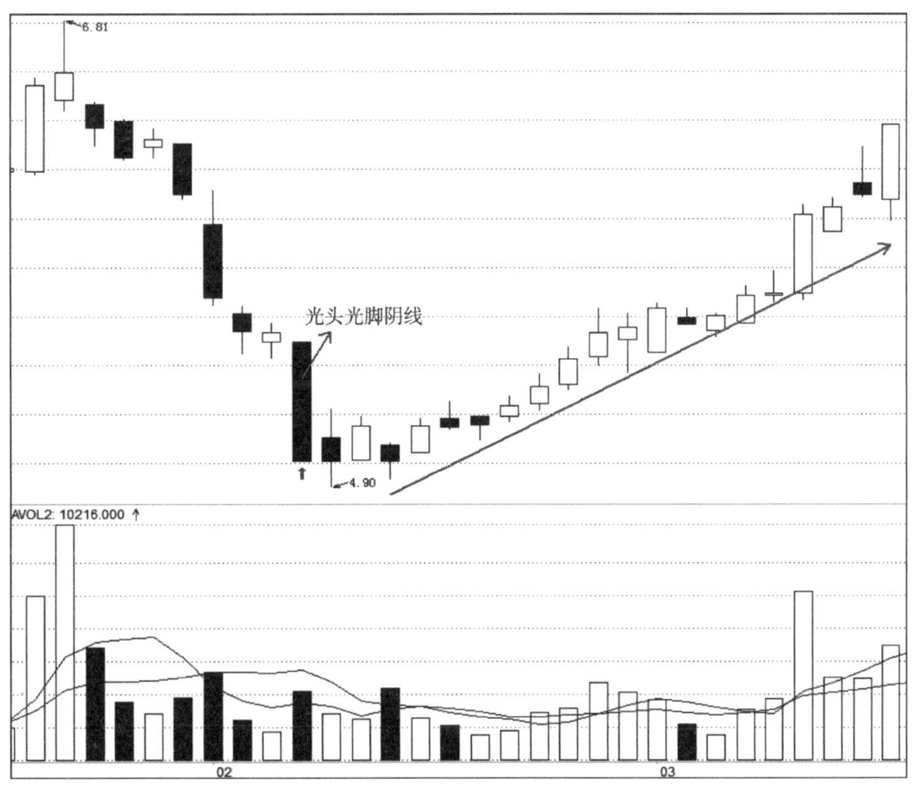

图 4-17　光头光脚阴线实战图（其他情形）

光头阴线

带有下影线光头阴线表明开盘后空头的力量较强，股价受到打压走低，但是在低价位区域受到买方的支撑，股价有所回升。K 线形态上表现为开盘价与最高价相同，收盘价高于最低价。

【图形解析】

（1）图 4-18 为金隅集团（601992）2018 年 5 月 29 日的分时走势图，当天此股的开盘价为 4.23 元，收盘价为 4.08 元，最高价为 4.23 元，最低价为 4.04 元，全天振幅为 4.72%，实体部分波幅为 3.54%，形成的 K 线形态表现为光头阴线。

（2）由图 4-18 可看出，开盘后股价受到抛盘的压力走低，低价位区域多方防守，股价略微回升，最终收出光头阴线。

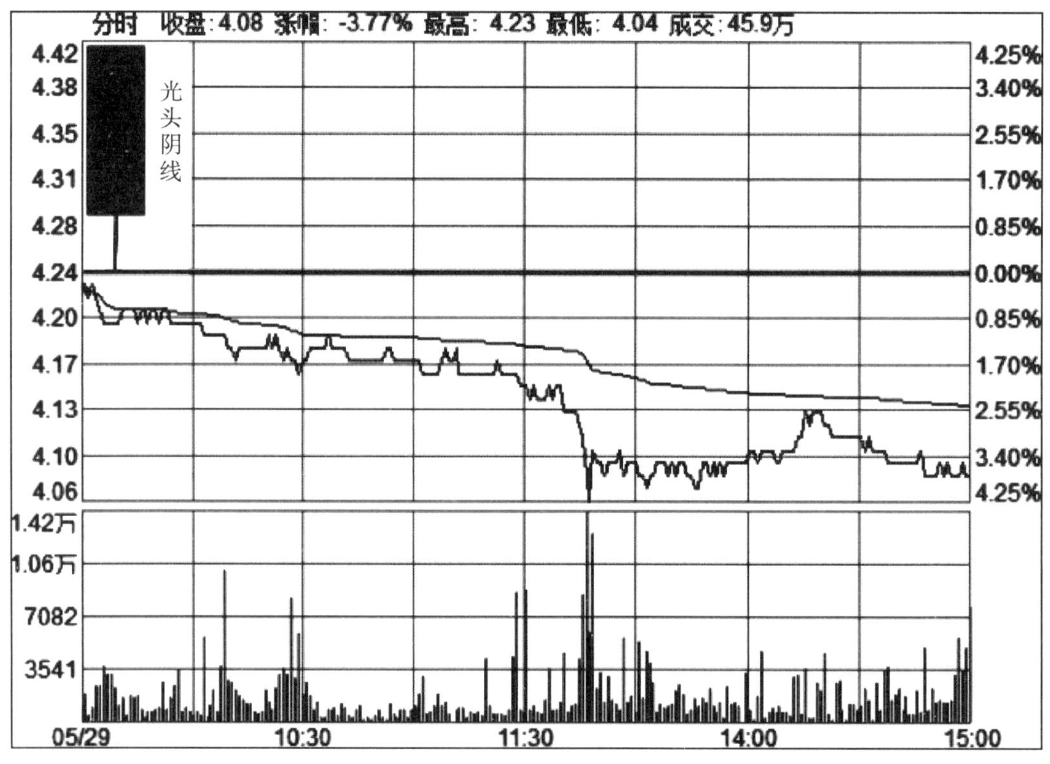

图 4-18　金隅集团（601992）2018 年 5 月 29 日分时走势图

【图形解析】

由图 4-19 可以看出，金隅集团（601992）在 2018 年 5 月 29 日收出光头阴线，并且跌破了前期整理的平台，量能出现放大，下跌再度加速，操作上以保持观望为主。

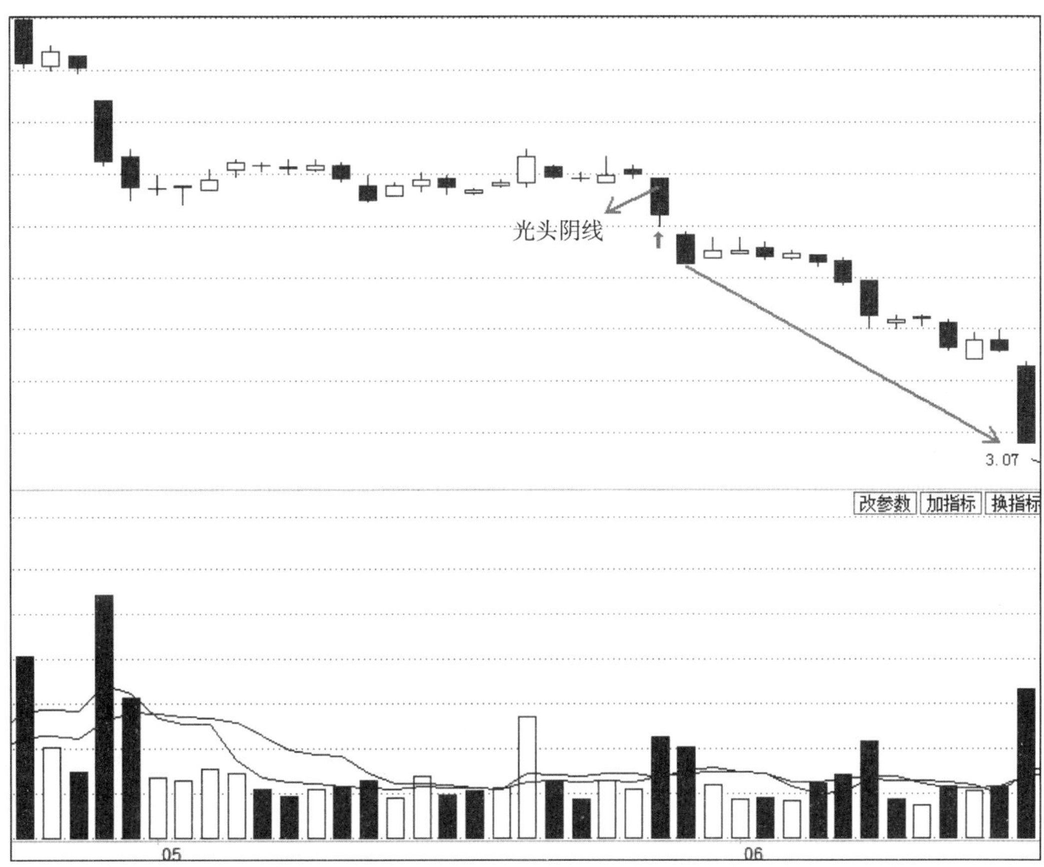

图 4-19　光头阴线实战图

【小结】

（1）光头阴线出现在下跌途中，且伴随量能的放大，后市可能加速下跌。

（2）光头阴线出现之后可能行情有所反弹，但是如果阴线的实体比下影线更长，则反弹的力度不大，且仅仅是对当前下跌行情的短暂修复，后市行情仍会下跌。

光脚阴线

光脚阴线表示股价虽有反弹，但是上方空头较为强势，打压股指再度回落。在K线图上表现为，最低价与收盘价相同，最高价高于开盘价。

【图形解析】

（1）图 4–20 为山西焦化（600740）2018 年 6 月 19 日的分时走势图，当天此股的开盘价为 11.35 元，收盘价为 10.50 元，最高价为 11.53 元，最低价为 10.50 元，全天振幅为 8.82%，实体部分波幅为 7.28%，形成的 K 线图为光脚阴线。

（2）由图 4–20 可看出，股价低开后略微上探，但是空方的力量较大，多方的反攻力量较弱，股价受到空头的打压再度受挫，表明市场的人气萎靡。

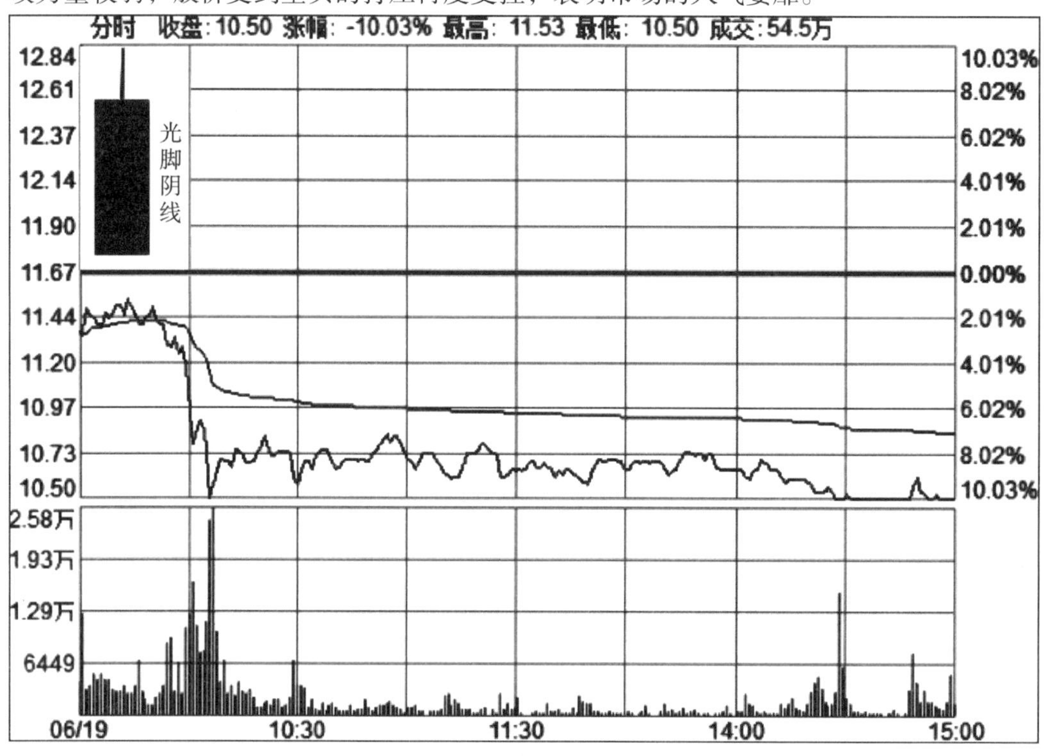

图 4–20　山西焦化（600740）2018 年 6 月 19 日分时走势图

【图形解析】

由图 4–21 可看出，山西焦化（600740）在 2018 年 6 月 19 日收出光脚阴线，并且跌破了前期的震荡整理区间，配合量能的同步放大，表明市场的人气较低迷，后市股价再度下挫。

【小结】

光脚阴线、光头阴线及光头光脚阴线，阴线的实体部分较长，上下影线较短，在操作中的策略也较为相同。

（1）在上涨行情的初期，出现大阴线，可能是“上车”良机，投资者可保持乐观态度，后市可能迎来多头行情。

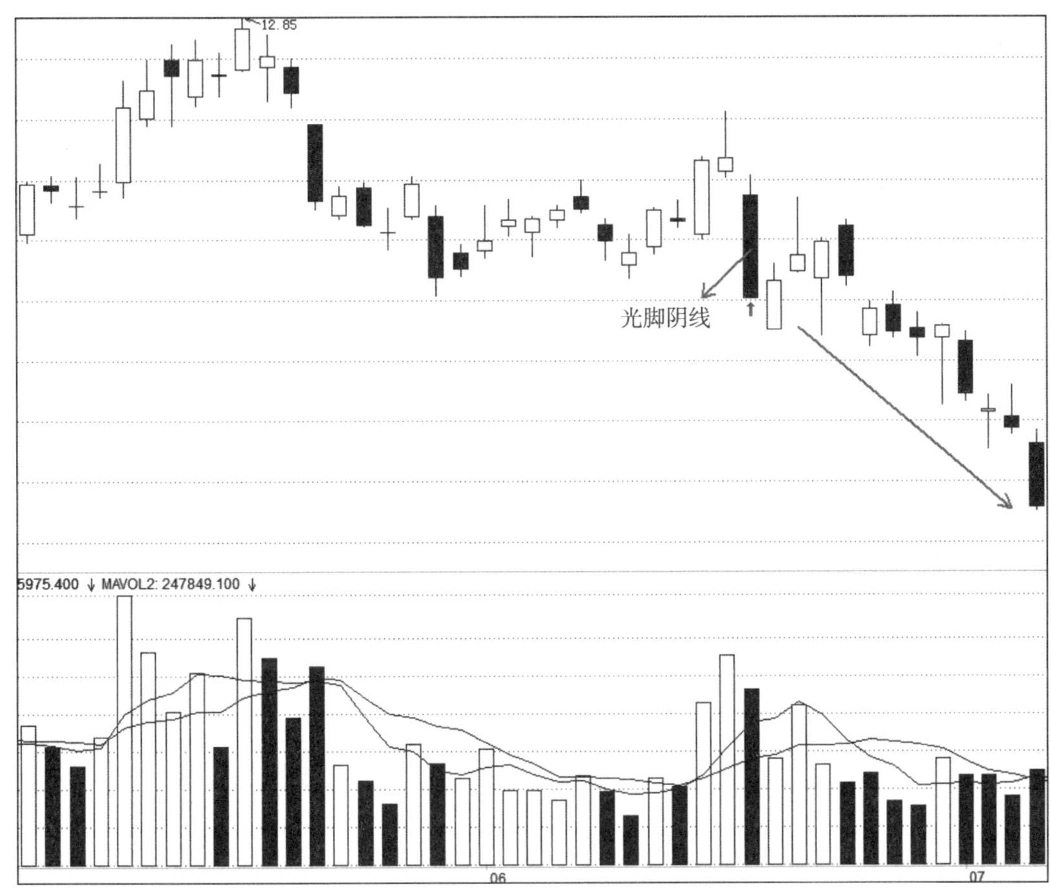

图 4-21　光脚阴线实战图

（2）在上涨行情的末期，尤其经过一轮较大幅度的上涨，以及下跌行情的初期，出现实体部分较大的阴线，后市可能迎来空头行情，应以观望为主。

（3）在连续加速下跌的行情中出现大阴线，可能是空头效应的最后释放，股价将要见底，投资者可重点关注，寻找机会布局操作。

（4）在上涨行情的途中，尤其前期涨幅不太大的反弹行情，出现大阴线，可能是主力的洗盘动作，清洗掉浮动的筹码之后，后市可能继续拉升。

（5）在下跌行情的途中，出现大阴线，且配合量能的放大，表明空头的力量较强，后市可能继续下跌。

长下影线

下影线十字星、长下影线及 T 形线，这些形态中的任意一个出现在低价位区域，均表明下方的承接力度较强，多头的态度较积极，后市可能迎来反弹行情。

【图形解析】

（1）图 4-22 为北方国际（000065）2017 年 1 月 16 日的分时走势图，当天此股的开盘价为 25.12 元，收盘价为 24.88 元，最高价为 25.19 元，最低价为 22.70 元，全天振幅为 9.91%，实体部分波幅为 0.96%，形成的 K 线图形为长下影线。

（2）由图 4-22 可看出，开盘后股价横盘小幅震荡，但是午后迎来一波快速下探，同时多方发起绝地反击，股价再度回升至开盘价附近，表明多方积蓄的能量开启释放，后市可能发生逆转变盘。

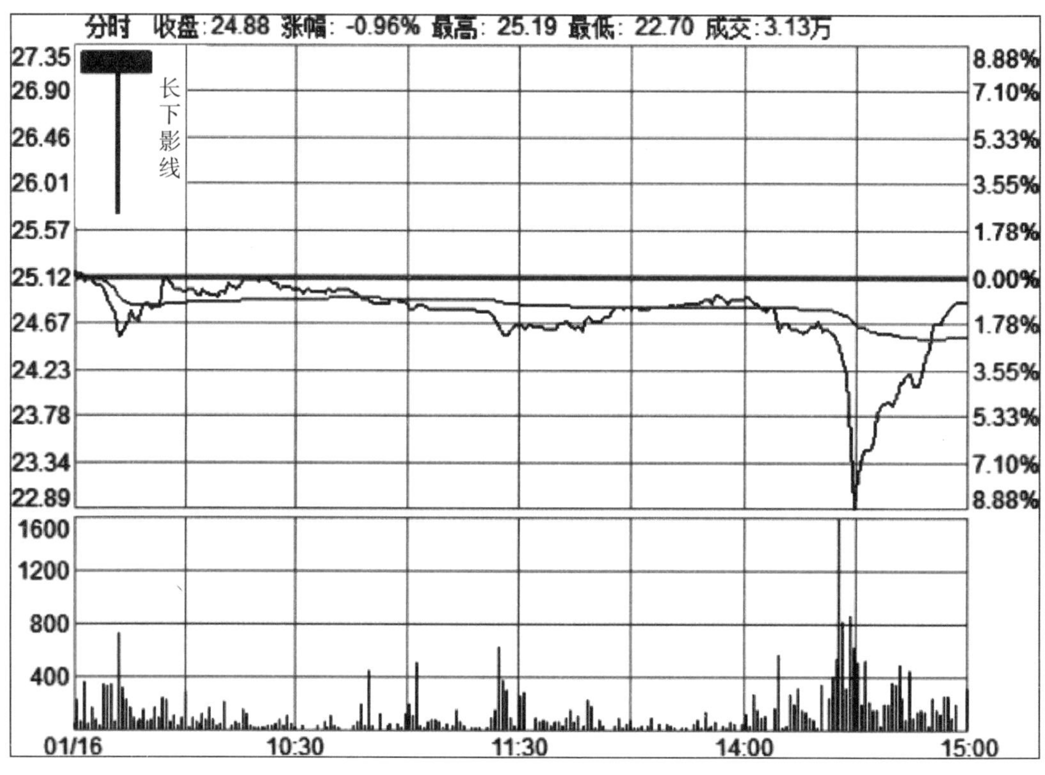

图 4-22 北方国际（000065）2017 年 1 月 16 日分时走势图

【图形解析】

由图 4-23 可看出，北方国际（000065）在 2017 年 1 月 16 日收出长下影线，表明盘中多方发起了绝地反击，而且前期经过了长期的横盘震荡，多方积蓄的能量有待释放，随后连续几日的 K 线缩量整理，后市迎来了反弹拉升行情。在操作中投资者需等多头信号明朗之后再进场操作。

【小结】

下影线十字星、长下影线及 T 形线在操作中的策略较为相同。

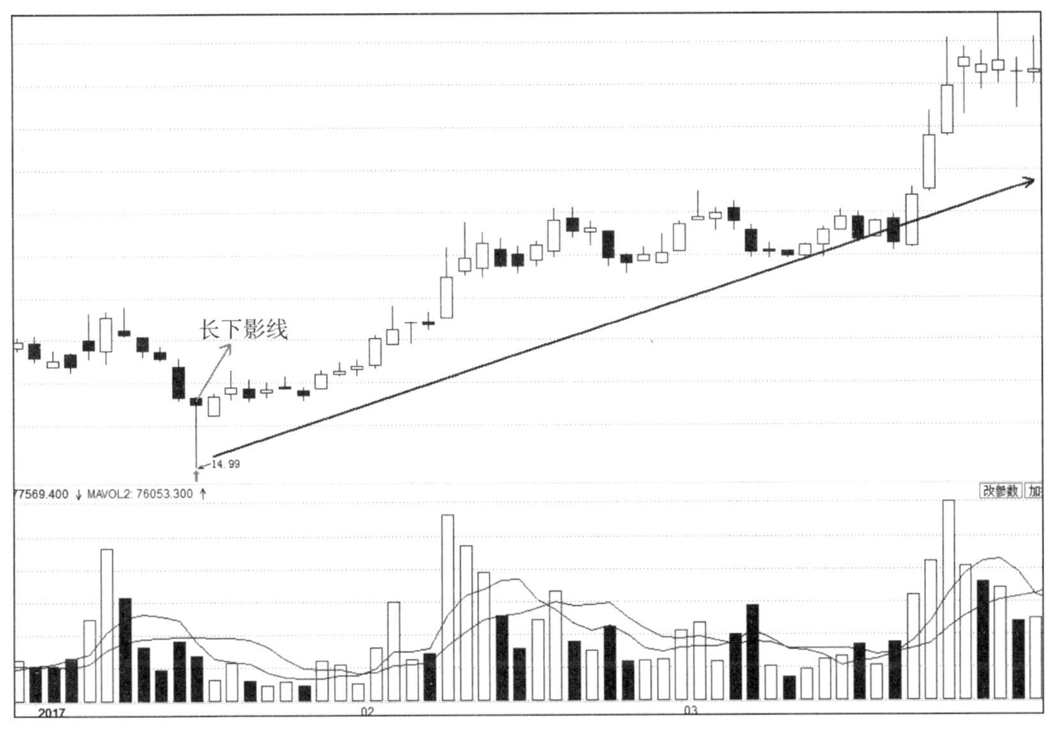

图 4-23　长下影线实战图

（1）下影线十字星、长下影线及 T 形线，出现在低价区域，可能是见底信号。

（2）下影线十字星、长下影线及 T 形线，出现在上涨途中，可能是上涨中继形态，后市向好。但是如果 K 线的下影线较长且量能极大，可能是见顶形态，需保持谨慎态度。

（3）如果指数及盘中个股的累计跌幅较大，出现下影线十字星、长下影线及 T 形线，此时形成底部的可能性较大，并且结合后市做多的动能逐步放大，确定底部的形成，可积极布局操作。

十字线

十字线常常成为变盘十字线，出现在高价位区域，暗示股指可能变盘向下；出现在低价位区域，暗示股指可能逆势向上。

【图形解析】

（1）图 4-24 为中国武夷（000797）2017 年 11 月 14 日的分时走势图，当天此股的开盘价为 13.96 元，收盘价为 13.94 元，最高价为 14.28 元，最低价为 13.71 元，全天振幅为 4.07%，实体部分波幅为 0.14%，形成的 K 线图为十字线。

（2）由图 4–24 可看出，股指低开后快速上探，但是在上方受到空头的打压再度回落，午后股指再度下挫，随后受到支撑再度回升，表明多空双方出现分歧，保持观望。

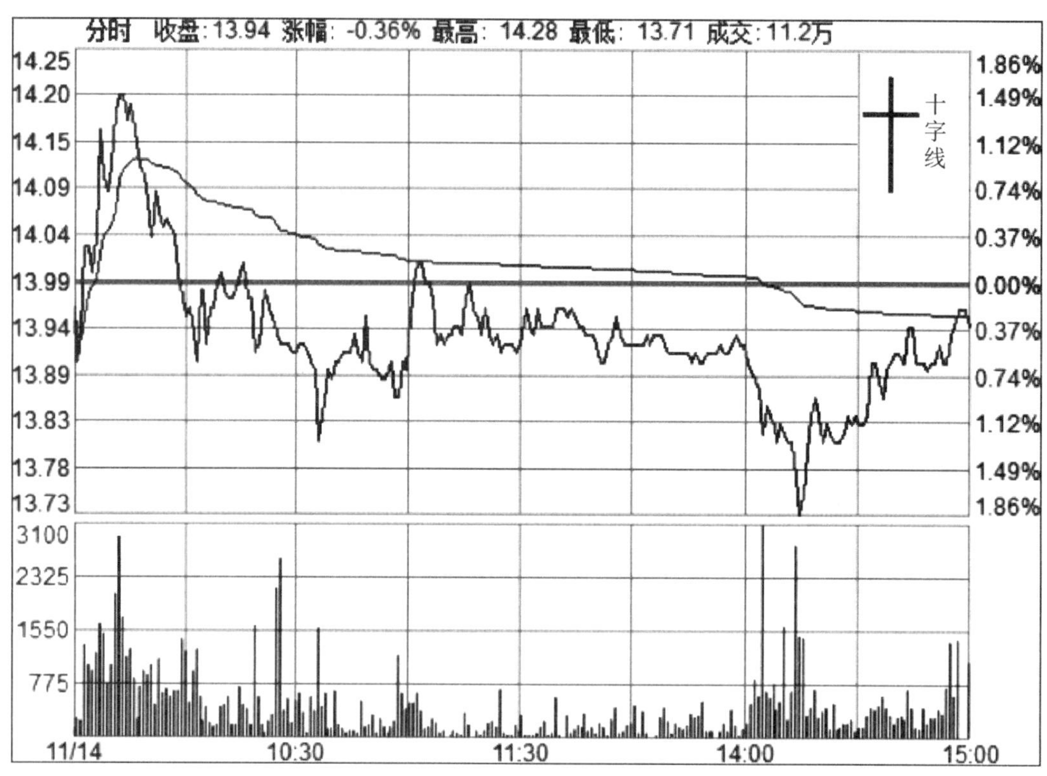

图 4–24 中国武夷（000797）2017 年 11 月 14 日分时走势图

【图形解析】

由图 4–25 可看出，中国武夷（000797）在 2017 年 11 月 14 日收出十字线，见顶十字线的确认需要后期走势的跟踪确认，如果下一交易日 K 线突破十字线的最高点，则十字线为上涨中继形态；如果未突破十字线的最高点，并且前期涨幅累计较大，则为见顶信号。图 4–25 的十字线为见顶信号，后市迎来了一波下跌行情。

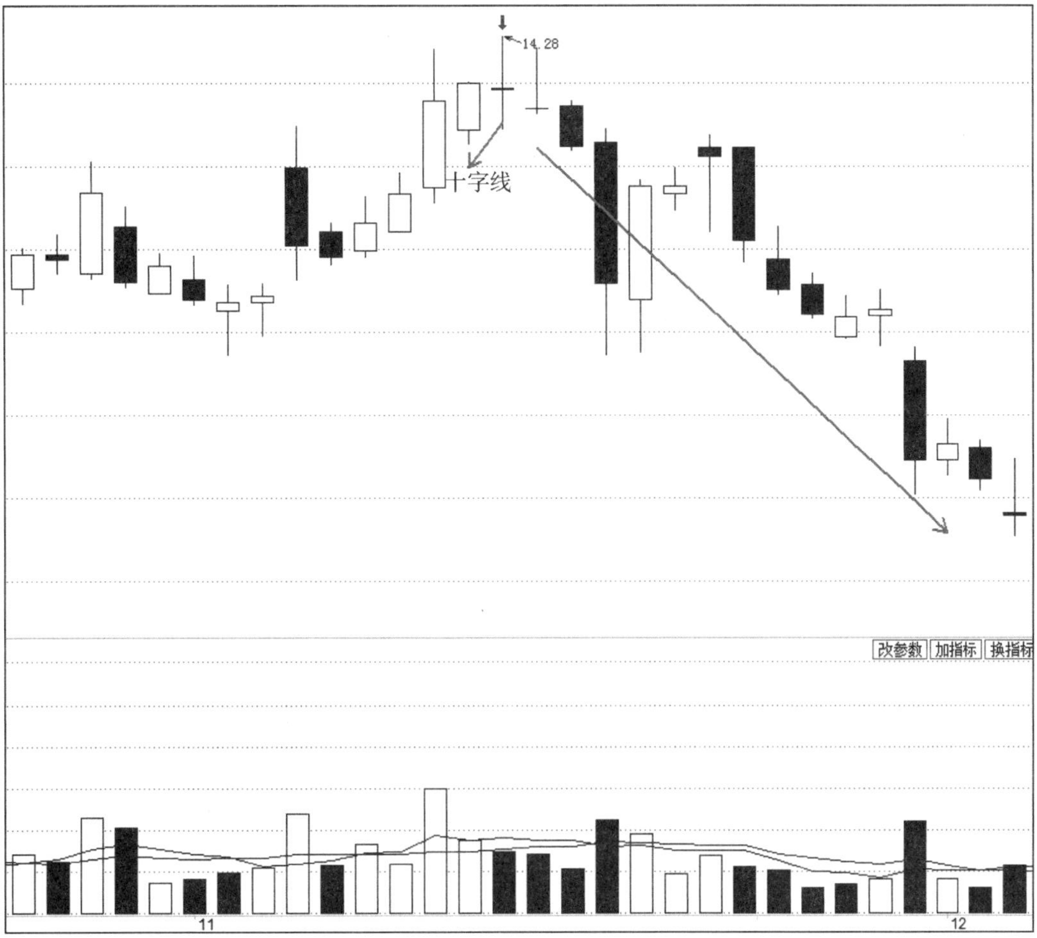

图 4-25　十字线实战图

【图形解析】

由图 4-26 可看出，榕基软件（002474）在 2018 年 2 月 7 日收出十字线，第二个交易日收出放量长阳线，并且前期个股经历了一波加速下跌，见底信号较为明朗，后市行情迎来反弹。

【小结】

十字线无论作为见底信号还是见顶信号，均需跟踪日的确认，否则在上涨行情中，早早出货离场，缩小盈利；或者在下跌行情中买在半山腰，扩大亏损，所以需保持谨慎态度。

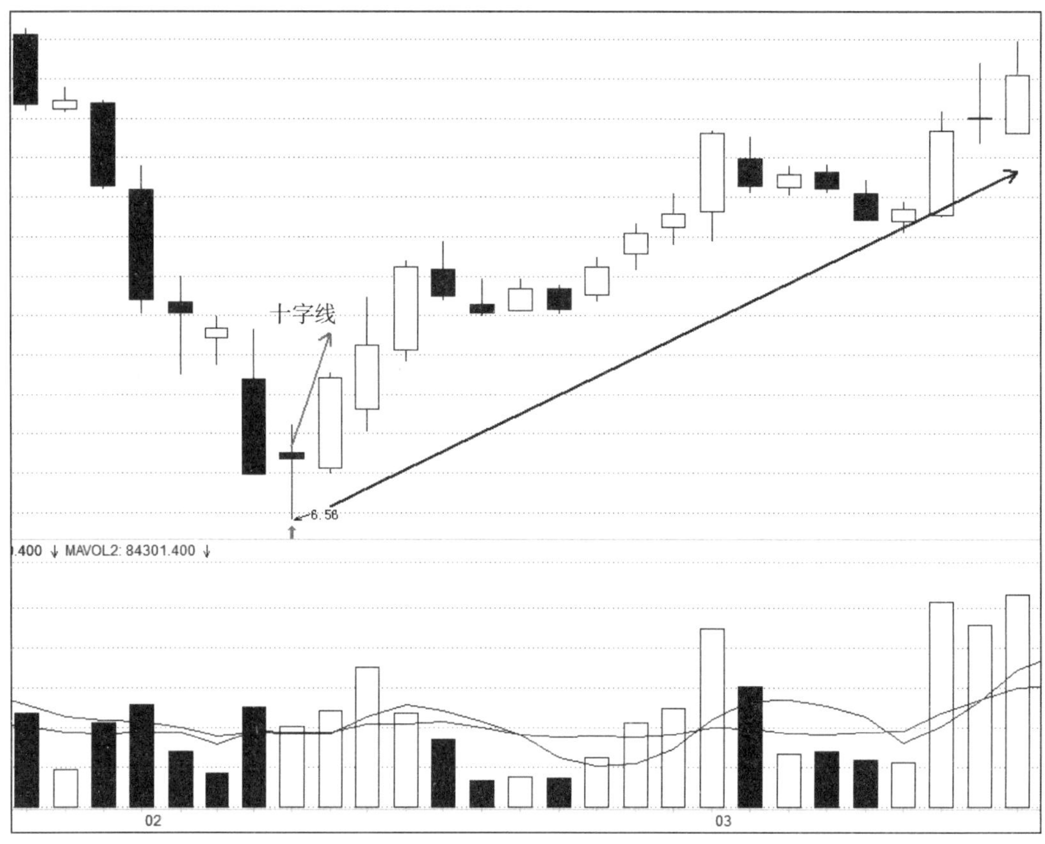

图 4-26 十字线实战图（其他情形）

思　　考：

熟知单根 K 线的细节意义何在？

参考答案：

诚然，把握大趋势看的是股价运行的整体状态，但并不能因此而忽略单根 K 线的形态，哪怕是大的趋势，本质上也是一根根 K 线的组合。很多时候单根 K 线的作用是决定性的，是对于操作时机的重要指示。例如：一波大涨之后，股市开始休整，市场开始小阴小阳地调整，若此时出现一根大阳线或者大阴线，对于行情的进一步走势是具有决定性作用的。

老魏寄语:

饭要一口口吃，路要一步步走，对于技术的学习也是一样的道理。单根K线作为技术分析中的基础单元，同样值得学好、学精。只有把基础打牢了，才能更好地深入学习。

第三节　K线组合识底

抄底逃顶是每个投资者的梦想，真正能够成功的永远是少数，并没有什么指标可以精准地预测，但部分K线的底部组合形态对于底部的买入有着重要的参考意义。具体有V形底、圆弧底、二次探底双肩底、头肩底、多重底等。

V形底

V形底又被称为尖底，指股价经过较长时间的巨幅下挫，股价已处于较低的位置，主力资金看到机会逢低进场，场外散户也跟进布局，随着多方势力的增强，股价快速拉升反弹，形成V形反转的底部形态。V形底是一种行情变化较快，反转力度极强的底部K线组合形态。

【图形解析】

图4–27为金钼股份（601958）2018年1月9日—3月21日的K线组合形态，此段行情的最高价为8.48元，最低价为6.10元。从K线组合形态图可以看出股指从最高价8.48元快速回落下跌至最低点6.10元。此时损失较小的投资者已经抛盘出场，而高位套牢的投资者不肯止损深套其中。最低价6.10元伴随长阴线，但是量能并未放大，表明股指已出现止跌迹象，随后买方开始布局进场，并且伴随量能的放大，股指呈现企稳回升的格局。

【形态的形成具有不同的特点】

（1）V形底出现但是量能并未出现明显放大，一般股指略微反弹后会再度回落至下跌的最低点附近。即V形底的形成要配合量能的有效放大，否则底部形态无法确立。

（2）V形底反转当天，日K线往往带有长下影阳线，或者十字星等止跌信号阳线形态。

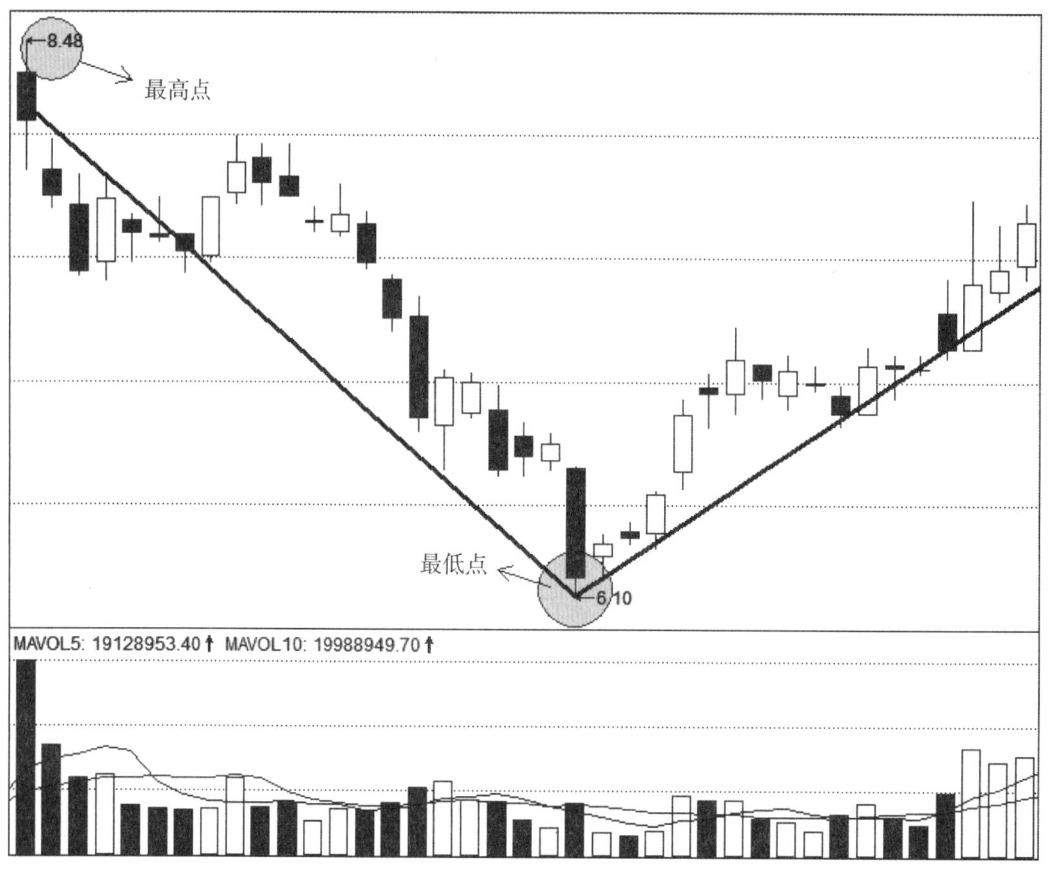

图 4-27 金钼股份（601958）2018 年 1 月 9 日—3 月 21 日 K 线组合形态

（3）V 形底形成后股价迅速拉升，投资者还未意识到股价已快速上涨，通常能买在最低位的投资者较少。

【V 形底的操作建议】

（1）V 形底连续下跌见底后，会展开一两天的长阳拉升，然后进行横盘整理，此时如果带量突破整理区域，投资者可以布局进场。

（2）如果 V 形底没有明确的买入信号，则投资者可在股价带量下挫但是跌不到起涨最低点，或出现带量长阳线强势逆转时买入。

（3）V 形底如果确定成立，投资者要尽快布局进场，前期下降的空间越大，后期的涨幅也越大。

圆弧底

圆弧底形态是一种下跌后的整理形态，股价经过一段时间的下跌，空头的势力逐渐减弱，高位进场的投资者不舍“割肉”继续持有。但是当前市场情绪较为谨慎，短时间股价呈现底部徘徊状态，震幅较小，行情低迷，K 线形成了似锅底状的圆弧底形态。

【图形解析】

图 4-28 为汇源通信（000586）2018 年 4 月 11 日—5 月 18 日的 K 线组合形态，股价经过一段时间的下跌后，空方的势力逐渐减弱，股指出现止跌迹象，主力开始逐渐吸收筹码，但是高位套牢者紧握手中的筹码不愿松动，导致主力的坐庄力度不足，股价的回升需要时间，在圆弧底形成的后期，主力手中的筹码越来越多，股价开始急速上涨。

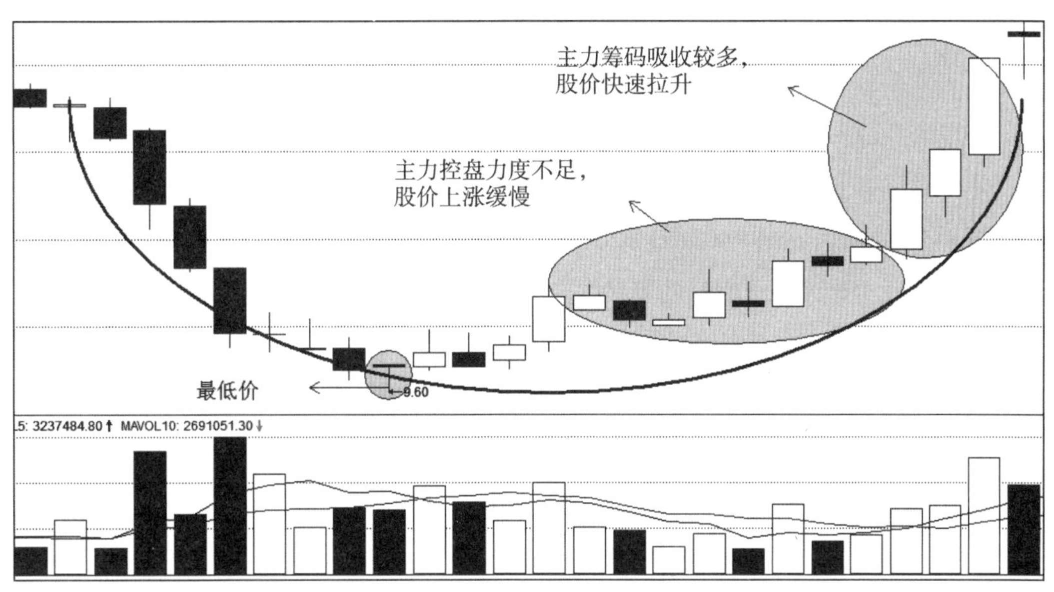

图 4-28　汇源通信（000586）2018 年 4 月 11 日—5 月 18 日 K 线组合形态

【圆弧底的操作建议】

（1）买入信号。圆弧底的形态比较容易辨别，并且也是较为可靠的底部变盘 K 线组合形态，圆弧的左半部形成后股价会逐步企稳，然后伴随量能的有效放大，右半部圆弧逐步形成，为中长期买入信号，如果配合量能的有效放大，后市的上涨将会加速。

（2）涨幅预测。圆弧底形态形成后，从突破点算起，股价上涨幅度至少等于圆弧的半径。

（3）圆弧底的辨认及风险规避。虽然圆弧底较容易辨认，但并不是所有的圆弧底形成后都能带来较大的涨幅，如果圆弧底的形成形态较好，也可能是主力的出货骗线行为。如果圆弧底形成后并未有效突破，或者突破后再度走弱，投资者可以在跌破圆弧底的最低价位时及时止损。

（4）圆弧底是一种典型的底部反转形态，但是在实际的操作中还需持谨慎态度，要结合当前的市场总体环境、股价的运行趋势，才能把握上涨中的机会。

二次探底双肩底

二次探底双肩底的K线形态图为“W”形，表明股价在经过一段时间的下跌后，形成第一个底，随后股指受到支撑出现回升，但是上涨一段时间后，再度下探形成第二个底，在第二个底形成的过程中持有股票者害怕股价继续下跌，抛出手中的筹码，同时主力开始逐步吸收低价的筹码，开启新一轮的拉升格局。即二次探底双肩底是主力的一次洗盘行为。

【图形解析】

图4-29为横店影视（603103）2018年1月19日—4月12日二次探底双肩底K线组合形态。股价经过一段时间的下跌，空方的下跌动能逐渐减弱，随后受到支撑出现反弹，紧接着前期套牢的筹码出现松动，股指再度回落，但是量能并未出现放大，说明散户看清了主力的动向，第二次探底也并未跌破前期的低点，随后在缓慢上升的过程中主力和散户逐步吸筹，且随着量能的放大，股价出现了快速拉升。

【二次探底双肩底的操作建议】

（1）二次探底双肩底形成第一个底部后的反弹，反弹的幅度一般在10%左右，如果一直上涨则为V形反转形态，如果上升至一定高度后出现横盘整理，则需等待放量突破整理区域，再进场追涨。

（2）第二个底形成的过程中量能较少，市场较为低迷，较易出现圆弧形态，一旦形成突破颈线位时需要量能的放大。

（3）在突破颈线后股价可能出现回落，但是一般在颈线位附近止跌，股价再度回升，则认为是回踩确认的过程，确认突破有效。

（4）第二个底一般比第一个底高，但也可能出现比第一个底低的情况，此时对主力而言探底须彻底，才能在低位成功吸筹布局。

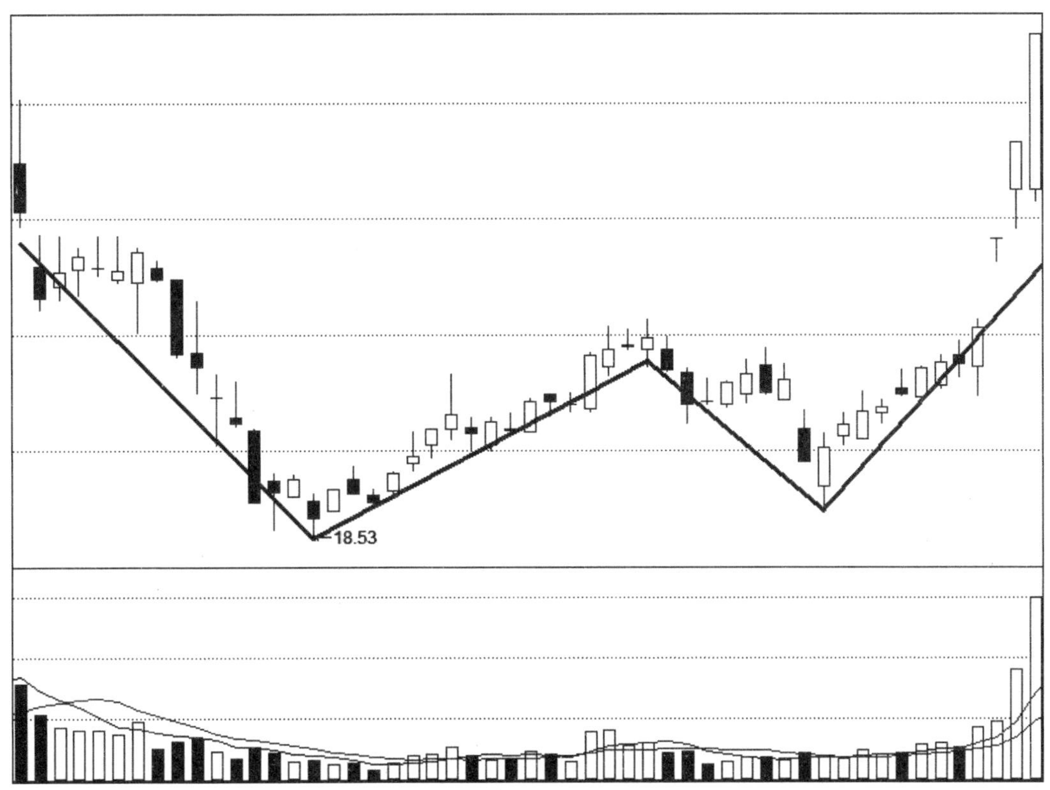

图 4-29　横店影视（603103）2018 年 1 月 19 日—4 月 12 日 K 线组合形态

头肩底

头肩底指股价经历三次下跌，第二次下跌的低点低于第一次下跌的最低点，但是在下跌一定幅度之后，股价受到支撑反弹回升，第二次回升至第一次反弹位置附近，随后股价展开第三次下跌，与第一次下跌的幅度接近，随后受到支撑再度反弹的形态。头肩底的出现表明市场空头氛围已经转淡，一般在第三次反弹的过程中会伴随量能的放大，多头开始真正地控制市场。

【图形解析】

头肩底形态的图形由左肩、底、右肩及颈线组成，常常出现在下跌行情的尾端，为看涨形态，是一种较为典型的行情反转形态。图 4-30 为横店影视（603103）的日 K 线图，股价在第二次下跌时跌破前期下跌的低点，随后伴随量能的放大，股价展开连阳上攻再度回升前期的反弹位置附近，尽管股价再次出现回落，但是量能并未放大，表明空头势力已经开始减弱，随后长阳拔出，并且在上涨的过程中量能放大，股指展开了较大幅度的上攻走势。

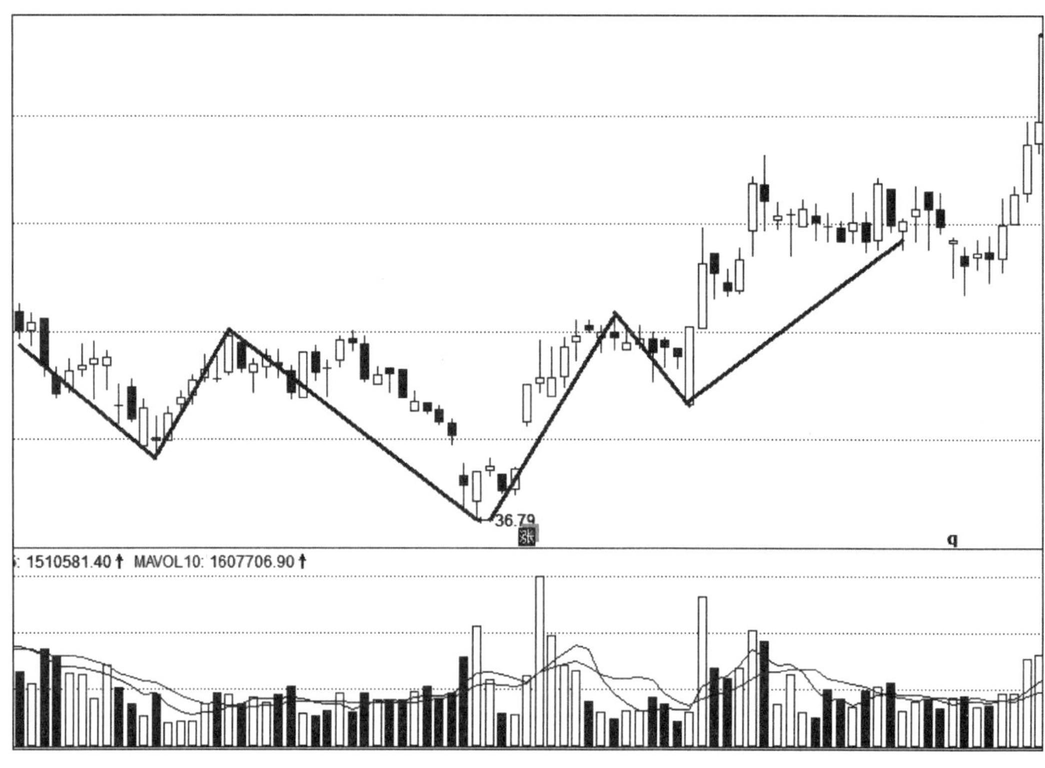

图 4-30 横店影视（603103）日 K 线图

【头肩底的操作建议】

（1）对于稳健型的投资者，可在股价突破颈线位后反抽时介入。但是对于走势比较强势的个股，可能突破颈线位后不再回头，也会损失进场的机会，因此投资者在操作过程中最好控制资金，合理布局。

（2）对于激进型的投资者，如果在刚突破颈线位时介入，可能会承受反抽时被暂时套牢的风险，也可能是突破无效长时间被套的风险。

（3）资金较丰厚的投资者，也可以用部分仓位在右肩形成中就开始布局操作，如果成功，往往可赚取到较为丰厚的利润。

多重底

多重底指股价经过一段时间的大幅下跌后，恐慌盘纷纷出逃离场，市场的情绪较为低迷，股价处于较低位置的形态。此时高位套牢的投资者不舍“割肉”离场，在股

价的低价位区域，高位套牢投资者吸收筹码降低手中的持仓成本，主力资金也开始逐步吸筹，但是主力不想被散户察觉，每次用较小的资金接盘，而低位被套的散户较少，所以主力吸筹时间较长，只能采取底部震荡吸筹，随着时间推移，主力手中的筹码越来越多，达到控盘的目的，随后股价开始放量拉升。

【图形解析】

图 4–31 为中工国际（002051）2018 年 10 月 8 日—2019 年 3 月 18 日多重底 K 线组合形态。股价经过前期的快速下跌后一直维持在较窄的区间小幅震荡，成交量没有明显的规律，总体较小。而一旦主力开始拉升时，量能开始放大，并且突破震荡小平台，股价出现了快速上涨。

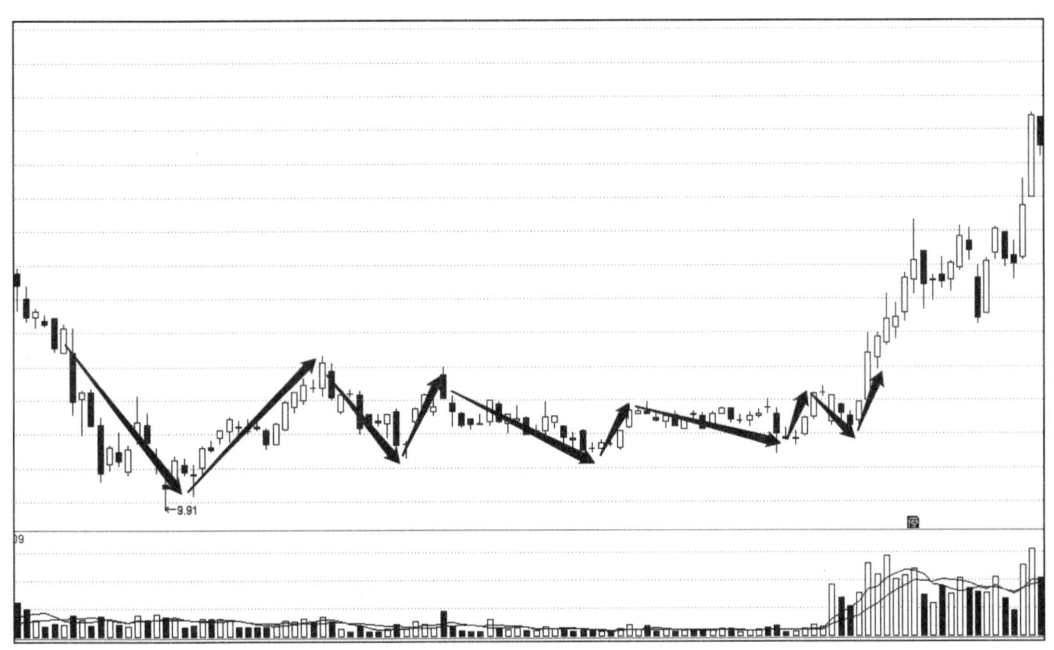

图 4–31　中工国际（002051）2018 年 10 月 8 日—2019 年 3 月 18 日 K 线组合形态

【多重底的操作建议】

（1）多重底的形成时间较长，多数出现于在一段较长时间内不被市场关注的个股。

（2）不管是双肩底还是多重底，能否筑底成功要看对压力线的突破是否有效，即回调时压力线是否能转化成支撑线，并伴随量能的放大。

（3）在反复震荡的过程还需观察底部是否逐步抬高，股价是否突破近期反弹的小高点。

（4）多重底形成后的上升空间较大。股谚所说的“横有多长，竖有多高”“不鸣则已，一鸣惊人”均指反复震荡后的多重底形态。

（5）投资者可以在放量突破震荡小平台后大胆进入，后市的上涨空间可期。

思　考：

俗话说“底部多磨”是否有深层次的原因？

参考答案：

底部是极度悲观者卖出来的，但当我们身陷其中几乎是难以察觉的，可能只是会觉得股票“跌跌不休”，在哪里卖出都不会错。只有当技术投资者顺着趋势一路出货，股价真正到了物超所值的时候，等价值投资者或者长线布局的主力介入后，股价才会真正地止跌，但这不代表就不会跌了。即使是收集了筹码的主力，很多时候还会通过砸盘进一步恐吓场内筹码，进而坚实底部。因而，底部往往是一个反复拉锯的过程，若将时间周期拉长，我们会看到这是一个逐渐巩固的过程，只有当筹码的锁定度到达一定的程度时，才会出现真正的主升浪。

老魏寄语：

底部的形态是多种多样的，但万变不离其宗，不管是什么形态的底部，都会经历跌势变缓，慢慢企稳，缓慢上升，最后股价脱离底部区域这个过程。而底部到底走到了哪个阶段，需要大家不断学习，需要大家从多个维度判断成交量是否足够、主力资金是否已经介入、形态是否有启动的迹象……

第四节　K线组合知顶

尽管历史不尽相同，但相似的历史总是不断地重复出现，当顶部的看跌K线组合出现时，是在警告我们此时风险已经很大，应及时获利了结，而非贪得无厌。常见的顶部K线组合形态有倒置V形、圆弧顶、双肩顶、多重顶、头肩顶等。

倒置 V 形

多头在一段时间内表现较为强势，市场氛围较为积极，推动股价不断创出新高，而追涨的投资者多数为短线投资者，随着买方势力的减弱，短线投资者在股价上涨乏力时会反手做空，市场氛围再度被空头包围，股价迅速回落，在 K 线形态上形成了倒置 V 形。

【图形解析】

图 4–32 为天和防务（300397）的日 K 线图，在该日内股价最高上涨至 36.40 元，随后几天股价快速下跌，并且从成交量来看，转势点伴随量能的放大，表明短线获利盘开始了结。从前文中讲述的单根 K 线上来看，高位十字星也是见顶信号，投资者应该及时离场。

【图形解析】

图 4–33 为名雕股份（002830）的日 K 线图，当股价上涨至最高点 40.00 元后，伴随着大阴线快速回落，行情走势发生了急速逆转，投资者应该及时反应，尤其在一段行情经过较大幅度的上涨之后出现放量长阴，应及时止损离场。

【倒置 V 形的操作建议】

（1）倒置 V 形出现后，股价会发生快速回落，往往在几个交易日或者 1 ～ 2 周内股价会跌到前期上涨幅度的一般位置，甚至回到起涨点，或者一路下挫，表明行情正处于较低迷状态。

（2）个股出现倒置 V 形，也可能是受大盘行情走势的影响，如果大盘的走势发生逆转，在市场恐慌情绪蔓延的情况下，个股会受到大盘的影响出现股价回落。

（3）倒置 V 形上涨阶段的涨势越猛，下跌的时候可能越凶悍。股价快速上冲时，短线投资者不要错过任何一个见顶形态的机会，可以先锁定一部分利润，在行情发生急速逆转时，投资者再清仓离场。

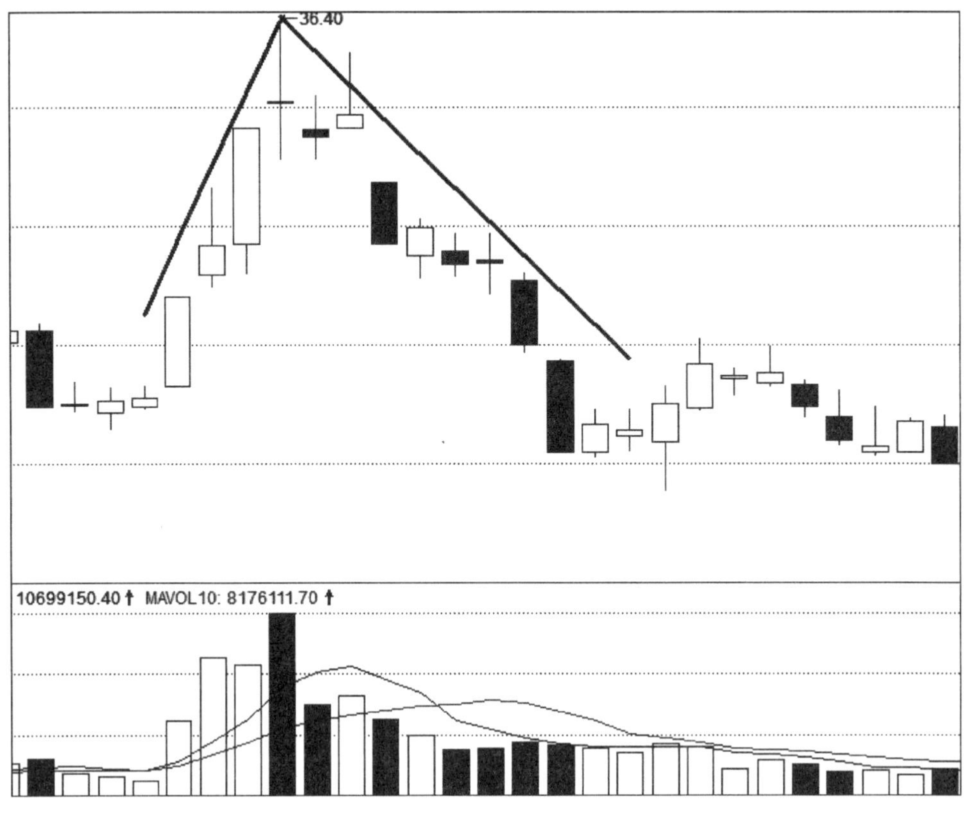

图 4-32 天和防务（300397）日 K 线图

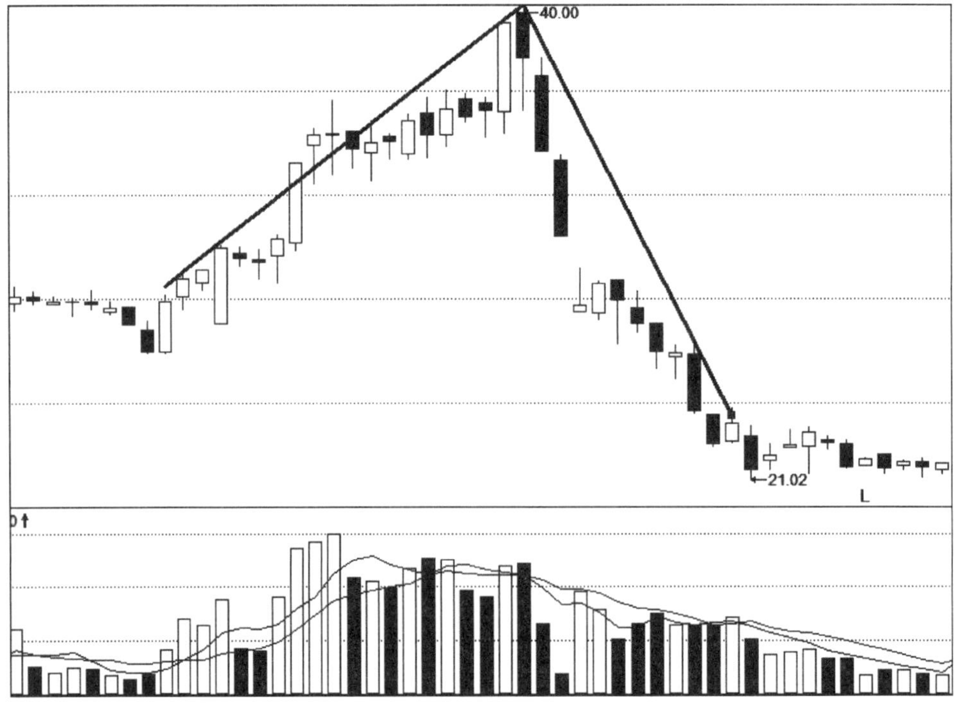

图 4-33 名雕股份（002830）日 K 线图

圆弧顶

在市场行情较好的情况下，主力会控制股价在较高的位置以出现小阴线小阳线的形式反复震荡，来吸引短线投资者进场，在较长一段时间内主力在震荡区以出多进少的方式减少手中持有的筹码，随着筹码的减少，主力控盘力度会越来越弱，股价重心不断下移，而短线投资者会被深套其中，随着主力出货结束，股价开始了新一轮的下跌走势，在 K 线形态上形成了圆弧顶。

【图形解析】

图 4-34 为蓝光发展（600466）的日 K 线图，股价前期快速上涨，但是股价上涨到相对较高位置后，维持上下震荡走势，主力在震荡区间逐渐减少手中持有的筹码。而在股价快速下跌时，量能并未出现放大，说明主力手中的筹码在震荡时已经结束出货，后期可能出现更大的跌幅。

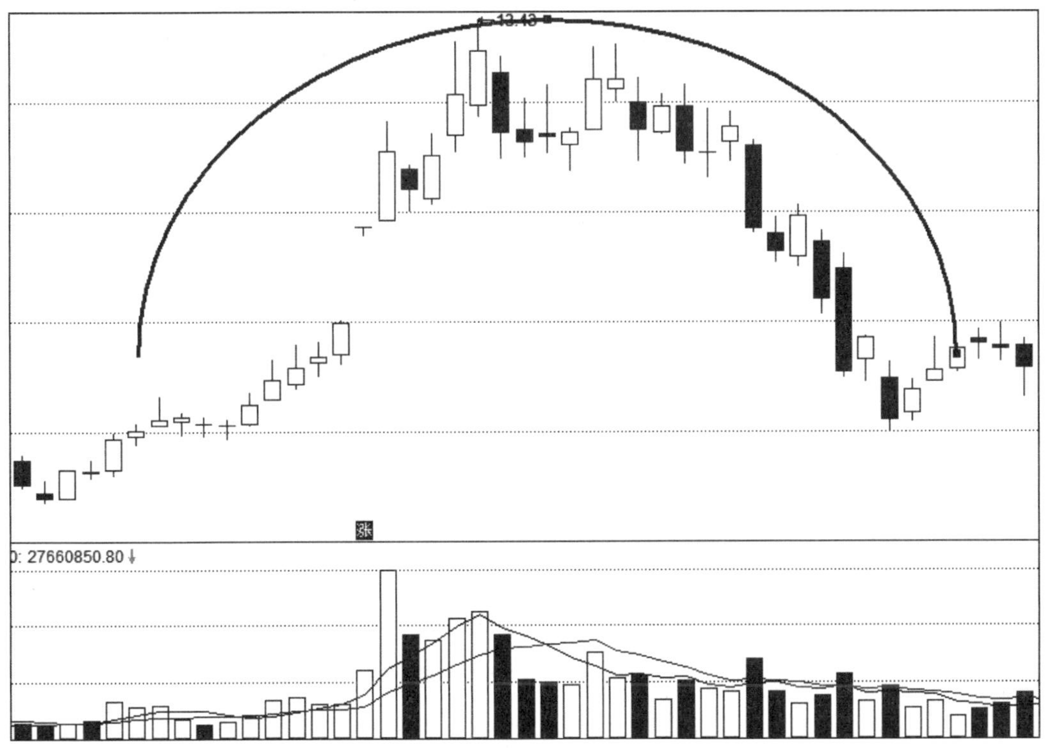

图 4-34　蓝光发展（600466）日 K 线图

【圆弧顶的操作建议】

（1）圆弧顶形成时间越长，下跌的力度会越大，所以投资者在股价不断下跌时，应尽快减仓操作。

（2）在圆弧顶形成过程中，量能变化并没有明显的规则，有时成交量和股价成同步的圆顶状，如果在跌破震荡区间开始下跌走势时量能并未明显放大，可能是主力已经完全出货，后市下跌幅度可能远远大于上涨幅度甚至发生急速下跌，所以下跌初期投资者应尽快止损离场。

（3）在颈线被突破后，即可确认圆弧顶形态。但是实际行情走势中，颈线被突破后经常还有回抽确认的过程。如果回抽后，股价继续呈下跌的趋势，同样意味着圆弧顶形态成立。反之，则为假突破。

双肩顶

股价在上涨的过程中，受到大盘回落等各种因素的影响导致股价跟随下跌，但是主力为了达到出货的目的，在股价下挫的过程中会支撑股价，散户再度被吸引入场，主力会在股价二次上涨的过程中抛尽手中的筹码，而股价在二次上冲前期高点附近再度回落，在行情走势上呈现出“M”形的双肩顶 K 线形态。

【图形解析】

图 4-35 为西陇科学（002584）的日 K 线图，股价经过一段时间的连阳上涨，主力开始用较少的筹码试盘，但是由于“乘轿客”并不多，因此经过短暂调整后，主力再度抬高股价，甚至涨至 77.34 元，超过前期上涨的最高点，诱惑散户再度进场，而主力趁机大量抛售手中持有的筹码，同时股价也出现了大幅下跌走势。

【双肩顶的操作建议】

（1）双肩顶走势跌破颈线位后常常会出现股价反抽，一般股价反抽时，成交量萎缩，在双肩顶形态中一般反抽至颈线位附近股价会再度出现回落，即对股价反抽的确认。没有出逃的投资者可以在股价反抽时，抛掉手中持有的筹码，减少损失。

（2）双肩顶形成时第二次冲高点的成交量小于第一次冲高点的成交量，并且双顶形成的时间超过一个月，则变盘信号越可靠，投资者可以在顶部迹象出现时尽快抛出手中的筹码获利了结。

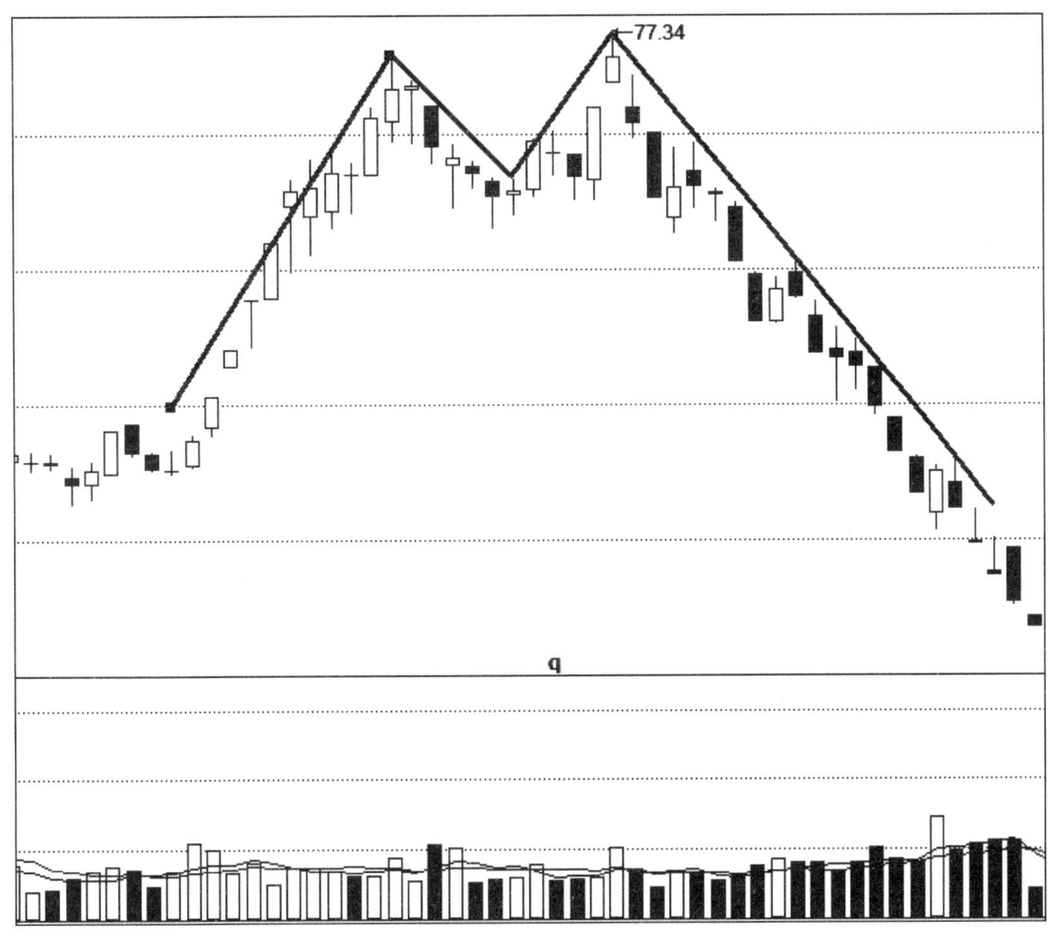

图 4-35　西陇科学（002584）日 K 线图

多重顶

股价经过一段时间的上涨达到主力的目标价位，如果主力通过使股价急速下跌的方式达到出货的目的，在短时间内很难抛完手中持有的筹码，并且抛出的价位也会较低，所以通过高位震荡的方式不断吸引散户入场，主力可趁机抛出手中的筹码，大部分筹码都被散户接走，股价将会变盘下跌，在 K 线形态上表现为多重顶。

【图形解析】

图 4-36 为百达精工（603331）的日 K 线图，股价经过一段时间的上涨，开始维持在区间内反复震荡的状态，从单根 K 线形态来看，阴线的数量不断增多，表明市场情绪开始低沉，虽然最后一波上探股价创出阶段新高，但也是主力蓄势出货行为，随后

股价在下跌的过程中量能并未明显放大，表明主力已经抛完手中的筹码，股价开始急速下跌。

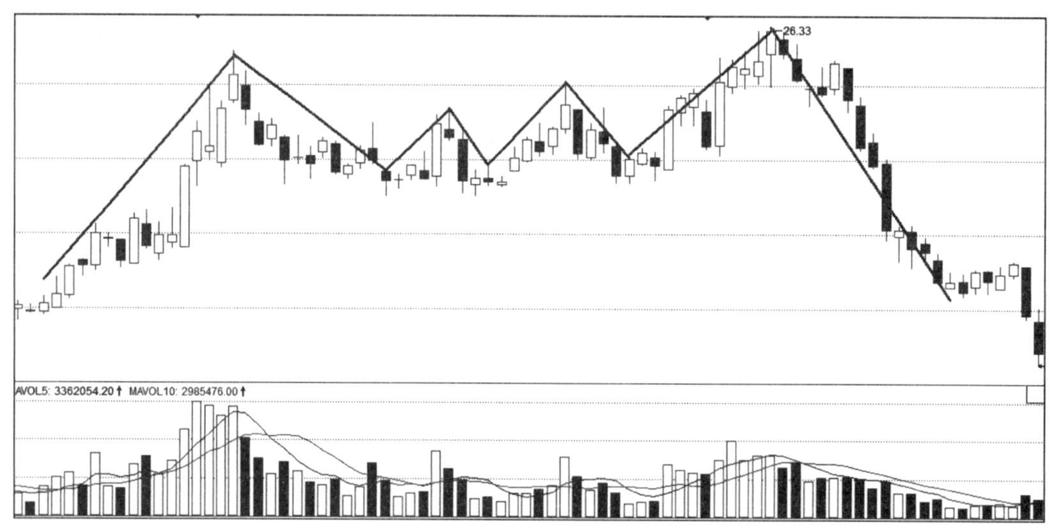

图 4-36　百达精工（603331）日 K 线图

【图形解析】

图 4-37 为新潮能源（600777）的日 K 线图，股价上涨至 4.49 元之后，开始回落，并伴随量能的放大，说明市场多头趋势已经结束，但是股价并未立即完成下跌动作，而是维持在相对高的位置上下反复震荡，也是主力为了增加出货的价位以及吸引散户进场接盘的策略，最终随着长阴巨量的放出，股指真正开始了一波快速下探走势。

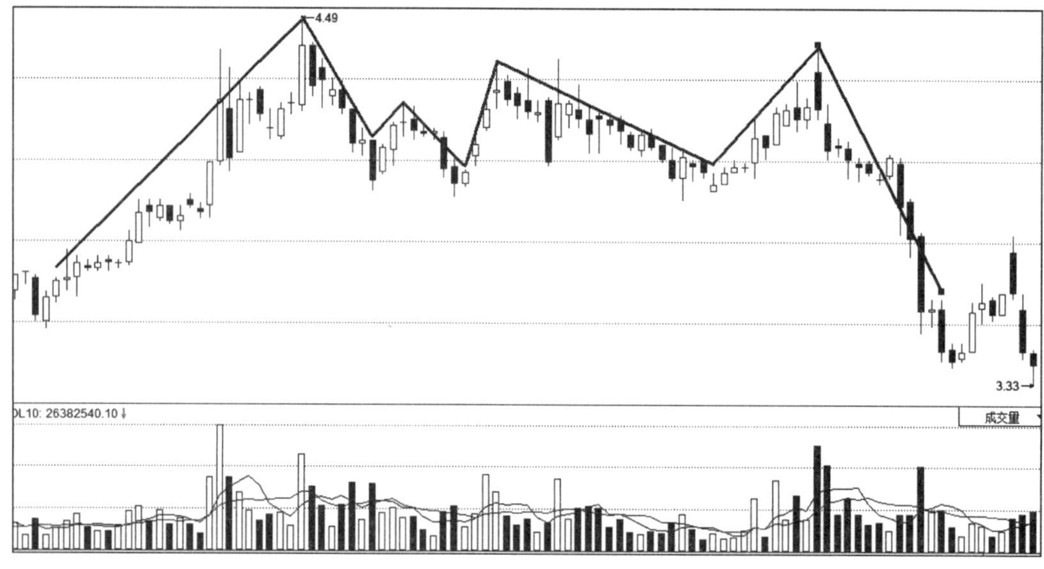

图 4-37　新潮能源（600777）日 K 线图

【多重顶的操作建议】

（1）股价上涨至相对高位后，在上方反复震荡，很可能是主力的出货行为，投资者要保持谨慎。

（2）股价在高位横盘的时间越长，主力手中筹码抛出越多，后市股价的下跌空间越大。

头肩顶

股价从左肩上涨至一定的高度后再度回落，下跌一段时间后受到支撑再度上涨超过左肩的最高点形成头部，然后经历第二波调整后开始第三波上涨，当上涨至左肩高度附近后开始第三次下跌，也是杀伤力最大的一波下跌，股价很快跌破颈线位，下跌空间不断扩大，在 K 线形态上表现为头肩顶。

【图形解析】

图 4–38 为兆易创新（603986）的日 K 线图，股价经过一段时间的拉升上涨，随后

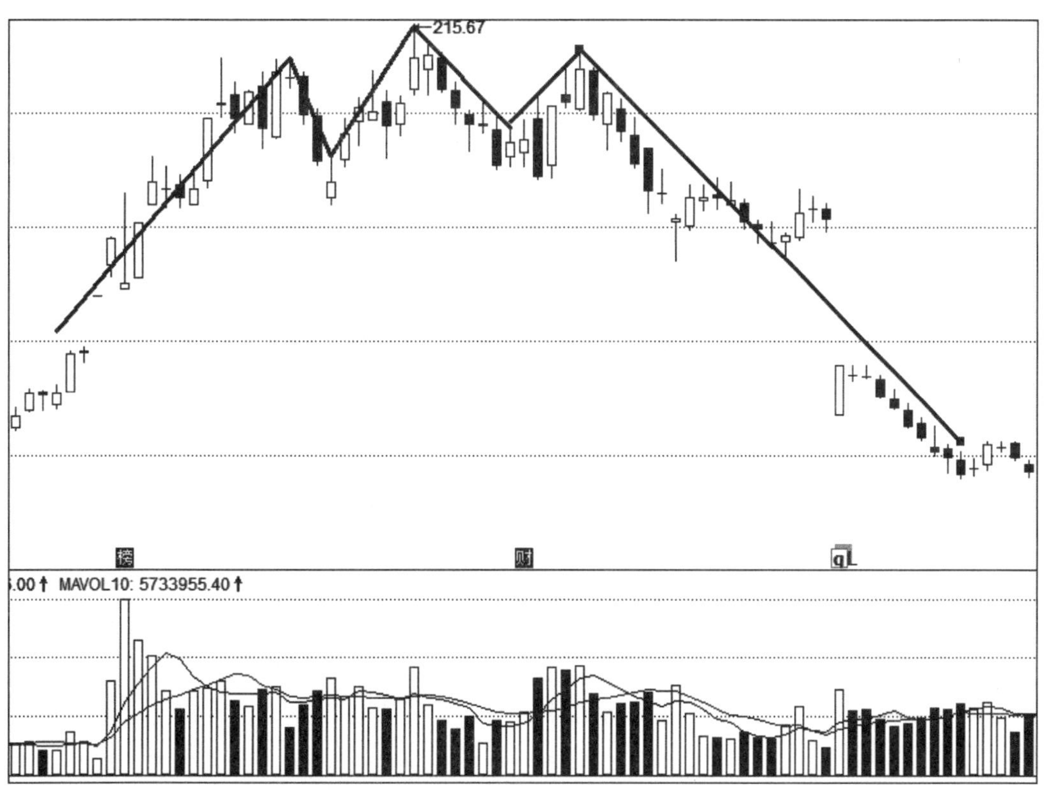

图 4–38　兆易创新（603986）日 K 线图

迎来两次小幅下跌，成交量在头部形成时放大，表明有资金进入，而主力在达到预期的目标后，快速抛出手中持有的筹码，导致股价急速下跌。

【头肩顶的操作建议】

（1）头肩顶是一段上涨行情的见顶信号，如果一根中阴线直接跌破颈线位，则头肩顶的形态基本确立，投资者应尽快离场。

（2）投资者在上涨行情出现小幅回落时应保持谨慎，可以先控制仓位，适度减仓，在股价跌破颈线位时果断离场。

（3）头肩顶杀伤力度的大小与形成时间成正比，如果周 K 线、月 K 线形态出现头肩顶，则表明中长期趋势将发生转变，市场将进入低迷状态。

（4）头肩顶形态突破分为两种，一是股价跌破颈线位后出现反抽，反抽至颈线位后再度回落，也是投资者再度缩减损失出场的良机。二是股价跌破颈线位后一直下挫，并没有翻身的机会，即如果股价跌破颈线位三天不能重新站上颈线位，这表明头肩顶的形态已经成立，投资者要立即止损。

思　　考:

为什么顶部常常比底部更加令人猝不及防?

参考答案:

人们常说，底部是“傻子”砸出来的，顶部是“疯子”买出来的。就底部而言，由于股价处于低位，随着买盘力量的减弱，股价下跌幅度趋于平缓，而随着相对价值的凸显，买盘力量逐渐增强。尽管期间仍会有拉锯，但整体上多空双方力量的博弈是一个此消彼长的过程。另外，对于价格处于底部的股票，投资者的心态从恐惧到贪婪是一个逐步转变的过程。而对于顶部而言，投资者的心态可能迅速改变，在相对高位时，存在着大量的盈利盘，只要盈利盘开始松动，特别是一些大资金开始砸盘兑现利润离场，成交量将迅速放大。若接盘者不够多，在持续的大资金出货下，股价将会迅速下跌，而跟风卖出的筹码对于股价的下跌也会起到促进的作用。大牛市中，往往还有大量杠杆筹码，而这些筹码对于顶部的快速形成有着致命的作用，在急速下跌过程中，很多投资者甚至无法及时出逃。对于狂热的市场，股价已经远远超出其真实的价值，此时更多的是资金的博弈。在资金的博弈中，投资者赚的是赌桌上的钱，而此时最好的策略就是跑。跑得快的投资者赚的是真金白银，跑得慢的投资者赚的只是纸上财富，镜花水月一场空。

老魏寄语：

牛市来了，不管谁的账面几乎都是盈利的，但最终能够把盈利变成真金白银的投资者却少之又少。同样，投资者买过的股票，很多时候也曾经浮盈过，但结局不容乐观。而其中一个重要的原因就是不能准确识别顶部或者说阶段顶部的形成，心怀侥幸，最终亏损。如何“逃顶”，这也是我给学员上课的一个重点内容，因为只有把盈利变成现金，才是真的盈利了。

第五节 K线组合显震荡

股市只有三种运行状态：上涨、下跌、横盘。任何一只个股或者大盘都不会永远上涨，也不会永远下跌，上涨和下跌更不会一蹴而就，在股价的变化过程中往往会出现横盘的状态，也就是我们说的整理形态，直到多空双方力量平衡被打破，股价朝着一个方向再次运行。这些整理形态对我们的实战操作有着重要的意义，密切跟踪，待平衡被打破后顺势而为。常见的整理形态有矩形形态、旗形形态、喇叭形态、楔形形态等。

矩形形态

矩形形态又叫箱形形态，是K线组合整理形态中较为典型的一种。矩形形态表现为价格上升时，遇到阻力回落，但是下方受到支撑再度反弹，反弹至上次高点附近再度受挫，回落至上次下跌的低点附近再次受到支撑，如此反复，最后将这些反弹的高点和下降的低点连接起来，形成一条类似平行线的运行通道，即矩形形态。

【图形解析】

图4-39为东安动力（600178）的日K线图，矩形整理形态在下跌初期形成，多空双方反复争夺，虽然盘中股价一度突破上方的压力位，但是突破后的第二个交易日股

价再度回落，股价始终维持在窄幅区间内上下震荡，最终随着长阴线的拉出，股价跌破下方的支撑位，迎来了一波大幅下探行情。

图 4-39　东安动力（600178）日 K 线图

【矩形形态的操作建议】

（1）在矩形形态形成初期，多空双方互不让步。空方的价格涨到某个位置就抛售，多方在股价下跌到某个位置就介入，随着时间的延长，形成了一条上下平行的运行通道，且双方的战斗力会慢慢减弱，最终市场趋于平淡。

（2）矩形形态在形成过程中，如果出现成交量放大现象，形态的形成很有可能会失败。

（3）矩形形态的涨跌幅等于矩形的宽度，极少数的 K 线会突破矩形的底或顶，但是一般 3 个交易日内会再度跌回矩形运行区间内。

（4）形成的矩形形态宽度越窄，对后市的影响力越大，说明主力控盘的程度较好。

（5）股价在突破矩形的上颈线时，需要成交量的配合放大；而在跌破下颈线时，不需要量能的配合也能放大。

（6）投资者也可以在矩形形态窄幅震荡区间内，进行高抛低吸操作。

旗形形态

旗形形态指股价在上升趋势或下跌趋势中运行一段时间后出现盘整，多空双方不断拉锯，使得行情不断上涨或下跌，最终将股价上移的高点和下移的低点进行连接，会形成像一面挂在旗杆顶上的旗帜的形态。上升途中形成的旗形为上升旗形，下降途中形成的旗形为下降旗形。

【图形解析】

图 4-40 为江丰电子（300666）的日 K 线图，旗形整理形态在下降途中出现，虽然阳线实体较长，且配合量能的放大，但是并未扭转行情的下跌趋势，说明空头行情仍占据主导地位。

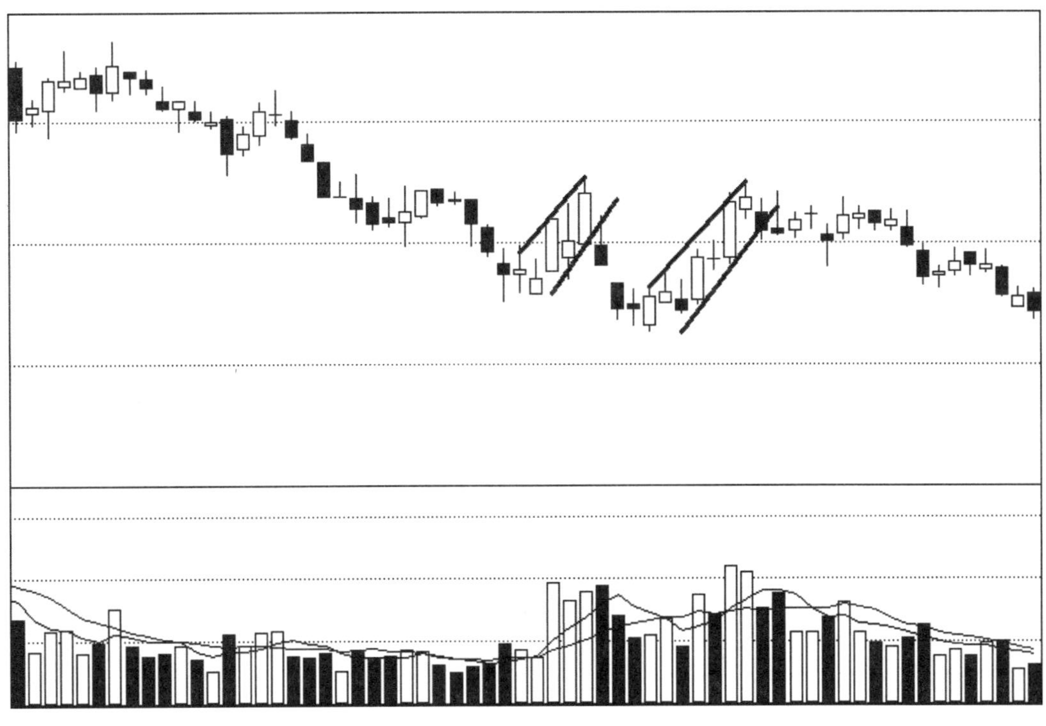

图 4-40 江丰电子（300666）日 K 线图

【旗形形态的操作建议】

（1）旗形形态常常出现在一段行情的快速上涨或者下跌之后，量能在旗形形态区间内呈现不断萎缩的状态。

（2）股价在突破上升旗形时，常常伴随量能的快速放大；股价在穿破下降旗形时，量能也会有所增加，表明空头再度占据上风。

（3）在旗形形态形成过程中，成交量为不规则状态或不是逐渐递减的状态，则行情将很快发生扭转，不再是整理形态。即在下降行情中的整理形态是上升旗形，因此行情往往是向下突破的；在上升行情中的整理形态是下降旗形，因此行情往往是向上突破的。因此在旗形形态中观察成交量的变化较为重要，可以由此判断形态的真假。

（4）在旗形形态的末端，股价快速拉升，同时伴随量能的增加，并且在突破轨道上界线时拉升，股价常常在前高点附近稍微整理进行吸筹，随后展开一波上攻拉升走势；股价向下跌破轨道线时，成交量也呈现放大的状态，而其他的整理形态跌破下轨道线时量能不一定放大。

喇叭形态

当股价经过一段时间的拉升后出现回落，然后再反弹再回落，反弹的高点依次高于前高点，回落的低点依次低于前低点，分别将高点和低点进行连线，将形成先在狭窄空间内上下波动，然后向上下不断扩大的波动，形态上呈现扩散型喇叭形态。不管喇叭形态向上还是向下，其含义相同，即喇叭形态往往出现在一段上涨行情的末端，表明多空行情将会发生扭转，股价将会变盘向下。

【图形解析】

图 4–41 为汉商集团（600774）的日 K 线图，股价经过连续拉升后，形成了扩散喇叭形态，随着股价跌破喇叭形的支撑位，股价开始大幅回落，最低下跌至 11.73 元。

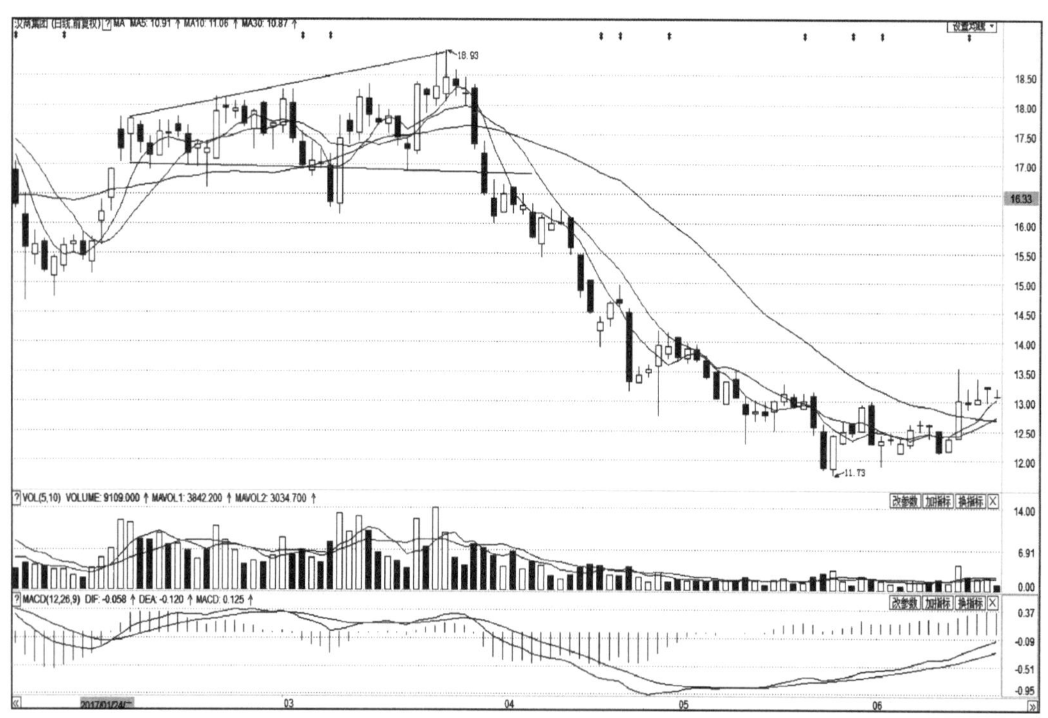

图 4–41　汉商集团（600774）日 K 线图

【喇叭形态的操作建议】

（1）喇叭形态往往出现在一段上涨行情的末端，是由投资者冲动性投机行为造成的，在股价拉升时疯狂跟进，在股价下跌时又疯狂抛售，投资者已缺乏理性，最终形成反弹时的高点较前高点高、下跌时低点较前低点低的走势，成交量也表现出不规则形态，市场处于失去控制的状态。

（2）当上涨行情出现喇叭形态时，意味着市场多头行情将近尾声，如果行情发生变盘，行情将较为惨烈。喇叭形态很少出现在下跌行情中，因为股价经过一段时间的大幅回落，市场的情绪较低迷，很难形成这种形态。

（3）因为喇叭形态的突破往往是向下的，当形成这种形态时，投资者坚决不要进场，而持有仓位者应以减仓为主。股价上冲至高点连线的上边线时应积极卖出，股价跌破下边线时更应立即出局。

楔形形态

楔形形态从形态来看上下两边同方向收敛，这是与整理三角形不同之处。楔形形态包括上升楔形和下降楔形，上升楔形表现为股价经过一段时间的下跌后，有反抽的需求，随后股价反弹结束再度回落，但是回落的低点要高于前低点，然后再度反弹至新高点，随后再度回落，将反弹点和回落点相连，将形成两条同时向上倾斜的直线，高点的连线具有阻力作用，低点的连线具有支撑作用。下降楔形与上升楔形相反，下降楔形一般出现在一段上升行情的途中，表现为股价经过拉升后，短期内有股价反抽的需求，股价出现回落，回落至某一地点后再度反弹，反弹的高点要低于前次高点，回落的低点要低于前次低点，将反复上涨下跌形成的高点和低点相连，将形成一个向下倾斜的楔形。上升趋势中的楔形是股价对前期获利的回吐，股价调整结束后往往会再次向上突破。

【图形解析】

图 4-42 是冠农股份（600251）的日 K 线图，股价经过一轮大幅下跌后，技术上有股价反抽的需求，在股价拉升的过程中形成上升的楔形，后市股价跌破楔形的支撑线后再次下跌。

【楔形形态的操作建议】

（1）楔形形态形成后股价大概率继续走低，所以投资者此时应该减仓。

（2）上升楔形表现为多头的势力正在减弱，股价跌破楔形支撑线为明显的卖出信号，后市股价将会发生较大幅度的回落，所以操作上应保持谨慎。

图 4-42 冠农股份（600251）日 K 线图

思 考：

整理形态对于广大的投资者的价值在哪里？

参考答案：

股市中流行着一句俗语，“买涨不买跌”。说的是要买正在上涨的股票。总体来看，这是对的，绝对的顶底就那么一个，想要精准抄底是不现实的。买入正在上涨或者正在下跌的股票，其趋势继续延续的概率是较大的。投资者普遍存在一个误区——买涨就是追高，事实上，买涨指的是买的股票处于上涨的大趋势中，而具体的买点则应该是趁着股价调整时再买入，而不是盲目追高。一旦盲目追高，遇到股价调整，心态上很难接受，止损后可能就调整结束了，不止损的话遇到长时间调整也会失去很多机会成本。拍脑袋决定买入和拍大腿决定卖出都是不可取的，而整理形态恰恰能给投资者提供思考的时间和投资的依据。对于处在上升趋势的股票，整理状态是逢低买入的机会。对于处在下降趋势的股票，整理状态是观察后续走势是否反转的窗口。而对于顶底的整理，是投资者最后的决策时机。总而言之，整理形态是投资者稳健决策的重要参考依据。

老魏寄语：

股票的不同走势阶段，其风险和收益是大不相同的。投资是一件长期的事情，以稳健的态度投资，我们完全可以去掉鱼头和鱼尾，只吃利润最为丰厚的一段。而股价运行中不免会有中间的震荡阶段，震荡后是涨是跌，能否在震荡状态结束前及时确认方向是至关重要的事。

第六节　K 线形态知买点

K 线具有鲜明的形态，不同的 K 线或者 K 线组合对于技术投资者的后续操作有着重要的参考意义。

阴孕十字线形态

阴孕十字线形态出现在下跌行情中，由两根 K 线组合而成，第一根 K 线为在低位收出的大阴线或者中阴线，第二根 K 线为一根十字线，且十字线完全被第一根 K 线包含，意味着空头的势力已开始减弱，股价下跌的速度减缓，行情将逐渐企稳反弹。投资者需要注意的是，在识别阴孕十字线时只需观察这两根 K 线的实体部分，实体部分是包含关系即可，不用考虑上下影线部分。

【图形解析】

如图 4-43 所示，该股在 2018 年 2 月 9 日下跌行情中出现阴孕十字线，后期经过连续两日小幅整理之后开启了反弹走势。投资者可以将大阴线的开盘价位置设置为介入价位，若股价在拉升的过程中突破此位置时可以放心介入；并将止损位置设置在大阴线的最低价位。

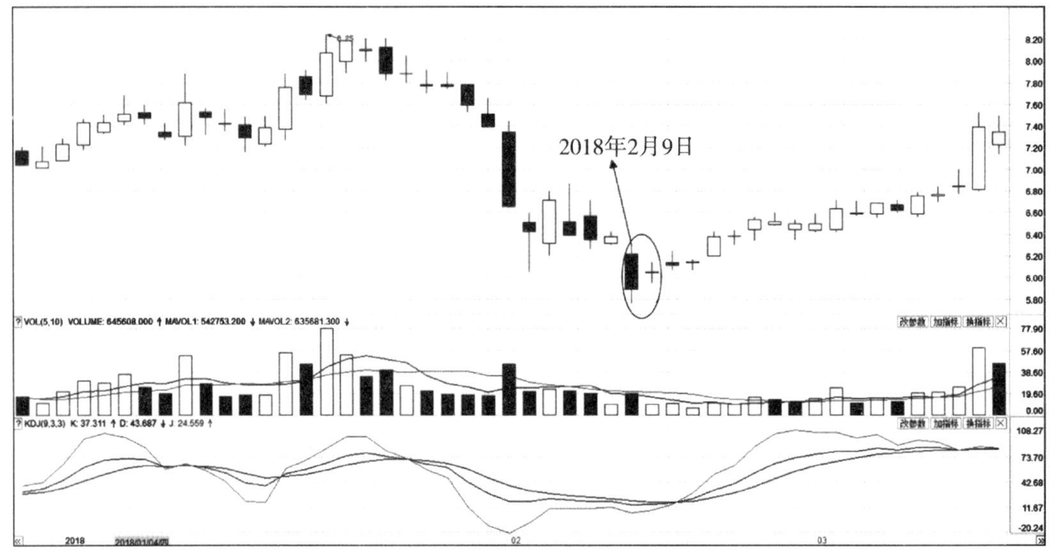

图 4-43　阴孕十字线形态识别图

【阴孕十字线形态的操作建议】

（1）阴孕十字线形态常常出现在股价经过一波大幅下跌行情的末端，此时投资者应持积极态度，但是不可盲目介入，需配合其他的技术指标，在股价开始企稳回升时适量介入。

（2）阴孕十字线形态出现后后市有两种走势：一种是横盘整理，另一种是反转向上。其取决于量能是否放出，如量能放大股价将反转向上，如无量则股价将维持横盘整理。

（3）阴孕十字线形态出现之后的第二个交易日，如果股价大幅拉升，涨幅超过阴孕十字线的第一根阴线实体部分，投资者可大胆介入。

（4）以阴孕十字线形态买入的投资者，止损位置应该设置在第一根阴线的最低价位。

跳空上扬形态

跳空上扬形态指股价在上涨的过程中受到空方打压，但是多方的表现较为积极，将股价继续抬高。从K线形态上来看，跳空上扬形态由多根K线组合而成，第一根K线为跳空高开高走的阳线，后续出现阴线阳线交错的K线组合，但多方力量较强，顶住抛压，股价呈横盘强势调整状态。

【图形解析】

如图 4-44 所示，该股在 2018 年 4 月 16 日跳空高开高走收出一根光脚阳线，第二个交易日股价在前一日收盘价附近上下跳动，随后出现了多根阴阳交错的K线，强势

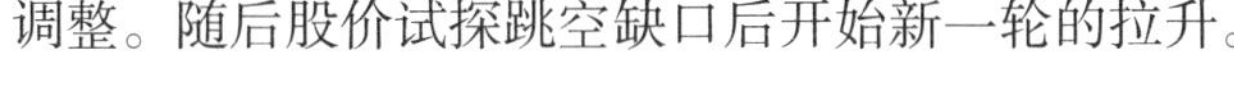
调整。随后股价试探跳空缺口后开始新一轮的拉升。

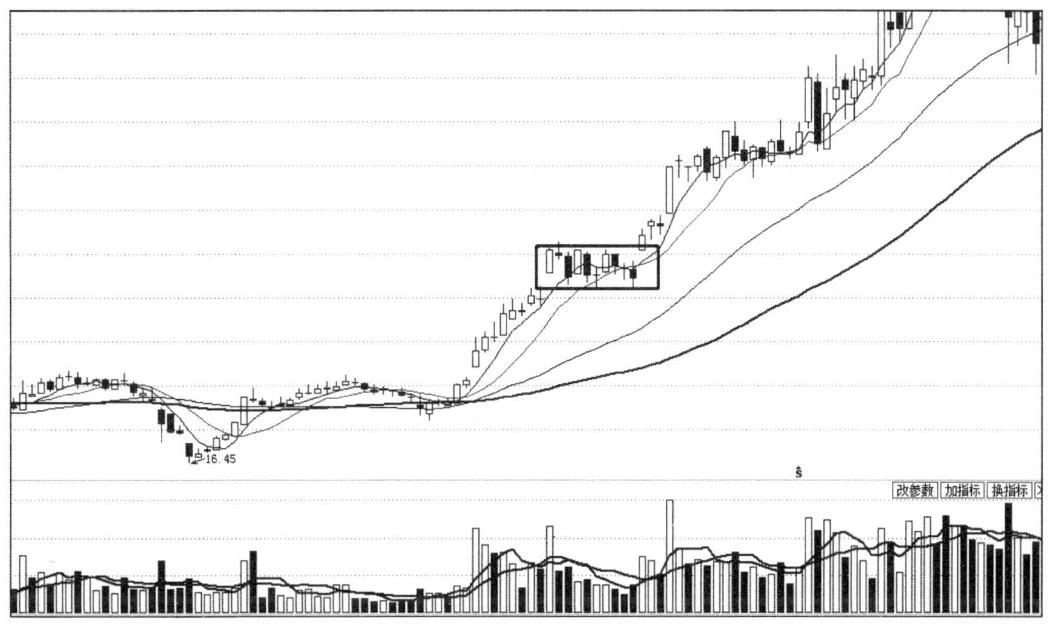

图 4-44　跳空上扬形态识别图

【跳空上扬形态的操作建议】

（1）跳空上扬形态对于 K 线实体部分大小没有严格要求，但是第一根阳线必须是跳空高开高走，若出现在上涨行情的初期或者中期，后市继续看涨。

（2）跳空缺口出现之后，股价可能在缺口上方迅速上涨，也可能呈现横盘整理走势，盘整时间越长，意味着主力吸收的筹码越多，后市拉升的力度也将越大。因此投资者看到这种形态后要坚定持股，若股价突破整理平台的最高价，股价将快速回升。

（3）在股价的运行中，跳空缺口对股价具有支撑作用。以跳空上扬形态介入的投资者止损位置应该设置在其形态前一根 K 线的最高价，如果股价在回调的过程中回补了下方的缺口，并跌破了前一根 K 线的最高价，此时应及时止损离场。

旭日东升形态

旭日东升形态通常出现在行情经过一段时间的下跌之后，由两根 K 线组合而成，第一根 K 线为实体部分较大的中阴线或者大阴线，第二根 K 线为高开高走的中阳线或者大阳线，且第二根阳线的收盘价高于第一根阴线的开盘价。

【图形解析】

如图 4–45 所示，该股在 2018 年 2 月 9 日收出一根中阴线，休息 2 天之后，第二个交易日股价强势上涨收出光脚长阳线，且站上 5 日均线，量能也出现放大，KDJ 指标出现低位金叉，表明黑暗的时刻已经结束，光明即将到来。2018 年 2 月 13 日股价高开高走，然后股价在上冲的过程中出现回落，但是收盘价高于前一交易阳线的收盘价，投资者可以介入。

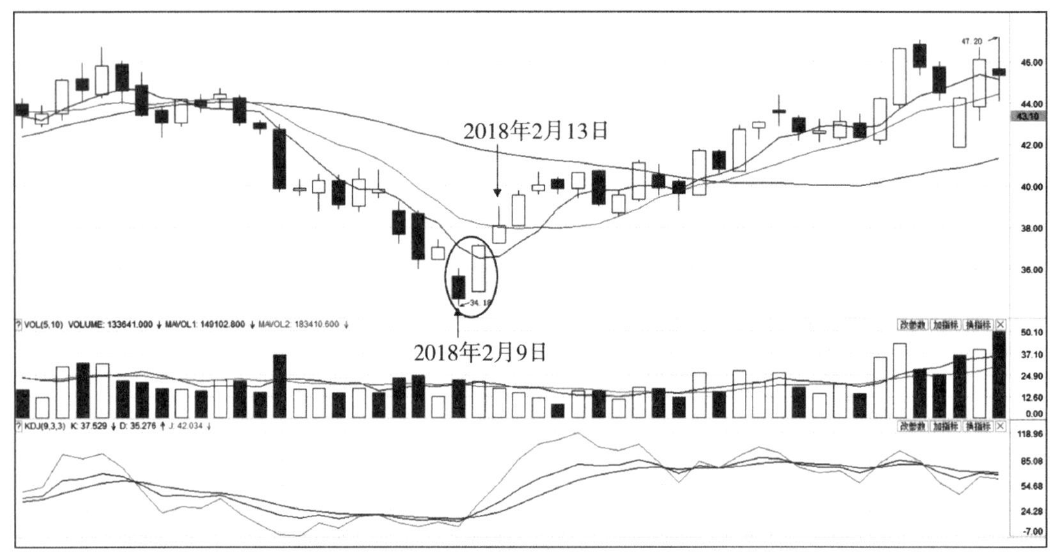

图 4–45　旭日东升形态识别图

【旭日东升形态的操作建议】

（1）旭日东升形态表明空方的力量释放殆尽，多方正在发起绝地反击，行情将发生扭转，投资者应该保持乐观态度，适时适量跟进，把握反弹行情中的赚钱效应。

（2）旭日东升形态第二根阳线的实体部分越长，且配合量能的放大，同时突破重要均线时，则看涨信号越强。

（3）以旭日东升形态介入的投资者，止损位置应该设置在第一根阴线的最低点，如果股价未出现如期上涨反而回落，尤其跌破第一根阴线最低点时，意味着形态形成失败，投资者应该果断离场。

（4）旭日东升形态在下跌行情中出现时，激进型投资者可以在第二个交易日逢低介入，稳健型投资者可以在股价突破第二根阳线的最高点时介入。

多方尖兵形态

多方尖兵形态指股价在上涨的过程中受到空方的打压出现回落，收出一根带有长上影线的中阳线或者大阳线。随后几个交易日股价呈现整理走势，K 线形态上收出数量不受限制的小阳小阴线，但是调整平台的最低点为跌破第一根阳线的最低价。调整结束后收出一根大阳线，且大阳线的收盘价高于带有长上影线的最高点。

【图形解析】

如图 4-46 所示，该股在 2015 年 3 月 11 日收出带长上影线的阳线，随后维持了 3 日的横盘整理后再度收出一根中阳线，且阳线的收盘价突破前期整理平台，股价再次延续反弹走势继续走高。

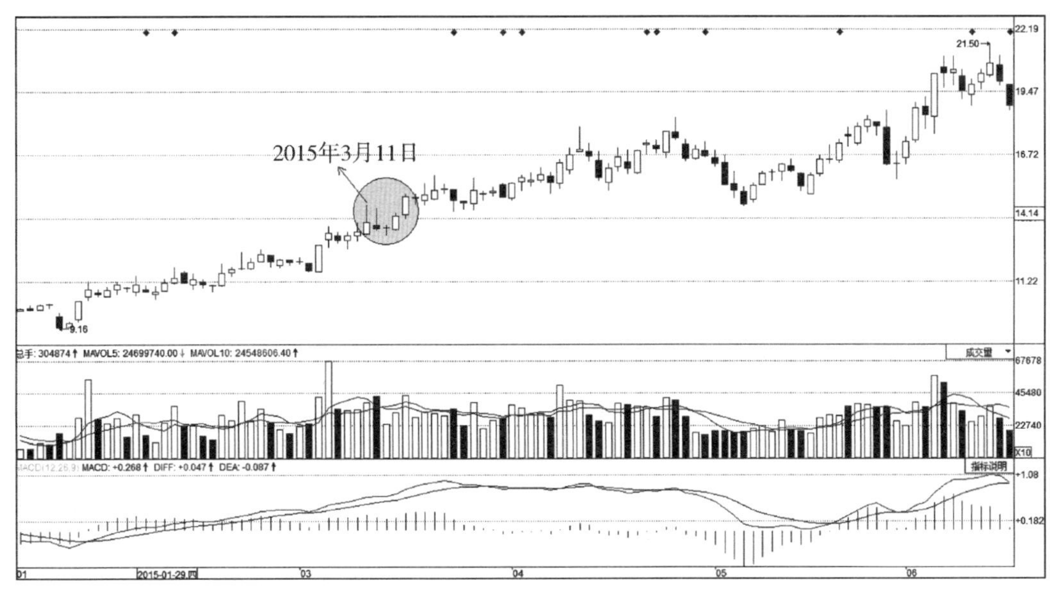

图 4-46　多方尖兵形态识别图

【多方尖兵形态的操作建议】

（1）多方尖兵形态常常出现在上涨行情的中途，股价经过一段时间的小幅上涨之后，多方为了能加快上涨速度，将深入空方的阵地进行摸底，并且将积累的浮动筹码进行“清洗”，“清洗”结束后，主力将会发动全面进攻，因此投资者看到此形态时，要继续持股待涨。

（2）如果在股价调整的过程中，量能并未出现放大，说明主力筹码并未出售。伴随着最后一根阳线的拉升，且配合量能的放大，意味着主力正在重仓布局，后市上涨可期。

（3）以多方尖兵形态买入的投资者，如果股价未发生预期中的拉升走势，止损位应该设置在第一根阳线的收盘价位置。

多方炮形态

多方炮形态指在K线图上呈现“两阳夹一阴”的技术形态，在标准的多方炮形态中，两根阳线的实体较大，阴线的实体较小，且两根阳线的收盘价高于阴线的开盘价，两根阳线的开盘价低于阴线的收盘价，三根K线的中轴处于同一水平位置。特殊的“三阳夹二阴”成为叠叠多方炮形态。

【图形解析】

如图4-47所示，该股在2018年6月12—14日形成“两阳夹一阴”的K线形态，但是第二根阳线的实体部分较短，上影线较长，意味着多方上攻态度不积极，随后股价再度回落。2018年6月22—26日再次形成“两阳夹一阴”的K线形态，与6月12日不同的是，第二根阳线的实体部分较长，且收盘价高于第一根阳线的收盘价，量能也配合放大，表明多方正在绝地反击。

【多方炮形态的操作建议】

（1）多方炮形态出现在股价低位横盘整理的过程中，如果阳线配合量能的放大，

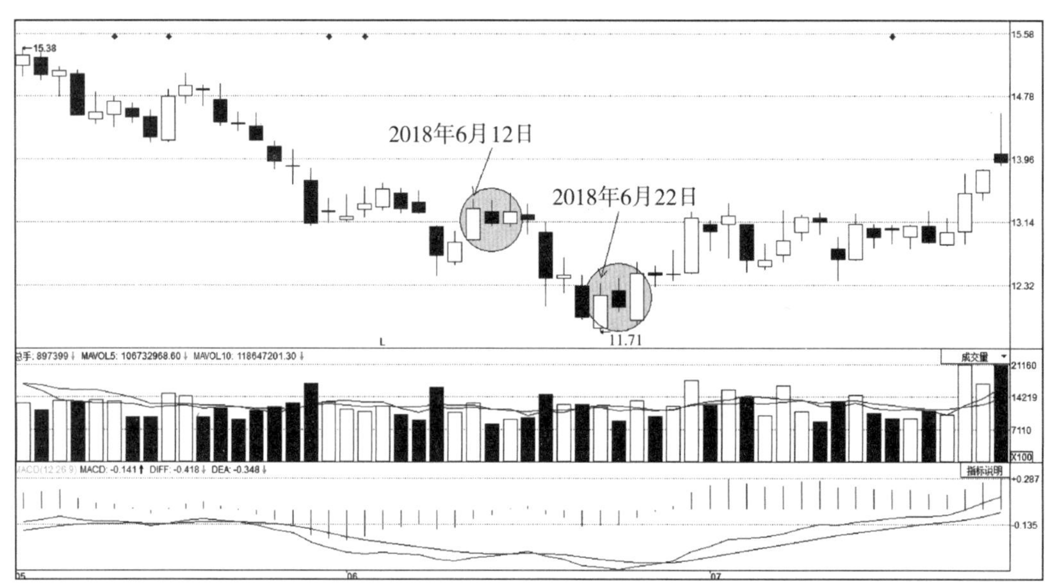

图4-47　多方炮形态识别图

且股价创近期整理平台的新高，第二根阴线成为缩量的状态，则为主力的洗盘动作，后市可能迎来如期反弹。

（2）多方炮形态出现在行情大幅下跌之后，表明多方开始向空方开炮，行情可能会发生变盘，股价将会企稳，投资者可以适当买入。

（3）多方炮形态出现在上涨行情的初期或者上涨途中，意味着股价暂时调整，后期行情仍有上升空间。

（4）如果多方炮形态出现在股价已经较大幅度拉升的行情中，投资者需保持谨慎，高位多方炮形态很可能为多头陷阱，如果行情变盘向下，投资者应及时出场。即多方炮形态出现不一定意味着多方将要出击，空方将要后退，也可能多方会被空方压制，因此当多方炮形态出现时，需观察其所处的行情位置再判断是否进场。

倒锤头线形态

倒锤头线形态指行情经过一段较长时间的下跌，日 K 线可以是阳线也可以是阴线，实体部分较短，上影线较长且至少长于实体部分两倍，下影线没有或较短，此形态的日 K 线形态为倒锤头线形态。

从行情走势来看，开盘后，多头积极进攻，但是空方力量依然存在，由于恐慌情绪，投资者不断抛售手中持有的筹码，最终形成上影线部分较长、实体部分较短的 K 线。但是在经过一波大幅下跌行情后，下跌的可能性不大，主要表现为空头在进行最后的出逃，后继空方的力量将不断减弱，多头将发起积极反攻。

【图形解析】

如图 4-48 所示，该股经过一段时间的下跌走势，行情进入底部整理形态，日 K 线图上不断出现锤头线、倒锤头线、十字星等止跌信号。虽然阴线一度打压股价，但是股价下跌时量能呈现萎缩状态，表明卖盘表现乏力，多方的力量开始增强，股价整理结束后开启上攻走势。

【倒锤头线形态的操作建议】

（1）倒锤头线形态出现在一波下跌行情的末端具有行情企稳的迹象，如果日 K 线为阳线且量能较大，则后市上涨的可能性也较大。

（2）如果股价在日 K 线图上形成倒锤头线的第二个交易日出现强势拉升，表明多头反攻行情已开始，投资者可积极介入。

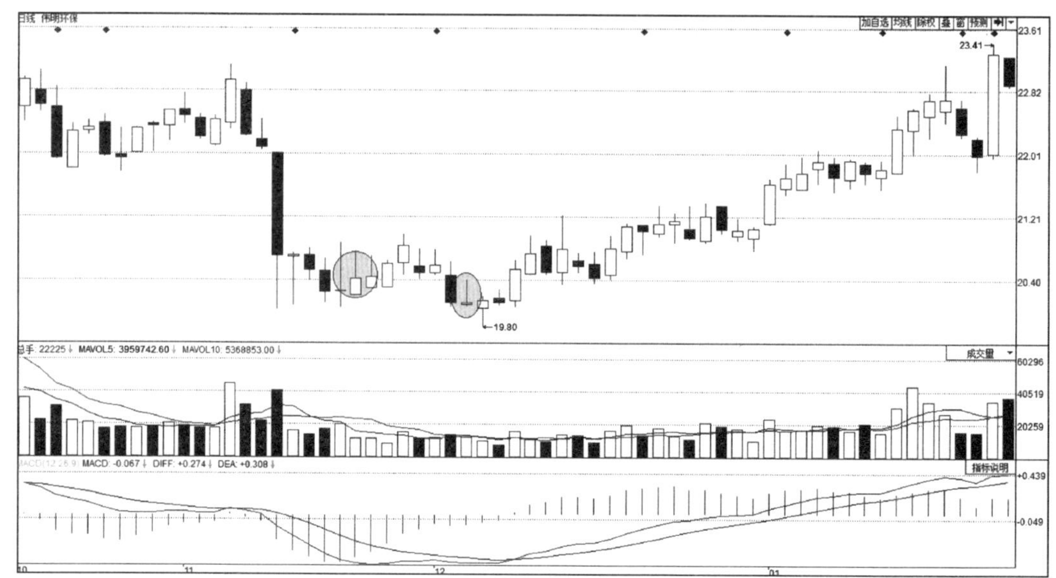

图 4-48　倒锤头线形态识别图

（3）以倒锤头线形态买入的投资者，如果后市股价未发生强势变盘，止损位置应设定在倒锤头线的最低点，股价跌破此位置，应该立即止损出局。

（4）倒锤头线的看涨信号较弱于锤头线，为了提高进场成功率，投资者需综合倒锤头线之前或之后的日 K 线进行分析。

（5）倒锤头线形态出现后，稳健型投资者可以先保持观望，等行情逐步企稳后再介入。

底部红三兵形态

底部红三兵形态指股价经过连阴下跌后，出现连续三根阳线，从形态上看，三根阳线的收盘价依次高于前一根阳线，开盘价在前一根阳线的实体内，三根阳线的实体部分一般长度相等，如果阳线带有长下影线，影线的长度应比实体部分短。从行情走势来看，底部红三兵形态出现在空头行情趋势中，意味着多头开始发力；如果在股价经过较长时间的横盘整理后出现底部红三兵形态，且伴随量能的依次放大，意味着股价将会启动，可密切关注。

【图形解析】

如图 4–49 所示，2017 年 6 月 2 日开始走出底部红三兵形态，由于此形态出现在股价经过大幅回调之后的底部区域，意味着多头已开始发力，行情将会发生变盘向上。

底部红三兵形态之后再次出现光头光脚的阳线，随后股价展开横盘整理，但是股价回调的最低点并未破底部红三兵形态最高价，此时也是回调时的最佳买入点。横盘整理结束之后随着量能的放出，股价开启了一波拉升攻势。

图 4-49　底部红三兵形态识别图

【底部红三兵形态的操作建议】

（1）底部红三兵形态是一种上涨形态，表明市场多头开始发力，随着市场人气的聚集，股价将不断攀升。

（2）底部红三兵形态出现在一波较大幅度的下跌行情之后，意味着股价已下跌至主力能够接受的价位，也就是此位置已引起主力的关注，主力正在进场减仓，投资者在低价位区域看到这种形态时应积极介入。

（3）稳健型投资者最佳的介入点位是股价后期调整结束再次突破底部红三兵形态的最高点，出场的最低点应设在底部红三兵形态的最低点位置。

思　　考：

是否需要全部掌握各种各样的 K 线买入形态？

参考答案：

并不是所有的 K 线组合都需要投资者照模照样背出来，本质上不管单根 K 线还是多根K线的组合，都是多空双方博弈的结果，是过去一段时间资金对抗中留下的踪迹。对于想要灵活运用、融会贯通的投资者，应该思考的是这红红绿绿的K线背后是什么，如果能看懂K线背后资金力量的此消彼长，自然就能对K线了如指掌了。通过表面的K线，识别资金的变化，最终在资金博弈中占得上风。

老魏寄语:

K线形态是表象，我们要做的是通过学习，对其背后的资金动向有深入的理解。知己知彼方能百战不殆，形态是信号，当冲锋号响起，我们就知道需要前进了。我带过的学员中，有的已经自己会吹冲锋号了，有的还在学习中，但我相信大家能通过我的讲解少走弯路，最终在A股市场实现财富自由的梦想。

第七节　K线形态现卖点

黑三兵形态

黑三兵形态，既可以出现在上升趋势中，又可以出现在下降趋势中。黑三兵形态由三根连续的小阴线组成，三根阴线有无上下影线均可。在黑三兵形态中，后面的K线收盘价依次低于前面的K线收盘价，呈稳步下降的形态，是经典的看跌K线组合。

【图形解析】

如图4-50所示，该股处在明显的下跌趋势之中，但是途中出现了急跌后的连续反弹，而后在均线的压制下出现了黑三兵形态，表明短期做空动能尚未耗竭，股价继续下跌的可能性较大。在黑三兵形态出现之后股价继续跳空低开低走，随后股价震荡下行，创出新低。

【黑三兵形态的操作建议】

（1）当黑三兵形态出现在股价下跌初期或者下跌中期，属于中继状态，后市依旧看跌，持有股票的投资者应果断卖出，避免进一步的投资损失。

（2）当黑三兵形态出现在股价经历长期下跌后的低价位底部，黑三兵形态出现之后可能会出现探底，存在止跌反转的可能性，投资者可密切关注，在涨势确认以后再考虑入场做多。

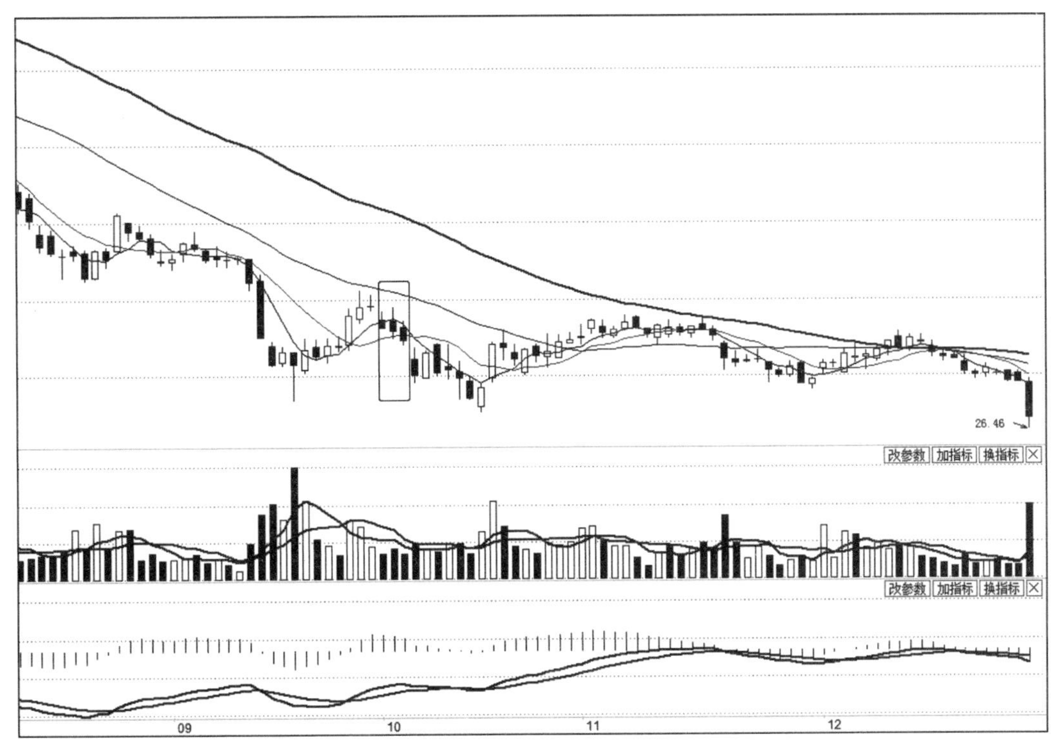

图 4-50　黑三兵形态识别图

（3）当黑三兵形态出现在股价连续大幅上涨之后或者有明显的高价位趋势中，意味着行情随时可能出现见顶反转，因而投资者应及时卖出股票，在场外观望。

两只乌鸦形态

两只乌鸦形态，又称乌鸦双飞，由一根阳线和两根阴线组成，常出现在上升行情的末尾。先收一根阳线，延续上涨的态势，但是第二天高开低走，收出一根假阴线，而后第三天再次收一根阴线，且第三天的大阴线将第二天的阴线完全包围，其开盘价高于第二天的阴线，而收盘价低于第二天的阴线。

【图形解析】

如图 4-51 所示，该股经过一轮上涨之后，股价处于相对高位，已是强弩之末，此时股价回踩 60 日均线之后出现了止跌反弹。但是第二天早盘高开上涨后未能延续涨势，以绿盘收尾，第三天高开后继续下跌，当日阴线实体完全包含前日阴线，形成两只乌鸦形态。随后股价反转正式进入下跌趋势。

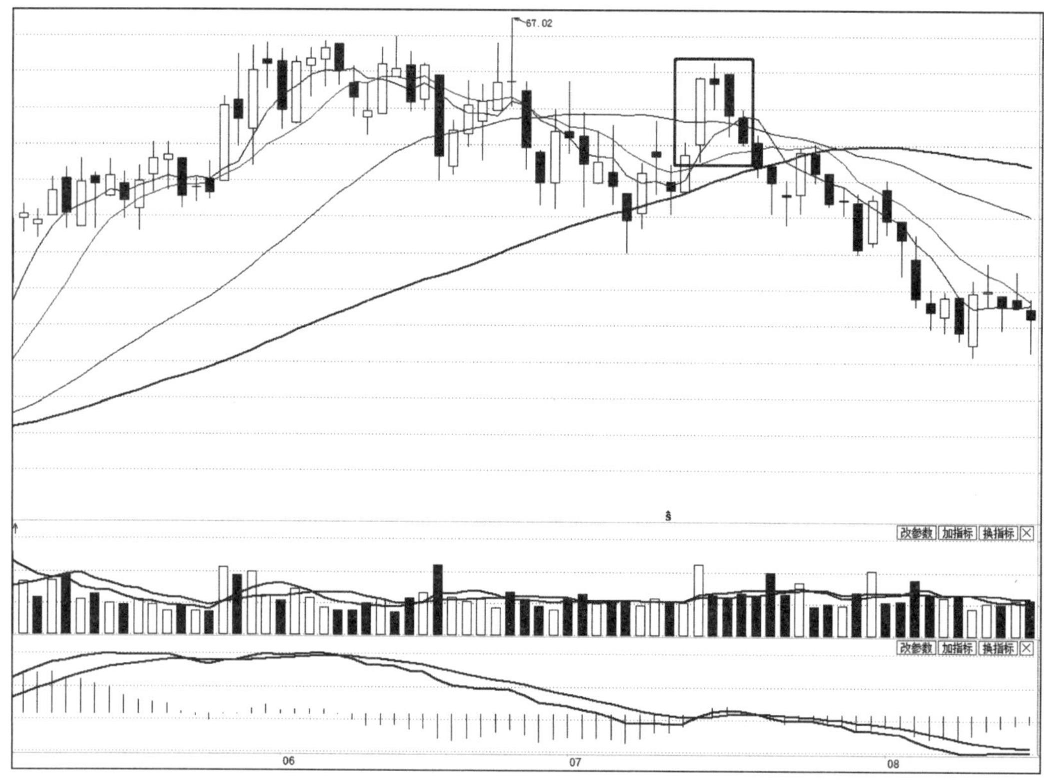

图 4-51　两只乌鸦形态识别图

【两只乌鸦形态的操作建议】

（1）两只乌鸦形态是多方力量逐渐耗竭、空方力量雄起的标志，尽管很少见，但一旦出现，就具有强烈的反转意义，股价往往会见顶回落。投资者遇到该形态，应及时抛售手中股票，出局观望。

（2）两只乌鸦形态的信号可靠性较强，在第二根阴线的颓势形成之时就应及时行动，若错过，应于次日择机卖出。

（3）第三天的大阴线实体部分越长，反转的意味越强烈。若叠加阳线带有长长的上影线，则两只乌鸦形态的信号更加可靠。

空方炮形态

空方炮形态，又可称为“两阴夹一阳”，由两根实体较长的阴线和一根实体较短的阳线组成，阳线在中间紧紧地被阴线包围，其阳线实体几乎被完全覆盖。阳线的开盘价高于两根阴线的收盘价，而阳线的收盘价低于两根阴线的开盘价。空方炮形态可

以出现在股价的任意运行阶段，但若出现在一轮上涨之后，其可靠性更高。

【图形解析】

如图 4–52 所示，该股股价经历一段时间的上涨，多头力量逐渐耗竭，在股价创出 16.88 元的最高价后见顶回落，当天收了一根带有长上影线的实体阴线，尽管第二天多方企图反击，但上涨幅度尚不能覆盖前一日的阴线。而第三天股价高开后未能延续涨势，以实体阴线收盘。到这里正式形成空方炮形态。鉴于股价处于高位，后续下跌概率极大，随后股价出现了猛烈的下跌。

图 4–52　空方炮形态识别图

【空方炮形态的操作建议】

（1）若股价已经经历一轮上涨，处于阶段高位，空方炮形态就是典型的看跌信号，代表着空方力量强于多方力量，后市随时可能见顶反转，应及时卖出观望，此时持股风险较大。

（2）若股价上升途中出现空方炮形态，仍应小心为上，空方炮形态代表着多空双方出现分歧，可耐心观察上涨趋势是否延续，等待股价重新选择方向后再行动。

（3）若股价已经经历了大幅下跌，处于阶段性低位，此时的空方炮形态可能是主力资金为了吸收筹码而制造的空头陷阱，后续可能震荡后开展上涨趋势。因而，此时投资者不宜过分悲观，而应耐心等待股价进一步走势。

倾盆大雨形态

倾盆大雨形态通常出现在一轮大幅上涨之后，其形态由一阴一阳两根 K 线组成。股价先收一根中阳线或者大阳线，接着第二天又收了一根低开低走的中阴线或者大阴线，且这根阴线的收盘价低于前一天阳线的开盘价。倾盆大雨形态是涨势由盛转衰的标志，第一根阳线表示涨势的延续，但多方能量消耗殆尽，已是强弩之末，而第二天低开低走，表明一开始就是空方力量占据主动，多方节节败退，最终以空方的绝对胜利告终。而随后持续的跌势往往无法避免。

【图形解析】

如图 4-53 所示，该股已经经历了一轮上涨，逐渐出现上涨无力的情形，股价围绕 60 日均线反复震荡，颓势渐显。股价再次跌落到 60 日均线以后，两根大阳线收回跌幅，

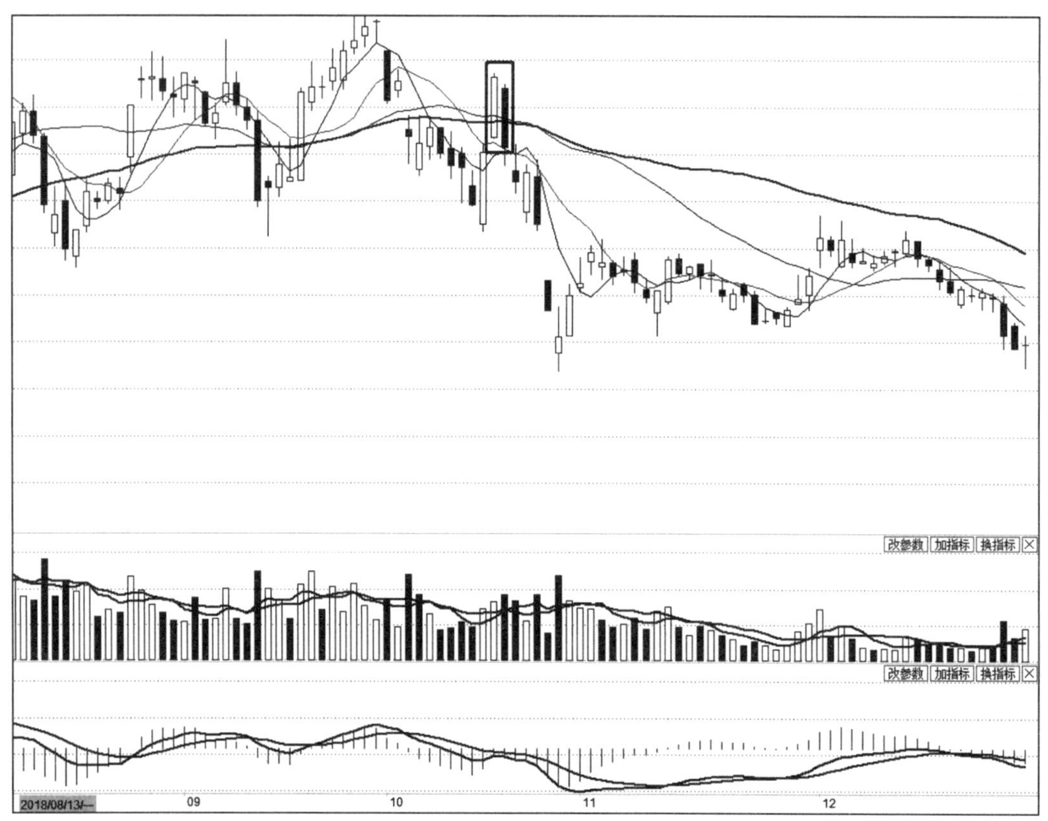

图 4-53 倾盆大雨形态识别图

重新突破 60 日均线，看似有股价反转的态势，但随后第二天低开低走，放量下跌，倾盆大雨形态正式形成，股价开始新一轮的跌势。

【倾盆大雨形态的操作建议】

（1）当股价连续上涨或者出现高位滞涨时，若此时出现倾盆大雨形态，应提高警惕，及时卖出。

（2）当股价仍处于上涨趋势中，尚未到达高位，投资者可适当减仓以降低风险，若股价下行跌破上涨趋势，则清仓离场。

（3）倾盆大雨形态中的两根 K 线至关重要，其 K 线实体部分越长，表明空方或者多方力量越强。若下跌时的成交量大幅多于上涨时的成交量，则看跌信号更加强烈。

思　　考:

K 线卖出形态对于股票实战的意义在哪里?

参考答案:

股市中有两种钱可以赚：一种是企业发展的钱，股市本质上是企业融资的场所，确实存在很多企业有优质的盈利模式，或者说虽然暂时没有赚钱但未来很有发展前景，但苦于暂时的资金困难，进而影响扩张甚至经营。这时候通过股市这个二级市场融资，投资者和企业共同成长，分享未来的收益。这是一种长线的思路。而另一种钱，是资金博弈的钱，这就比较简单粗暴了，这时候的股票更多的是一种交易筹码，通过资金的博弈赚取其他参与博弈的交易者的钱。在纯资金博弈中，最好的策略就是盈利后落袋为安，必须跑得快，而对于博弈来说，K 线是最好的助手，出现 K 线卖出形态，往往是短期离场不错的时机。K 线形态的意义在于指导交易，能让交易相对量化，而非靠感觉盲目操作。

老魏寄语:

俗话说，会买的是徒弟，会卖的是师父，只要行情还不错，哪怕什么都不懂，买入都可能会有不错的浮盈，但如果不知道怎么卖，什么时候卖，最终浮盈变浮亏，甚至需要“割肉”出局，是极其难受的。我经常跟学员说，卖出的信号有很多种，要学会识别，当然，K 线形态也是其中一种重要的信号，是必须掌握的。

第八节　K 线分析方知缘由

一看阴阳。K 线的阴阳预示着股价阶段的运行方向，红色的阳线代表该周期下股价是向上运行的，而绿色的阴线代表该周期下股价的运行方向是向下的。牛顿力学定理告诉我们，在没有外力的作用下，运行中的物体会沿着原来的方向继续运动，而股价在行进中有着类似的规律，在没有强势的外部新进资金的干扰下，股价往往会沿着原来的运动趋势方向继续运行。因而阳线意味着股价可能会由于惯性在下一阶段继续上涨，或者说在短时间内顺势上冲，而阴线则意味着股价面临继续下跌的窘境。以阳线为例，经过一段时间的多空博弈，最终多方占据了上风，力量的强弱对比下，多方愈战愈勇。

二看实体。顺势而为是技术分析中最为重要的一环，趋势是有不同的周期的，哪怕是只有几根日 K 线，当我们把时间周期看得细一些，便会发现仍然存在着趋势的痕迹。大周期有大周期的趋势，小周期则有小周期的趋势，而在 K 线上则表现为实体的大小，K 线实体代表了趋势的强弱，实体部分越大，说明上升或者下跌的趋势愈发明显，反之则说明趋势的运行并不强势，多空双方存在反复拉锯的情况。以阳线为例，其实体部分就是股价开始的位置和结束的位置之间的差额，实体越大，上涨的动力越足。物理世界中，质量越大的物体惯性越大。同样，阳线实体越大，继续上冲的动力越大；反之，阴线的实体越大，说明其下跌的动力越大。大实体阴线的下跌力度往往远大于小实体阴线的下跌力度。

三看上下影线。影线是代表阻力或者支撑力的信号，上下影线的长度越长，表明反向力量的强度越大，越不利于股价往影线所指方向运行。以上影线为例，经过一段时间激烈的多空博弈，不管是收阳线还是收阴线，长长的上影线都代表了多方曾经尝试上攻，但最终还是以失败告终，而上影线部分也是后期股价向上运行时的强大阻力，之后股价向下调整的概率较大。相反，下影线代表多空交战的结果是多方胜利，后续上涨的概率较大，而下影线部分也是股价后期调整时的强大支撑。

总体来说，单根 K 线中最为重要的三部分便是阴阳、实体的大小以及影线的方向长度。值得注意的是，很多投资者说到 K 线就会想到日 K 线，想到开盘价和收盘价，脑子里瞬间浮现出分时盘口的图像。但事实上，K 线图并非只有日 K 线，K 线图拥有丰富的种类，从大周期上来看，有周 K 线、月 K 线等，而有的短线投资者，还会看 60

分钟 K 线、15 分钟 K 线等。周 K 线显示的是周一的开盘价、周五的收盘价，以及一周中的最高价和最低价。月 K 线、小时 K 线、分钟 K 线也是同样的道理，不同周期的 K 线代表着不同周期内股价的运行情况。

观察 K 线知主力动向

K 线是资金绘制的图谱，主力在对个股进行建仓时，会实打实地买进筹码，而出货时也是实打实地卖出筹码，这势必会对股价的走势产生一定的影响，特别是大资金的进出，要想不在 K 线上留下痕迹几乎是不可能的。因而通过 K 线图识别主力的动向是可行的方案。

缓涨急跌

主力进场吸收筹码会使一只股票的多空力量发生改变，若原先股票内的抛压较大，主力的进场会使成交量迅速放大而股价止跌，若原先股票内较为平静，则在主力买盘资金的积极推动下，股价会不知不觉地走高。但是在主力的建仓阶段，控制成本是主力资金首要考虑的问题，通常会根据计划控制在一定的范围内，因而当股价经过一段时间的缓慢拉升之后，主力资金通常会通过抛出少量筹码迅速将股价打压下来以清扫出一些投机的短线客，进而起到震仓洗盘的作用。在主力没有买入足够的筹码前，这个过程还将反复，而在 K 线图上则表现为一波或者多波“N”形的 K 线组合形态，上涨缓慢而下跌迅速。

阳多阴少

主力在收集筹码阶段，为了获得尽可能多的筹码，通常会在集合竞价时做些手脚，用对倒的方式使得股价低开，此时有些短线筹码会因为恐慌而逃出，进而让主力能够买到更多的筹码，而主力资金的主动性买盘会不自觉地推高股价，因此，在 K 线图上会留下一根根阳线。但细心的投资者会发现，哪怕某些股票经常低开，股价也不见得会大跌，而是反复收出阳线。在整个主力吸筹的阶段，尽管不可避免地会夹杂着少量的阴线，但是 K 线图基本上是以阳线为主。

窄幅横盘

在没有新进资金的介入下，下跌通道中的股票通常仍然会以下跌趋势继续运行，由于没有多少场外资金愿意进场接盘，股价甚至表现为无量阴跌。直到多空力量逐步平衡，此时通常只有主力资金进场吸筹时，下跌趋势才能真正得到扼制，进而出现在底部区域的窄幅横盘走势，主要呈震荡走势。值得注意的是，窄幅横盘并不代表股价不会再跌了，有时候主力可能还会顺势打压以降低建仓成本。

缓涨急跌、阳多阴少、窄幅横盘，是主力资金逐步建仓的标志性特征，通过 K 线形态及早识别能使投资者更好地掌握主力资金的动向，为后续的操作做好技术准备。

会骗人的影线

长长的影线通常是阻力的象征，上影线代表上方存在压力，可能一时无法逾越，影线越长压力越大；而下影线则代表下方有支撑，是股价继续上涨的基础。但这并不是绝对的，特别是一些主力控盘较强的个股，主力资金通常通过骗线来测试筹码稳定度，抑或进行正式拉升前的最后清洗。

在股价运行到关键的压力线或者成交密集区时，主力通常会在拉升股价后停止发力，若成交量并未明显放大，而股价顺势回落，则主力试盘的可能性较大。之后如果放量上涨，投资者可安心持股；继续下跌，则可先行卖出观望。特别要注意的是，若出现上影线时成交量急剧放大，说明短期内抛压较大，应及时离场观望，切勿留恋。

对于下影线，判断难度会更大一些，需要结合股价所处的位置。若股价处于阶段高位，此时出现下影线，并不是止跌的信号，相反，由于主力资金量较大，出货会有一个过程，下影线缩量反弹通常是主力稳定股价以满足继续出货的需要。若股价处于阶段低位，表明股票下跌动能进一步丧失，存在见底的可能性，但大多数情况下仍会反复。

【K 线使用的注意事项】

（1）不同周期的 K 线组合，其有效性是不同的。通常来说月 K 线的可信度最高，周 K 线次之，而日 K 线出现骗线的可能性较大，小时及以下的 K 线组合的不可预测性极大，应避免过于依赖。通常采用日 K 线结合周 K 线和月 K 线的观察方式，以加强 K 线的可靠性。

（2）不同阶段的K线组合代表的含义不尽相同。特别对于处于阶段高位的股票，哪怕是出现看涨的K线组合也要时刻警惕，因为此时以震荡出货的情况居多。

（3）K线组合必须配合成交量来判断。K线形态只是多空博弈的结果，而其激烈程度必须依靠成交量来判断。特别是关键密集成交区的成交量大幅放大，对于趋势的延续有着重要的作用。

思　　考：

为什么K线的使用会有那么多注意事项？

参考答案：

K线是资金博弈的结果，是股价变化精练的表示，开盘价、收盘价、最高价、最低价分别为战斗的开始、结束以及上、下极限。这是一种客观的表示，但是单纯靠简单的K线对股价未来进行预测是不靠谱的。一方面，不同的空间位置资金的锁定程度是完全不一样的；另一方面，不同周期的K线所代表的资金态度的影响时间也是不同的。此外，不同的成交量变化背后的资金力量变化也是不可忽视的。正如利弗莫尔所说，炒股本质上和法律、医学类似，也是一个需要专业能力的行当，如果没有进行全方位的思考，只是死板地使用技术指标的话，显然是不会有好结果的。

老魏寄语：

很多学员也比较疑惑，为什么最为基础的K线，老魏都能讲三天三夜。其实这其中存在着误解，尽管K线看似简单，但里面的学问并不简单。很多投资者学习技术分析，只学习了表象，说难听点，就是学了点皮毛，以为都懂了，但并不理解其中深层次的原因和原理。很多学员也是跟着老魏学习一段时间后，才恍然大悟，原来K线还有这样的功用。希望大家也能沉下心来，把基础打扎实。

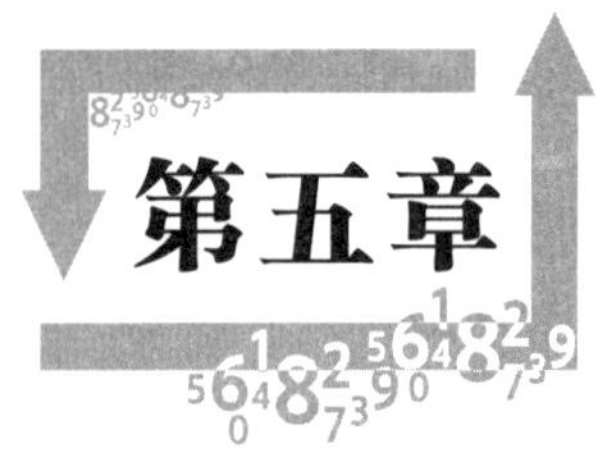

第五章　均线上下量不同

第一节　均线是舞台，K 线是演员

均线，是移动平均线的简称，是技术分析中最常用的指标之一，打开行情软件，在股价走势图中，第一眼就能看到。它是将若干天的股票价格加以平均，然后将平均价格连成一条直线，用以观察股票价格的走势。按照周期的不同，可分为 5 日均线、10 日均线、20 日均线、60 日均线、120 日均线、250 日均线等。当然，按照个人的喜好，也可将均线设置为 58 日均线、72 日均线等，并无严格的规定。

移动平均线的理论基础来源于道琼斯的平均成本概念。移动平均线代表的是一段时间内市场的平均成本，通过当日的股票价格与移动平均线的对比，直观地显示出某一时间段内，多空双方的力量对比情况，进而研判接下来可能的走势。

一般来说，当股价位于移动平均线上方时，表明买方力量较强，股价走势继续强势的可能性较大；当股价位于移动平均线下方时，表明卖方力量较强，股价走势变弱的可能性加大。

以 60 日移动平均线为例，将第 1 日到第 60 日的收盘价格累加后除以 60，便可以得到第 1 个 60 日平均价；将第 2 日到第 61 日的收盘价格累加后除以 60，便可以得到第 2 个 60 日平均价；以此类推，所有这些 60 日平均价连接起来之后便得到了 60 日移动平均线（如图 5-1 所示）。

移动平均线周期的长短与其敏感度呈负相关的关系，移动平均线的周期越短，其敏感度越高；周期越长，敏感度越低。通常来说，短线投资者更关注如 5 日均线、10 日均线等周期较短的均线；而中线投资者对 20 日均线、60 日均线较为热衷；而长线投

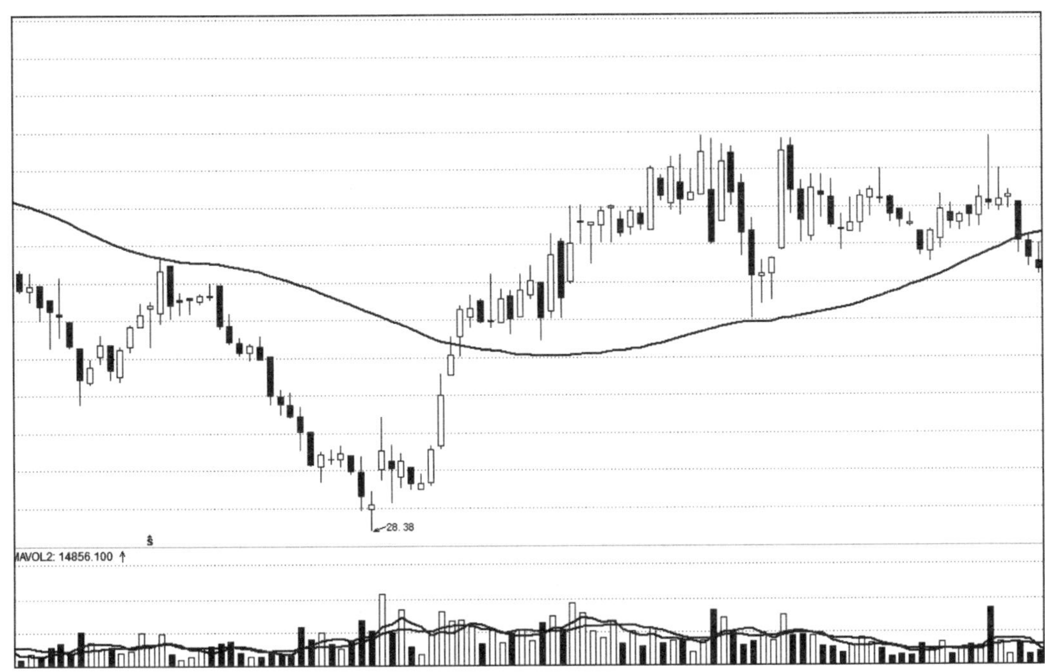

图 5-1　60 日移动平均线

资者通常更关注如 120 日均线、250 日均线等长周期均线而忽略短期均线的波动。当然，不同周期均线的使用并无严格的限制，例如我们常用年线（即 250 日均线）研判长期走势，而西方投资者更加看重 200 日均线。当股价位于 200 日均线之下时看空，以空头市场看待。当股价位于 200 日均线之上时看多，以多头市场看待。

移动平均线的作用

1. 揭示股价运动趋势

移动平均线是对股价运行趋势最为直观的判别标准。当移动平均线向上，表明整体趋势向上；当移动平均线向下，表明整体趋势向下。根据周期的不同，投资者可分别根据短期均线、中期均线以及长期均线得知股价的短期趋势、中期趋势以及长期趋势。

2. 揭示场内筹码的平均成本

移动平均线是一段时间内市场参与者的平均成本，用当日股价与移动平均线一比较，便可得知当前股价与平均成本的差异，进而对套牢盘或者获利盘的多寡有所了解。当股价处于移动平均线上方，并且股价远远偏离移动平均线时，由于盈利盘积压过多，股价下跌可能性变大，宜减仓规避风险；当股价处于移动平均线下方，并且股价远远偏离移动平均线时，不坚定的套牢盘被割完后，容易出现反弹行情。

3. 助涨助跌

当移动平均线处于上升趋势时，对其股价有着助涨的作用。因为移动平均线代表着平均成本，当股价高于移动平均线时，会积累大量的获利筹码，而当股价逐渐回落接近移动平均线时，获利筹码抛压减少，进而会对股价起到支撑作用，促使股价回升。当移动平均线处于下降趋势时，对股价有着压制助跌的作用。当股价低于移动平均线时，积累的大量获利盘是潜在的抛压盘，一旦股价反弹至移动平均线附近，抛压增大，进而对股价形成阻力，促使股价回落。

4. 揭示买卖时机

均线是重要的买卖参考线。根据实际应用的不同，可分为三种应用方法：单根均线应用，线上操作，线下休息；双根均线应用，短期均线上穿中长期均线，形成黄金交叉时买入，短期均线下穿中长期均线，形成死亡交叉时卖出；多根均线的参考使用。此外，还有葛兰碧八大法则等均线应用法则。

5. 把握市场的大方向

短期、中期及长期均线的排列方式是判断市场状况的重要依据。当股价与短期、中期和长期均线依次由上到下排列时，称为“多头排列”，市场处于多头市场中。相反，当股价与短期、中期和长期均线依次由下到上排列时，称为“空头排列”，市场处于空头市场中。

6. 均线吸附

当中长期均线仍处于上升趋势时，若短期均线掉头向下，由于长期均线仍处于多头趋势，短期均线容易因股价反弹而回升。

当中长期均线处于下降趋势时，若短期均线上翘上攻，由于长期均线仍处于空头趋势，短期均线容易因股价回落而调整。

思　　考：

不同周期的均线应该如何区分使用？

参考答案：

炒股软件通常自带默认的均线，通常为 10 日均线、20 日均线、30 日均线、

60日均线。但这并不是严格规定的，是可以根据个人喜好随意修改的，如我常用的均线就是18日均线、58日均线以及258日均线。归根到底，均线是简单而直观的参考依据，不同的投资者对于均线有着不同的需求。对于长线投资者而言，250日均线或许是不错的选择；而对于短线投资者，10日甚至5日均线才是需要重点关注的；而20日均线是长、短线投资者都需要重点关注的。

老魏寄语：

技术分析发展至今，已经有了形形色色的技术指标，但真正经典或者称得上“精华”的并不多，而均线是其中非常常用且有用的一个。就短线而言，5日均线、10日均线以及20日均线非常关键，特别是20日均线，我称之为生命线，生命线一倒，股票就失去了灵魂，凶多吉少。如今，我的学员们基本都把“生命线”作为操作的准则，也避免了很多坑，这点我很欣慰。

第二节 知己知彼知成本

根据移动平均线的计算方法，我们可以得知，这是一段时间内场内筹码的近似成本，并不是绝对精准的平均成本。之所以这么说，是因为我们用以计算的价格是每日的收盘价，并不是当日的均价，同时成交量也未考虑进去，进而会导致一些偏差。但是实际使用中一般可以忽略这些偏差，且均线的周期越长，其平均成本越接近于实际平均成本。

均线以图表的形式，将市场的平均成本直观地展示出来，一目了然，广大投资者可以根据股价与短期均线、中期均线以及长期均线的位置判断短期、中期、长期投资者的平均持有成本，进而作为操作的依据。

如图5-2所示，该股曾出现一字涨停板，之后以跳空的形式直接越过了5日均线、10日均线、30日均线以及60日均线，形成了旱地拔葱的猛烈攻势。尽管当时整体的趋势尚未完全向上，但是按照平均成本计算，不管是5日均线、10日均线、30日均线还是60日均线，整体来说都已经开始盈利了，亏损者很少。

而场外资金愿意以这么强势的方式拉涨停，说明资金对于后市极其看好，第二天甚至强行“T”形封涨停，解放并吸收了大量筹码。随后的缩量横盘调整也表明资金对

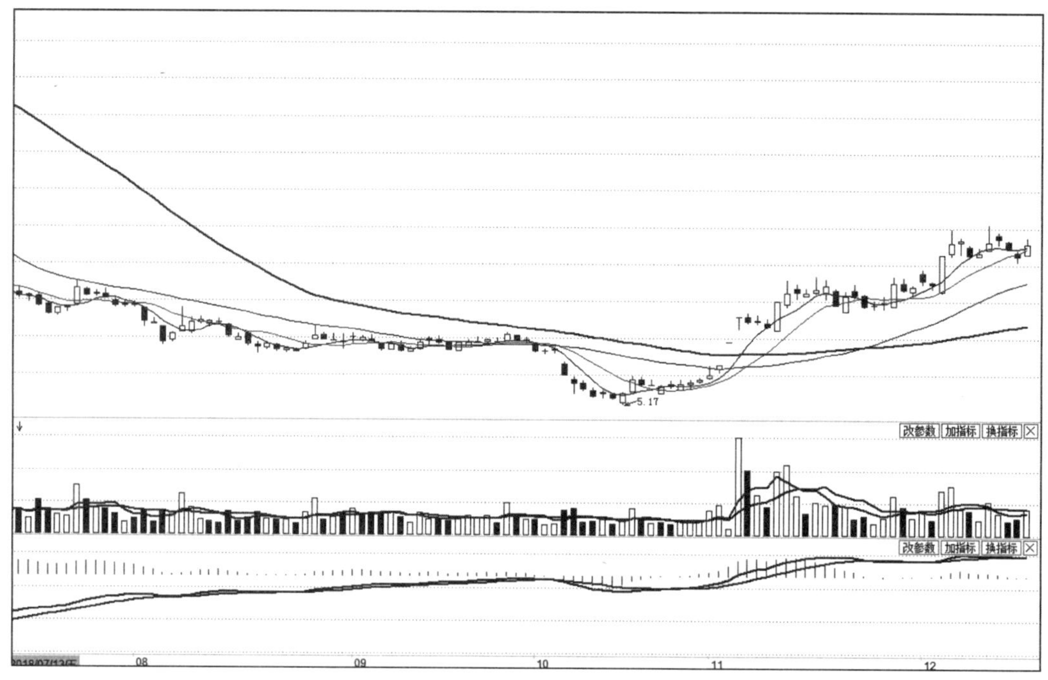

图 5-2 阳光电源（300274）的日 K 线走势图

于后市的看好，行情可能就此好转，激进型的投资者可以考虑买入。

上述例子中，我们根据股价和各周期均线的相对位置，可以判断不同周期持仓者的盈亏情况。

从图 5-3 中可以看到，其 5 日均线、10 日均线、20 日均线以及 60 日均线从上到下依次排列，呈多头排列趋势。尽管有时候股价或者 5 日均线会跌破 10 日均线，但整体的上涨趋势尚未打破，几乎是一个完美的多头排列区间，绝大多数持仓者都是盈利的。但值得注意的是，由于盘中存在积累的大量盈利盘，当股价上涨无力开始走跌时，应及时卖出。

在图 5-4 中，该股处于下跌趋势中，自从股价跌破 60 日均线以后，一直处于弱势走势中，每次股价接近 20 日均线，均受压很快回落。直到创出 5.35 元的最低价后，连续三根阳线才开始走势的转强，首次站上 20 日均线。尽管有所反弹，但下降趋势尚未完全扭转。从中我们也可以看出投资者尚未形成多头的合力，大多数场内持仓者成本高于市场平均成本：一是场内持仓者仍在用低于成本的价格甩卖股票，而从成交量看，买家入场承接的意愿不强；二是均线由于略微滞后于市场，均线方向仍未完全扭转。但不管怎么说，此时投资者仍应谨慎，严格控制仓位。

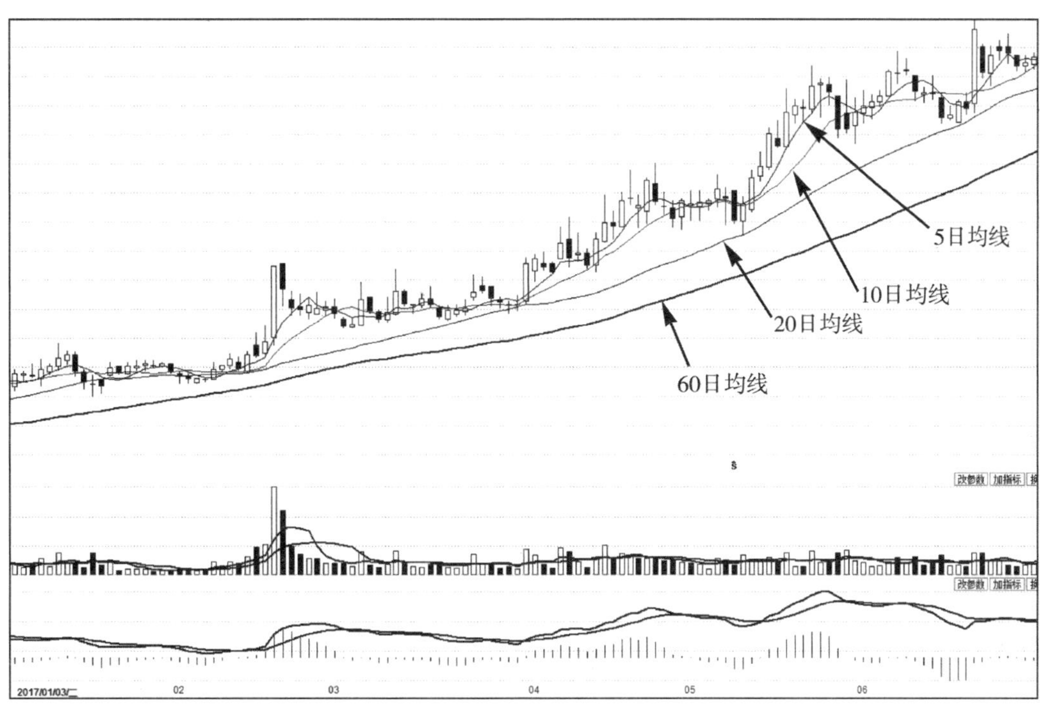

图 5-3　永辉超市（601933）的日 K 线走势图

图 5-4　中国汽研（601965）的日 K 线走势图

思　　考:

均线揭示的平均成本有何意义?

参考答案:

尽管忘记成本是专业投资者需要做到的基本技能，但不得不说，大多数投资者还是很难做到的，我们在做投资决策时往往会被买入的成本所羁绊。因此，平均成本对于投资者的实际操作还是有一定参考意义的。试想，如果一个股票的持有者平均成本都很低，那么在浮盈足够大的情况下，部分筹码的兑现是很难实现的。最为极端的例子便是原始股的解禁，由于原始股的成本都非常低，因而一旦解禁就会对股价造成较大的压力，特别是一些纯财务投资的原始股，本来大部分投资者就是想赚一票就走的，无意参与公司的长期经营发展。由于成本的低廉，哪怕主力把股价往跌停砸，也是能带给投资者足够利润的。由此看来，均线揭示的平均成本对投资者具有不可或缺的警示功能，一旦股价远超市场的平均持有成本，需密切关注股价的变动，随时做好撤退的准备。

老魏寄语:

一个成熟的投资者需要忘掉自己的买入成本，不能被自己的成本影响操作，特别是那种盲目的越跌越买、摊低成本的行为，最终只会让人越陷越深。均线揭示了市场的平均成本，如果股价在下倾的均线下方，可想而知，上涨面临的压力有多大，这也是我提倡多把握右侧机会，少参与左侧机会的原因。

第三节　上升有支撑，下跌有压力

均线是市场平均成本的体现，当股价回落到均线附近时，一方面该均线周期内的持股者利润已几乎耗尽，而盈利盘也逐渐被消化，此时抛压减少；另一方面前期踏空的场外投资者，也会因为股价的调整而产生买入的动力。供求关系逐渐改变，而股价也由此止跌回升。这就是均线的支撑作用。

从图 5-5 我们可以看到，每次股价回落至 60 日均线以及 20 日均线时，股价均得到了一定程度的支撑，从而企稳后继续上升。

图 5-5　中华企业（600675）的日 K 线走势图

同样当股价趋势处于下跌趋势中，股价每次反弹至均线附近时，受到均线的压制，股价容易因为压力而回落。一方面，某些周期内的持股者很快就会解套，特别是套得比较久的投资者，一旦股价回升至成本附近，容易有回本就卖的心理，会因为失去耐心而急于抛售。另一方面，低位抄底的投资者也因为博反弹成功有了不少的利润，一旦遇到均线的阻力，投资者也容易产生抛售的心理，市场上交易流通的筹码供过于求，股价开始下跌。

从图 5-6 中我们可以看到，每次博雅生物（300294）反弹遇到 60 日均线都因均线压制而无力上涨，随后转身向下，甚至股价反弹至 20 日均线便掉头向下，说明上涨动力严重不足。

而支撑和压力并非永恒不变的，而是可以相互转换的，所有的支撑或压力线均是如此。股价跌破均线的支撑以后，便会变成压力，后续股价再运行到该均线附近往往遇阻而回落。而当股价突破压力线后，压力线就成了支撑线，当后续指数再次回落至均线附近，将会受到均线的支撑。

突破重要的压力位后，压力位就会变成重要的支撑位；相反，跌破重要的支撑位后，支撑位就会变成重要的压力位。

图 5-6　博雅生物（300294）的日 K 线走势图

从图 5-7 中可以看出，其股价先是处于下跌趋势中，呈波浪下跌状，每次股价反弹至 20 日均线附近便遇阻回落。经过多次反复碰壁后，股价向上突破 20 日均线以及 60 日均线，此时，均线也已逐渐走平。而后股价回探均线后开始一轮新的上升行情。此时，原本的压力线已经变成了支撑线，每次回落至重要均线附近，往往会受到支撑而重新上升。

当然，均线的支撑压力作用并非一直有效，在一些反复调整的行情中，在整理的区间内几乎看不到均线的支撑或者压力作用。

通过对比我们可以发现，在上升趋势或者下降趋势中，均线的支撑或者压力的作用较为明显。如图 5-8 所示，当股价处于这样的宽幅调整阶段时，股价几乎可以毫无顾忌地上蹿下跳，均线的作用几乎到了可以忽略的地步。

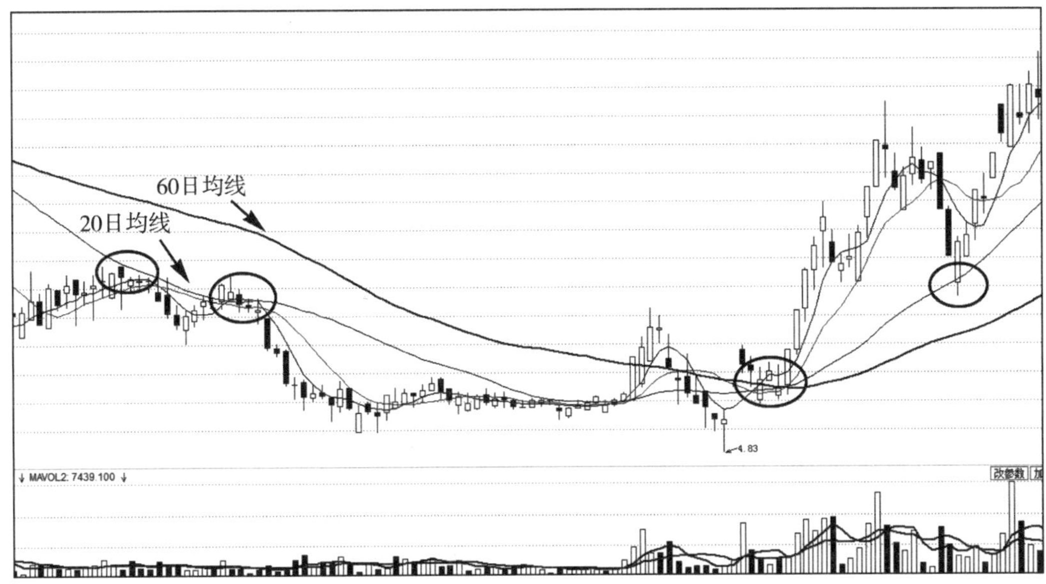

图 5-7 ST 仰帆（600421）的日 K 线走势图

图 5-8 华兰生物（002007）的日 K 线走势图

如图 5-9 所示，该股股价在跌破 60 日均线后，60 日均线由走平转为下行，其对股价作用转为压力。在其漫长的下跌过程中，每次反弹遇到均线均受阻回落，后续甚至都无法反弹至 60 日均线处，到达 20 日均线附近就无力继续上涨。多头每次意欲上攻都碰得灰头土脸，狼狈而归，而反弹的高点也随着股价的下跌和均线的下行一次比一次低。

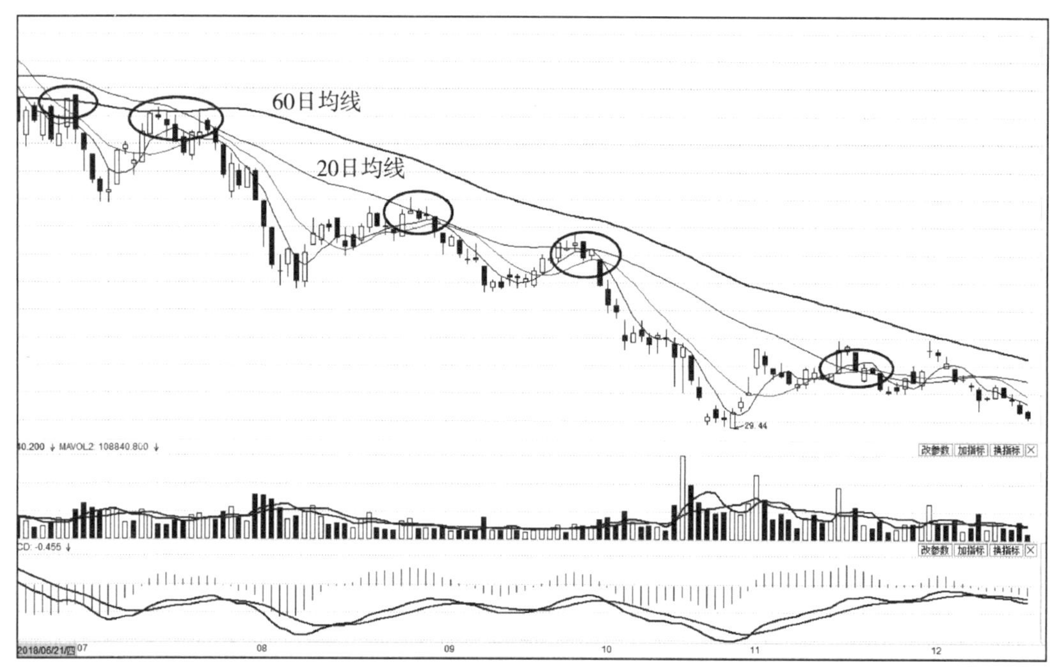

图 5-9　大族激光（002008）的日 K 线走势图

【关于支撑和压力的特别提示】

通常来说，周期越长的均线，对于股价的支撑或者压力的力度越大。其原因在于，均线的周期越长，积累的筹码就越多，当股价接近长周期均线时，会受到更大的压力或者支撑。若股价运行在长周期均线的上方，当股价回调至均线附近，由于抛压较少，下跌动能不足，股价极易止跌回升。当股价运行在长周期均线的下方，一旦股价反弹至均线附近，将面临巨大的抛压而使反弹无力继续进行。相较于短周期均线，长周期均线涉及更多的筹码交换，其支撑压力线更加牢固，一旦有效突破，往往意味着行情的重大反转。

当然也并非均线的周期越长，其有效性就越长。过长的周期（如 5 年、10 年等）会使均线几乎成失效状态：一方面，这么长周期持有筹码不动的投资者往往是经历过牛熊市的，这些筹码是被高度锁定的筹码，加之期间进进出出的筹码非常多，平均成本不具备连续性，当股价接近均线附近时解套或者获利的筹码较少；另一方面，很多个股上市时间都没有那么久，均线显示也不完整。常用的长周期均线一般为半年线（120日均线）以及年线（250日均线）。

思　　考:

均线的支撑和压力是否有用？该如何应用？

参考答案:

这里是两个问题，一是有没有用，二是怎么用。首先，均线的压力和支撑作用更多是用归纳法得出的结论，在股市实际操作中，我们通过统计归纳会发现，当趋势处于震荡时，压力支撑的表现并不明显。但在上升趋势时，均线的支撑作用特别突出；而当股价处于下降趋势时，压力作用明显。鲁迅说，世上本没有路，走的人多了自然也就成了路。同样，相信均线的压力和支撑作用的人多了，他们在支撑处大量买入，在压力处大量卖出，自然也就成就了压力和支撑。因而，在实际股市操作中，可以按照均线的压力和支撑实施卖出和买入的操作。另外，对于放量突破重要压力或者阻力位的个股，可以重点关注，后续可能会出现反转或者趋势的强化。

老魏寄语:

对于压力和支撑，我一直跟学员们说，要辩证地看待，不能太死脑筋。不管是压力还是支撑，在特定情况下是可以相互转化的。比如，在快走平的均线下，股价逐渐放量上攻，久攻不上的话，均线是压力；而一旦站稳均线，由于经过了充分的换手，均线反而变成支撑。对于均线的作用，一定要结合具体环境具体分析。

第四节　均线偏离牵引

均线的牵引作用，又可称为均线的吸引作用或者吸附作用。通常情况下，股价围绕均线进行波动式前进，但一旦股价偏离均线过远，由于股价与市场平均成本的差异过大，促使股价向均线方向偏离。其在图中的表现形式便是，均线仿佛自带吸引力，每当股价偏离均线过远，股价会受到牵引而向均线靠拢。

均线的牵引作用在本质上与场内筹码的平均成本有关。

在上涨趋势中，随着股价的不断上涨，场内的平均成本也随之上升。但是当股价上升过快时，由于均线存在滞后性，往往无法快速跟上股价的上涨步伐，此时，场内的获利盘迅速增加，进而导致很多获利盘开始抛压，股价回调压力变大。另外股价过快地上涨，会急剧消耗多方的力量，在急涨下一些短线套利筹码交投活跃，短线的抛压也会让股价缺乏持续上涨的动力。而股价的回落就像均线具有吸引力一般，将股价吸向均线。

在下跌趋势中，场内的平均成本随着股价的不断下跌而下降。在股价急剧下跌过程中，场内平均持有成本并未随股价快速降低，导致持仓者的损失急剧增加。一方面，有盈余的投资者随着利润的大幅缩水选择止盈观望。另一方面，很多交易者由于套牢过多而不愿再“割肉”，短期内抛压减少。空方也由于抛售过度，做空力量不足。另外，场外的短线交易者看到股价大跌，开始进场抄底以博取反弹，随着多空力量的转换，股价开始反弹。

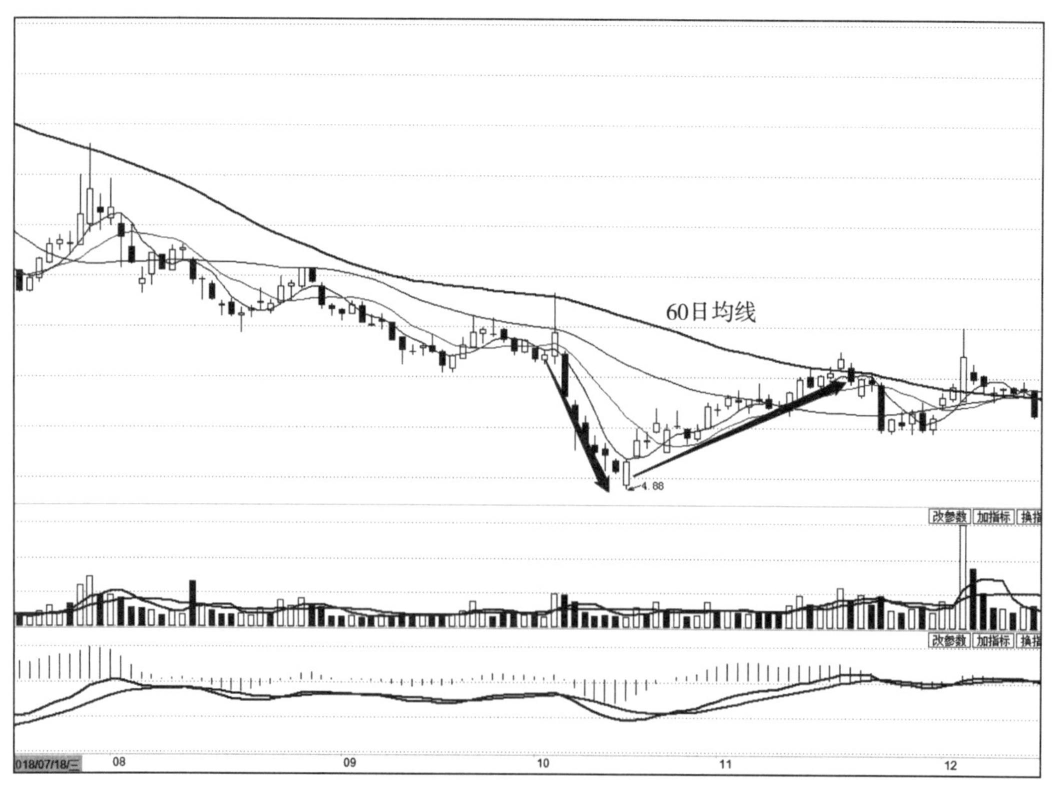

图 5-10　西部材料（002149）的日 K 线走势图

从图 5–10 中可以看到，股价上冲至 60 日均线处受阻，由于均线的助涨助跌作用，股价迅速回落，加速赶底，离 60 日均线越来越远。随着股价的不断下跌，动能逐渐减少，此时股价受到均线的牵引进而反弹，直至重新回到 60 日均线处才告一段落。

均线的牵引，本质上是短期筹码的成本与较长周期筹码成本差异过大所致，在实际操作中，对于偏离程度的判断并非易事。

关于均线，市场有一种规律，叫“遛狗原理”，即小狗会沿着主人的方向前进，在离开主人较远的时候会去确认主人的方向，确认完成之后会继续沿着主人的方向前进。直到主人改变方向，小狗会改变方向跟随主人继续前行（主人 = 均线，小狗 = 分时各种 K 线）。

思　　考:

均线的牵引作用在实际应用中的安全性如何?

参考答案:

首先我们需要认识到均线的牵引作用是对股价过度反应后的纠正。在上升过程中，疯狂的买盘将股价在短时间内推高，此时大量的浮盈筹码开始兑现，从而促使股价回落。而在下跌的过程中恐慌过度的卖盘往往会砸出不可思议的低价，而此时场外捡便宜筹码的资金进场，进而促使股价回升。但在实际操作中，下跌中捡筹码、抢反弹是较为危险的做法，若企业经营确实出现了大问题，下跌幅度无法估量，容易抄底抄在半山腰上。而在上升过程中，在浮盈较大情况下减仓是不错的选择，但要注意克服贪婪，如果卖出后继续上涨也不必过于自责，卖出是为了锁定利润，想要吃进所有利润往往会得不偿失。

老魏寄语:

均线可以作为涨跌的标尺，可以很好地衡量股价的偏离程度。参与市场的投资者千千万万，总体上大家并不都是理性的个体，在一些热点消息的刺激下，投资者容易管不住手，冲动操作。我希望学员或者读者在这种时候都能够冷静分析，在别人恐慌的时候买一点，别人膨胀贪婪的时候卖一点。

第五节 金叉、死叉的喜与悲

均线的交叉常出现在双均线系统中，双均线系统由两根均线组成，通常为一根短期均线与一根中长期均线。当两根均线出现交叉，往往意味着后市可能出现变盘，其中根据交叉形式的不同，可分为黄金交叉（或简称“金叉”）和死亡交叉（或简称“死叉”）。

黄金交叉

黄金交叉由一根长期均线和一根短期均线组成，短周期均线向上穿越长周期均线，且长周期均线已走平或者上翘。此时出现黄金交叉，是一种见底的信号，通常出现在上涨的初期，表明后市上涨概率较大。

在股价大幅下跌后出现该信号，说明此时可积极入场做多。根据投资者操作周期的不同，可分别参照日K线、周K线或者月K线的黄金交叉信号操作。

图5–11画圈位置出现10日均线和60日均线的黄金交叉，随后股价出现了大幅增长，从金叉位置最高涨幅达44%。值得注意的是，两均线交叉时的角度越大，其看涨的信号越强烈，股价上涨的动力越足，越值得关注。

在实际操作中，由于均线的滞后性，出现黄金交叉时，股价往往已经上涨一段了，趋势已经反转并进入上升趋势中，经过时间的考验，后续上涨的概率较大。对于激进的投资者，也可在股价出现反转趋势时提前介入，通过承担一定的风险去博取更多的收益。

但黄金交叉并非稳赚不赔的神器，在不同的行情中，黄金交叉的成功率有着天壤之别。

由图5–12可知，在股价运行期间，曾经出现10日均线和60日均线的交叉（画圈处），但是随后并未出现趋势的反转。回顾趋势的定义我们发现，这里并不符合黄金交叉的应用。虽然短期均线和中期均线出现了交叉，但是由于股价走势尚处于下跌趋势中，中期均线并未走平或者上翘，此时贸然买入往往会遭遇再次下跌。

黄金交叉形成的两大要素：短期均线上穿中长期均线，中长期均线已经走平或者上翘。

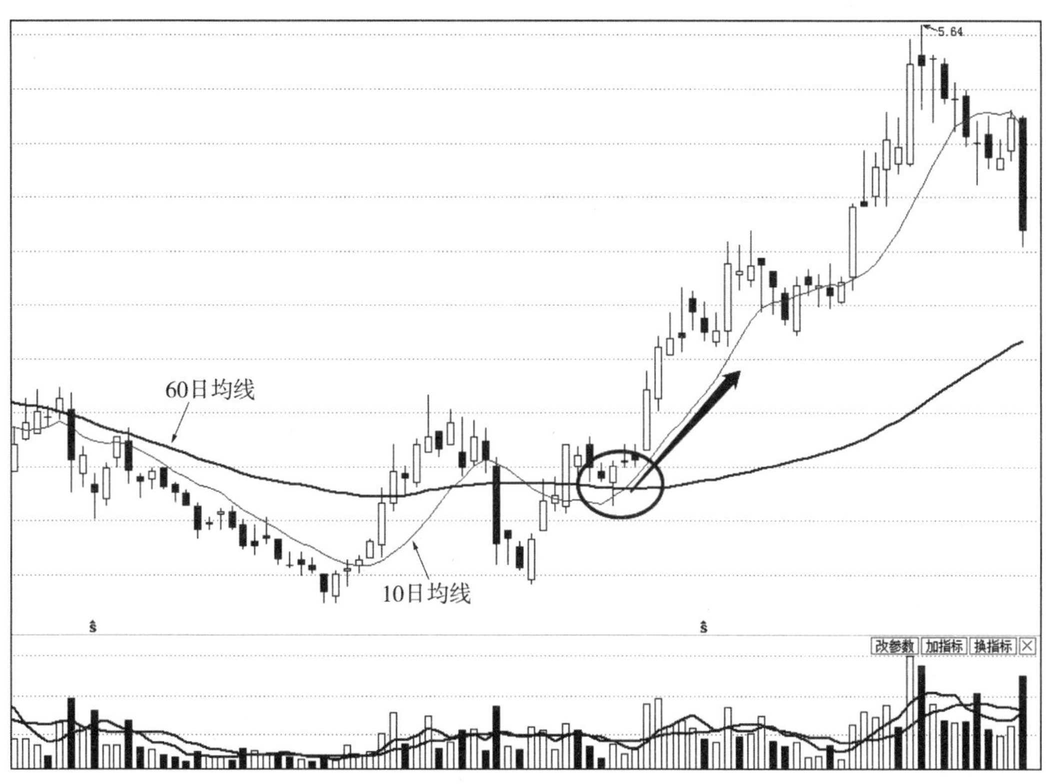

图 5-11　正邦科技（002157）的日 K 线走势图

图 5-12　莱茵生物（002166）的日 K 线走势图

在趋势尚不明朗的震荡期，应谨慎使用黄金交叉指标。整体而言，黄金交叉作为单独的买入指标，成功率并不高，实际使用中，宜结合成交量、趋势、K线等指标综合考虑，以提高成功率。

死亡交叉

死亡交叉同样由一根长期均线和一根短期均线组成，通常出现在下跌的初期，是一种见顶看跌的信号，表现为短期均线向下穿越较长周期的均线，同时较长周期均线也在下行。

与黄金交叉不同的是，不管处于上升趋势、下降趋势还是宽幅震荡整理区间，出现死亡交叉都是危险的信号，从技术的角度看，理应及时撤离。

如图5-13所示，在股价创出5.68元的最高价后，开始震荡走低，而后出现了10日均线下穿60日均线的情况，尽管当时60日均线仍处于上升趋势中，但死亡交叉仍然需要引起我们的重视。由于均线指标的滞后性，此时股价已经跌破60日均线。在这种情况下先行止损是最为稳妥的选择。

图5-13 濮耐股份（002225）的日K线走势图

如图 5-14 所示，该股处于宽幅震荡整理状态，趋势尚不明朗。60 日均线处于较为平稳的状态，随着股价的变化小幅波动，而 10 日均线上蹿下跳，每次 10 日均线向下穿越 60 日均线均为卖出的时机。

在下降趋势中，两条下行均线对于股价有着助跌作用，而死亡交叉意味着股价即将加速下行，投资者更应及时离场。

图 5-14　民和股份（002234）的日 K 线走势图

思　　考:

均线交叉为什么值得引起广大投资者的重视?

参考答案:

投资最忌讳的就是一拍脑袋就决定买入，一拍大腿就决定卖出，靠着感觉投资是最不靠谱的。交叉的本质是短期均线和中长期均线的交叉，而均线是跟着股价走的，是短期内股价走向开始变化的标志。均线交叉是一种量化的信号，利用股价转势的时机，给予投资者操作的依据。技术指标纷繁多样，但化繁为简之后，常用的指标也就是K线、均线、MACD等少数几个经历了时间的考验，被人们反复验证使用的经典技术指标。

老魏寄语：

对于均线交叉，很多投资者并不重视，认为它们太简单了，不就是两条线嘛。我经常和学员说，对于一些看似简单的东西，千万不要想当然，而是要想想背后深层的原因。但投资也并不一定要很复杂，一些看似简单的东西，钻研到极致，照样能用它打败绝大多数投资者，这也是学员常有的感悟。对于他们能有这样的收获，我作为一个引导者，甚是欣慰。

第六节　分久必合、合久必分的均线

均线的收敛与发散的概念

均线收敛是指股价运行期间，原本发散的各条均线出现聚拢收敛的现象，此时各均线的平均持有成本趋向一致。此时通常为横盘状态，但是股价不可能永远呈横盘状态，平衡总会被打破。一旦股价向收敛之前的方向突破，趋势将得以延续；而股价向收敛之前的相反方向突破，则趋势得以逆转。股价突破收敛状态后，会逐渐进入均线发散状态。

均线发散是指股价在运行过程中，各个周期的均线由先前的收敛，逐步开始分离，同时开始发散的现象。根据发散的方向，均线发散又可分为多头发散和空头发散。多头发散时各周期均线向上发散，是股价最为强势的一段，是重要的持仓期；而空头发散时各周期均线向下发散，是股价最为弱势的一段，是最重要的空仓期。

均线收敛一般出现在股价经过长期上涨或者长期下跌后的横盘阶段，是股票横盘调整的极致体现，此时股价的波动会越来越小，之后逐渐平衡。而均线收敛之前，常常会出现均线相互交叉、反复缠绕的现象。

趋势的延续和转折带领均线不断收敛和发散，周而复始。

均线收敛的技术特征及实战应用

均线收敛的技术特征：

（1）既可以出现在上升趋势中，又可以出现在下降趋势中。

（2）各个周期的均线由原来的发散状态转为收敛状态。

均线收敛本质上是均线整理的过程，待均线整理完成后，大多均线将沿原来的趋势发展方向继续运行，中长期均线的走势对突破方向有着较大的影响。

在牛市中，中长期均线趋势向上，此时均线收敛多是阶段性调整所致，其原来趋势尚未改变，待调整到位，均线重新向上发散的概率较大。这也是人们常说的牛市的下跌是“上车”机会的缘由。

而在熊市中，中长期均线趋势向下，此时均线收敛多是超跌反弹所致，其原来的下跌趋势尚未改变，一旦反弹动能下降，均线重新向下发散的概率较大。这也就是人们口中“熊市的反弹是逃跑的机会”的缘由。

因而，中长期均线的走势对于投资者入场时机的选择来说尤为重要，均线收敛大多数时候只是一个中继状态。

从图 5-15 可以看出，5 日均线、10 日均线以及 20 日均线已经开始收敛，几乎集

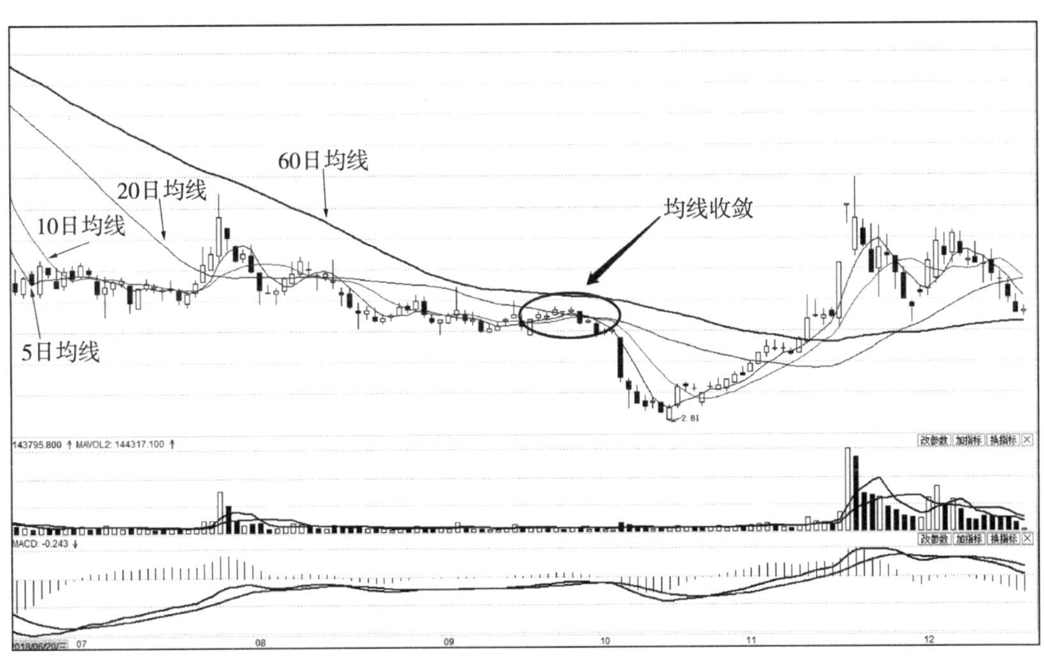

图 5-15　巨力索具（002342）的日 K 线走势图

中到了一个点，但是 60 日均线依然处于下降趋势，而后短期均线重新开始发散，股价继续走低。在本例中，60 日均线的走势尤为关键，尽管 60 日均线开始逐步走平，但是此时判断股价上涨甚至满仓介入，未免太过武断。

对于均线收敛的程度和时间长度，交易者都是无法准确判断的，有时候甚至均线只是短期交叉缠绕并未严格收敛黏合，便重新发散。而重新发散便是收敛结束的标志。

从图 5-16 中我们可以看出，在前期各个周期均线进行了反复的缠绕和收敛，但是结果并不尽如人意，若此时介入，心理势必受到反复折磨煎熬。而后各个周期均线开始发散上涨，每次 5 日均线和 10 日均线缠绕后便重新开始上涨，20 日均线都还未能及时跟上均线就开始发散。这也更加论证了投资者无法预测均线缠绕的时间以及程度。

从趋势分析的角度看，当主要趋势向下时，手中不应该持有筹码。此时，哪怕出现缠绕和股价反弹，在中长期均线的压制下，股价向下变盘的概率也比向上突破大得多。若持有股票，应在反弹或者均线收敛时及时卖出。

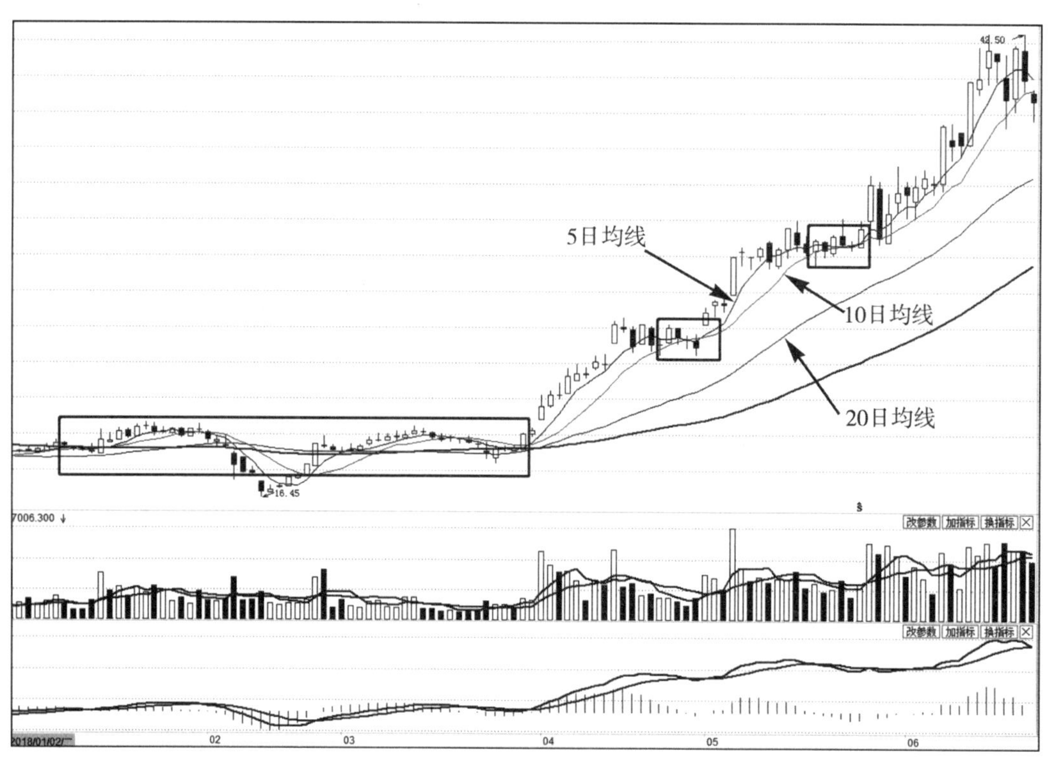

图 5-16　顺鑫农业（000860）的日 K 线走势图

图 5-17 中，股价处于明显的下跌趋势中，期间出现了多次均线收敛的情况，而随后都发生了继续下跌的现象。对于下跌中的持股，每次出现反弹和均线收敛都是逃跑的机会。心存幻想，对于纯技术投资来说是最为致命的。

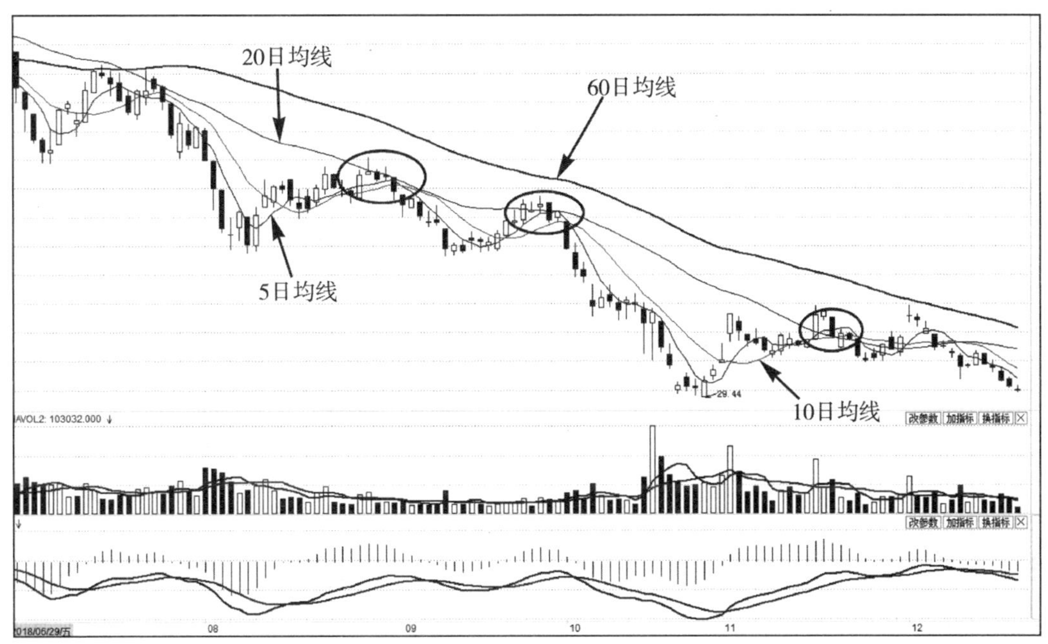

图 5-17　大族激光（002008）的日 K 线走势图

均线发散的技术特征及实战应用

均线发散的技术特征：

（1）既可以出现在上升趋势中，也可以出现在下降趋势中，上升趋势中的是多头发散，下降趋势中的是空头发散。

（2）各周期均线沿趋势方向同时发散。各周期均线同时发散，意味着各个周期的持股者对于后市的看法较为一致，同时短期均线先于长期均线沿趋势方向前进。在趋势的进行中，同向的收敛和发散会反复进行，直至趋势反转。

从图 5-18 中可以明显地看出，均线的收敛和发散并不能改变趋势的方向，而股价运行中的节奏，就像呼吸一样，哪怕中长期趋势线开始走平，其趋势反转也不是一蹴而就的。

在多头趋势中，每次出现均线收敛都是良好的入场时机，均线收敛是股价选择方向前的蓄势状态；而在空头趋势中，一旦进入下跌趋势，理应先行退出，以免遭受持续的损失。

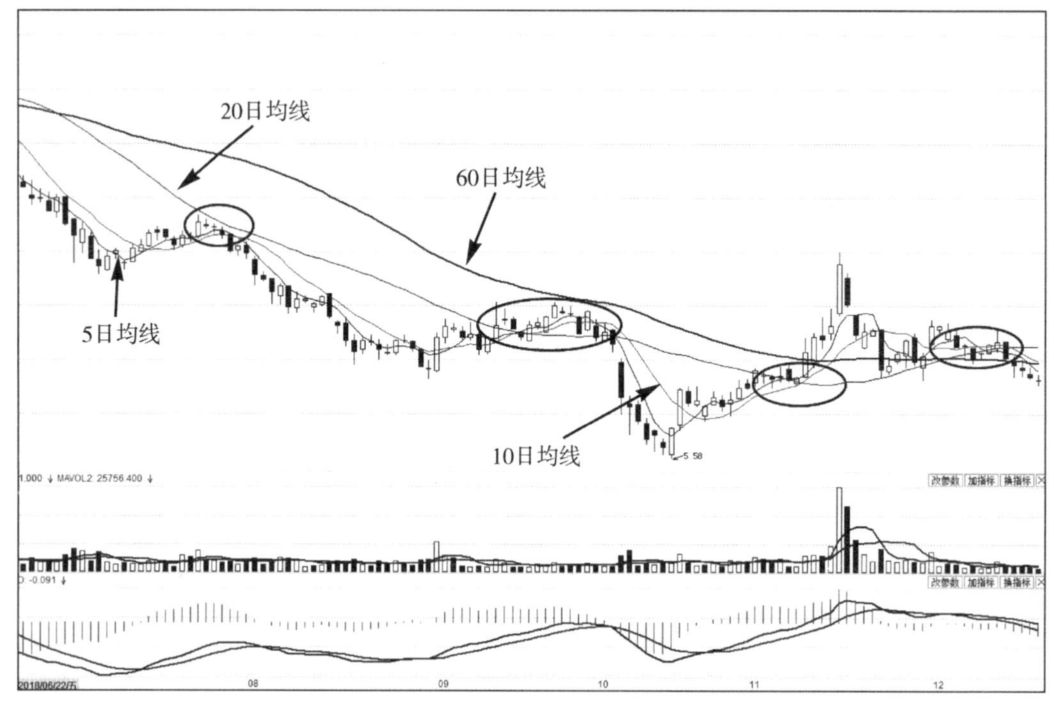

图 5-18　七匹狼（002029）的日 K 线走势图

均线的多头发散期是重要的持股时期，而均线的空头发散期是重要的持币时期。

【关于均线发散的温馨提示】

（1）均线发散意味着各个周期的投资者对后市的看法趋于一致，在看法没有明显改变时，趋势会继续下去，此时投资者理应坚定立场，不宜左右摇摆。

（2）均线发散实质上是均线空头排列或者多头排列进行中最为猛烈的一段，对于股票盈亏有着重要的意义。

（3）收敛意味着均线发散、股价猛冲的阶段告一段落，此时，判断整体走势显得尤为重要，在中长期均线明显向上时，向上突破概率较大；当中长期均线走平甚至下行时，需要尤其谨慎，注意控制仓位。

思　　考：

均线收敛和发散对应的买卖点依据是什么？

参考答案：

股价变化背后的原因有很多，可能是公司经营的好转、利润的增加、收购了优质的公司、政策的宽松……但不管背后的原因是什么，最终呈现在我们面前的，是资金的流入、流出以及技术图形的改变。从某程度上看，股市的运行其实很简单，无非三种运行状态：一是上涨，二是下跌，三是窄幅震荡。股市没有永远的上涨，也没有永远的下跌，因而图形上不仅有随着上涨下跌的均线发散，还有随着股价窄幅震荡带来的均线收敛。当均线收敛到极限时，必然要开始选择方向，一旦重新开始上涨或者下跌，均线也就从收敛状态重新转化为发散状态，此时投资者的介入本质上是股价在趋势中继后的继续行进。

老魏寄语：

分久必合，合久必分，均线也是同样的道理，没有永远发散的均线，也没有永远收敛的均线，到了极限总会转换方向。就拿均线的收敛来说，收敛到极限，均线总会选择方向，当方向对我们有利时，及时介入；当方向对我们不利时，及时止损或者观望。而老魏想要大家做到的是准确识别个股所处的阶段，在个股选择方向时及时作出抉择，不拖泥带水。

第七节　均线大法实际应用展示

在之前的章节中，我们简单介绍了一些均线的基本知识，对均线的大概情况有了一定的了解：均线是筹码平均成本的体现，对于股价有着支撑、压力或者牵引的作用，同时均线的交叉、收敛及发散对于股价的走势有着一定的预示作用。

显然，我们学习均线的知识并不是为了学习而学习，最终的目的是应用均线，说到均线的应用就不得不提葛兰碧八大买卖法则了。

著名的葛兰碧八大买卖法则最早于1960年在葛兰碧所著的《每日股票市场获最大利益之战略》一书中提出，以艾略特波浪理论和股价结构为基础，对股价未来走势进行预测并给予买卖的参考。

葛兰碧八大买卖法则是移动平均线的经典法则，它利用价格和移动平均线的关系作为买入和卖出的依据。葛兰碧认为移动平均线代表着趋势运行的方向，而价格的波动是遵循一定的规律的。整体而言，价格会沿着趋势的方向上下波动，当价格与移动平均线偏离时，股价未来将会慢慢朝着移动平均线修正，因而当两者偏离到一定程度时，均线可以作为一个买卖股票的依据。当价格与均线的差距越大，价格修正的可能性就越高。对于不同周期的均线而言，其灵敏程度并不完全一致，价格与长期移动平均线的差距有时候可能会很大，而短期移动平均线则和价格的联系较为紧密，实际操作中，投资者应根据偏好的操作周期选择性参与。

葛兰碧八大买卖法则如下：

法则1：当移动平均线在下降后逐步开始走平或者上扬，而股价由下往上突破移动平均线，此时是买入的信号。

通俗地说，法则1是金叉的体现，尽管原文并未详细说明，但可以想象的是，这种情况，如果有两条均线的话，实际上是均线的金叉，或者股价与均线的金叉。

法则2：如果股价一度跌到移动平均线的下方，但很快又回升至移动平均线的上方，而此时若移动平均线仍然保持上升的态势，则是买入的时机。

法则2的原理类似于均线的支撑作用，整体而言，股价仍然处于上升趋势，但经过短暂的回调，股价回落至均线下方，但受支撑而重新上涨，证明了均线支撑的有效性。

法则3：股价持续上扬，当股价远离移动平均线后开始下跌，但股价并没有跌破上升的移动平均线反而止跌再度上升时，则是加码买入的时机。

法则3类似于法则2，描述了股价上升途中均线对于股价的支撑，此时，是加码的时机。

法则4：股价跌破移动平均线，暴跌让股价远离移动平均线时，由于超跌而随时有机会再次向移动平均线反弹，是买入的信号。

市场是一个暴躁的先生，常常会出现意想不到的暴跌，而此时常常会有股价反抽现象，这时便是卖出的好时机。

法则5：移动平均线在上扬一段时间后，逐渐走平甚至下滑，当股价跌破移动平均线时，是卖出的信号。

没有只涨不跌的股票，当股价经过一段时间的上扬之后，均线对于股价的支撑力量也会越来越弱，最终跌破均线，此时就是卖出的时机。

法则 6：移动平均线持续下滑，尽管股价一度涨升至移动平均线的上方，但很快又回落到移动平均线的下方，此时是卖出的时机。

在下跌的途中，每次反弹都是卖出的机会，一旦股票进入下跌趋势，反弹至均线附近受压，理应及时卖出。

法则 7：股价在移动平均线下方持续下滑，在超跌后暴涨，但并未突破下跌中的移动平均线而再次下跌，此时应趁反弹卖出。

法则 7 类似于法则 6，是下跌时候的反弹卖出时机。值得注意的是，在股价暴跌后常常会出现反弹的短线机会，但难度较高，应量力而行。

法则 8：当股价突破移动平均线之后，暴涨远离移动平均线，后股价上涨无力，随时可能再次向移动平均线靠拢时，是卖出的时机。

法则 8 实际上就是均线的牵引作用，暴涨往往是不可持续的，当股价远离均线时，可择机落袋为安。

但美中不足的是，葛兰碧八大买卖法则只是提出了八大买卖的时机，但并没有提供精确的买点，对于移动平均线的周期并没有严格的规定。当投资者选择的时间周期较短时，由于股价与移动平均线的走势联系紧密，信号可能会频繁出现，难免会有较多的假信号，准确率相对较低。而当投资者选择的时间周期过长时，买卖信号发出的频率明显降低，信号准确率大幅提高但信号较为迟钝，反应灵敏性欠佳。

尽管葛兰碧对于八大买卖法则都有明确的定义，但并没有提出精确的指标。究竟当股价偏离的程度达到多少时开始交易？这还需要投资者根据自己的风险偏好设定具体的买卖节点。切记不可盲目靠感觉交易，而是需要制定严格的交易策略，以免因情绪变动而对投资决策造成负面影响。

他山之石，可以攻玉，下面会介绍一些均线的实战应用，希望读者可以结合之前对于均线知识的学习，摸索出适合自己的均线交易策略。

单均线判断大势

尽管投资者的操作策略各不相同，但整体上，投资者可以分为两种类型，一类是价值投资者，他们不看重股价目前的走势，更多的是着眼于公司的本质，看的是公司值不值这个价，只要公司的基本面不出问题，他们反而会越跌越买。就像商品打折，价值投资者认为值 10 块的东西，现在只卖 5 块了，高兴还来不及，并不会因为东西便宜了而沮丧。另一类投资者是技术分析派趋势投资者，他们只看重图形，正在下跌的股票是万万不会买的，只有股价真正进入上涨趋势了，才会顺势买入。

对于趋势投资者来说，大势至关重要。覆巢之下，安有完卵？在大盘走势强势的时候，可能 80% 的股票都是上涨的，此时买入正在上涨的股票，往往会有不错的收益，容错率较高，哪怕看错了还是有机会小赚一些。而大盘走势弱势的时候，可能 80% 的股票都是下跌的，此时买股的容错率则低得多，除了少数逆流而上的股票，大多数股票买入后都很难赚到钱。

而对于大盘的判断，可以用单根均线判断法这样的简单原则。图 5-19 为 2000—2019 年年初的大盘日 K 线走势图，图中的均线是 250 日均线，也就是年线。我们可以看到在近 20 年的时间中，如果能够严格按照“线上操作、线下休息”的话，相信收益会比绝大多数的投资者高得多。在大盘十几年的走势中，我们可以明显地看到均线的支撑和压力作用，特别是股价下跌过程中的反弹，常常是股价接近年线便受阻回落。而在两次大牛市中，由于大盘过于强势，大盘指数远离均线，而一旦跌破就已经是非常危险的信号。

我们可以看到，在 2007 年的大牛市中，指数跌破年线时股价位置尚高，而在 2015 年的大牛市中，当指数跌破年线时，股价已经回落非常多了。这里我们需要关注均线的灵敏度问题，若均线的周期设置过长，反应会相对迟钝，但可以避免在市场尚未回暖时过早进入而遭遇亏损，但在牛市末期可能会过慢撤出。而若均线的周期设置过短，尽管可以有更多的参与时间，但在熊市的末期，也容易出现趋势并未完全走好时过早进入的情况，此时操作的成功率将大打折扣。

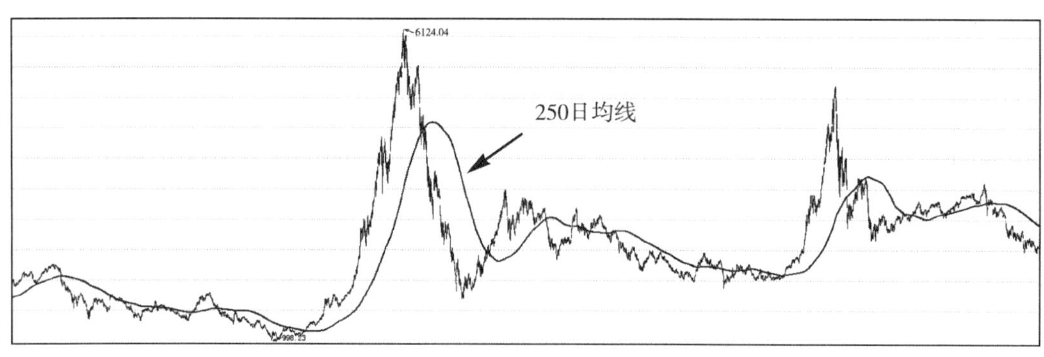

图 5-19　2000—2019 年年初大盘日 K 线走势图

整体来说，单根均线的应用简单明了，只需一根均线，线上操作，线下休息。根据风险偏好的不同，选择不同周期的均线。对于个股同样可以这样操作，这也是葛兰碧八大买卖法则的应用。但值得注意的是，这个原则简单实用，但并不是万能的，大盘和板块的走势对于个股的影响较大，如果在弱势行情中无脑应用往往会损失惨重。

多均线顺势而为

大家都知道，船在河流中行驶主要有两种情况，一种是顺水行舟，另一种是逆水行舟。当顺流而行时，船在水流的帮助下，行驶得会相对轻松。而当逆水行舟时，船体需要克服水流的逆向冲击，因此船会行驶得比较吃力。与此同时，发动机必须提供足够的动力去克服水流的阻力，当逆流很急的时候，船很难快速行驶。而发动机一旦动力不足，船甚至会在水流的冲击下后退。

而在股票的实战中，也会有类似的情况，股票的价格就相当于船，而均线相当于水流。

当各个周期的均线方向一致且与股价运行方向相同时，股价的运行会更加顺畅。此时，会有两种情况，一种是多头排列，股价、短期均线、中期均线、长期均线由上到下依次排列；另一种是空头排列，长期均线、中期均线、短期均线、股价由上到下依次排列。但不管是上涨态势的多头排列还是下跌态势的空头排列，都属于顺水行舟，股价在行进中较为顺畅，就像船在顺流而下时那样轻松自如。若是多头排列，上涨往往非常迅猛；而空头排列下，股价也会下跌得很厉害。

当均线运行的方向与股价运行的方向相反时，则属于逆水行舟。在股价的上升趋势中，由于均线的方向是向上的，股价在均线上方，仿佛是水托着船前进，若此时股价出现回调，其股价运行的方向与均线的方向相反，属于逆水行舟，此时股价在均线的推动下重新向上。均线对股价起到了支撑的作用。同样，当股价处于下跌趋势中时，股价的反弹属于逆水行舟，一旦遇到向下均线的压制，往往因遇阻而重新下跌。

当然，这个顺势而为、逆势放弃的操作策略是非常简单的，很多人却因为过于简单而不屑于学习和运用。归根结底，还是没有了解技术分析的本质。在技术分析中，往往是大道至简，越是简单的东西，越是可靠。但现实中，广大投资者往往喜欢用一些很偏门的技术分析方法，仿佛那些东西才是真正的武林秘籍。但结果并不如人意，如果我们去了解一些指标的计算公式或者编制方法的话，我们会发现其本质还是对于开盘价、收盘价等最为基础的数据的复杂计算。尽管简单，但均线的这个水流原理，在实战应用中的意义是非常大的。

图 5–20 为某股票 2018 年上半年的日 K 线走势图，三条均线分别为短期的 10 日均线、中期的 60 日均线，以及长期的 250 日均线。对于均线而言，中、长期均线的方向呈水平，有上翘的趋势。中长期趋势向上是多头排列的基础，中长期趋势就像水流方向，而短期趋势就是波浪。当股价、短期均线、中期均线、长期均线由上到下依次排列时，股价的上涨属于顺水行舟。当股价表现非常强势时，股价甚至会远离短期均线。

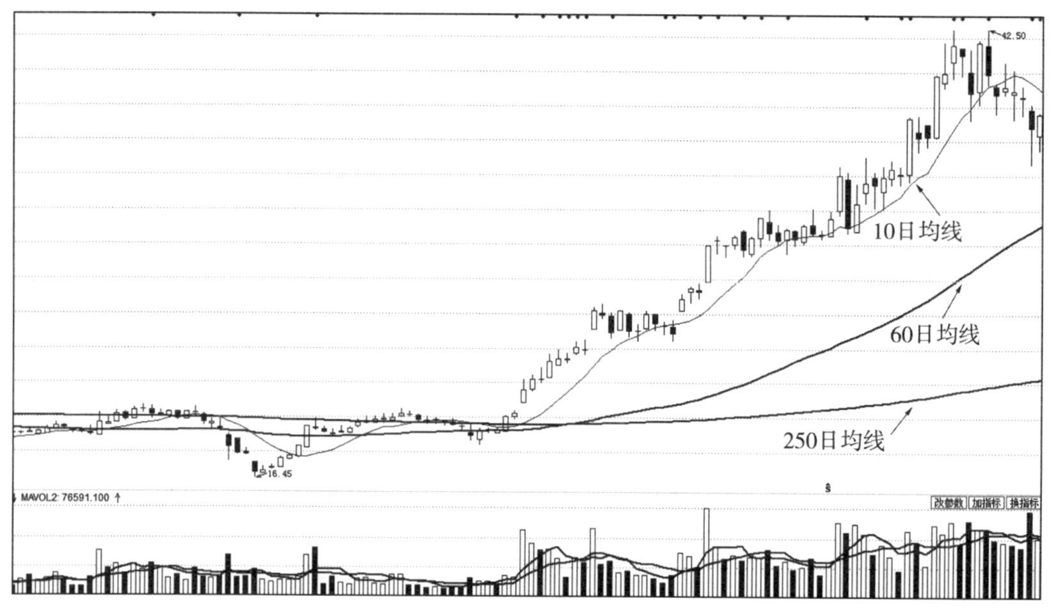

图 5–20　某股票 2018 年上半年的日 K 线走势图

在股票实战过程中，绝大多数逆水行舟的股票表现往往不理想，但也不是没有特例。这种情况常常出现在下跌趋势中，特别是短期内暴跌过的股票，在超跌反弹情况下，均线的方向常常是与股价运行的方向相反的。但想要抓住这种短期走势并进行精准买卖难度极高，一旦错过反弹高点，被套牢的概率很高。这种短期逆水行舟的情况出现的概率低，突发性强，暴涨暴跌是常态。在逆水行舟的状态下，需要船的发动机功率足够大才能克服水流的阻力，但多方力量是有限的，一旦短期爆量上冲，成交量萎缩或者滞涨，表明上涨动力已经力不从心了，此时往往会迎来见顶。如果我们换一个角度来看待问题，在发动机功率一致的情况下，顺水行舟显然会更加顺畅。

本质上，如果把炒股比作做题，顺水行舟就是做简单题，而逆水行舟则是在做难题。而不管是简单题还是难题，其奖励是相同的。因而，多均线的顺势而为是较好的趋势策略。

思　　考：

均线应用方法众多，该如何选择？

参考答案：

除了葛兰碧八大买卖法则、单均线用法、双均线用法，还有很多其他应用均线的方法，由于大家对于均线理解的不同，衍生出的实际定量用法数不胜数。但如果理解均线的本质其实也不需要为选择而烦恼。均线本质上是市场上平均持有成本的表现，均线是跟着股价走的，但周期越长的均线，短期股价涨跌对其影响越小。均线是对于股价目前运行方向的指示，所谓的顺势而为看的是相对较长的周期。追高和追涨是完全不同的概念，很多投资者错误地认为追高就是顺势而为，但经常会遇到被套在山顶上的窘境。真正的追涨应该是顺大周期，逆小周期。在大势上涨的情况下，逢低买入。不管是涨是跌，均线的应用本质上都是顺势而为，上升趋势逢低买入，下降趋势逢高卖出。

老魏寄语：

关于均线的应用，我教给学员非常多的方法，但可惜的是很多学员囫囵吞枣，什么都学了点，但什么都没学精，最终到应用层面上反而没有特别好的效果。反观部分学员，一步一个脚印，只要学了就学精，也经常和我交流，到最后甚至有青出于蓝而胜于蓝的感觉。因此，我希望每个学员或者读者，既然认可了老魏就要学精、学透，不要浅尝辄止。

第八节　最重要的均线——20日均线（“股票的生命线”）

很多投资者会疑惑，20日均线，似乎是很平常的一条线，就是股票软件默认的其中一条均线。为什么会被单独挑出来，专门用一节来论述？但熟悉我的投资者应该都知道，20日均线是老魏一直都非常重视的一条均线，无论在我的哪一个战法、哪一个操作中，都离不开20日均线。我在所有的理论中，尤其偏爱20日均线，我把它称作“股票的生命线”，一旦股价有效跌破20日均线，就得卖出，就得离场，这时候把资金变成现金拿在手里观望是最安全的。

在这么多年的投资中，我发现了20日均线对于股价的重要性，不管是大盘还是个股都不能忽视这条线，可以说，我对于20日均线的重视已经内化到我的投资风格中，20日均线对于我的操作有着非同寻常的意义。同时，我发现，对20日均线如此重视的并非我一人。一次机缘巧合中，我和布林线的发明者——约翰·布林格先生在上海相遇，有缘一起用餐畅聊。席间，我发现我们异常投缘，尽管布林格先生年事已高，但非常善谈，可以说我们相谈甚欢。布林线是大家常用且有效的技术指标，能够有这样一次机会和布林格先生面对面交流，我自然也不会放弃向他讨教的机会。因为我发现，布林格先生的布林线中轨和我的“股票的生命线”非常相似，莫非两者之间是有内在联系的？难道布林线中轨就是我的20日均线吗？当我问完这个问题，布林格先生笑了，对我的想法表示了肯定，确实布林线的中轨就是20日均线。我也恍然大悟，从这点来看，可能全世界股市中的大家，大师级别的投资者，在冥冥中有些共识吧。

今天我在本书中将20日均线的本质公开出来，也是希望大家认识到20日均线的重要性，做股票的过程中，以“股票的生命线”为标杆。不管是买还是卖，都能够在这个基础上做决定，其他的东西只是这个基础上的辅助，可能只起添砖加瓦的作用。

“股票的生命线”能在股价运行过程中不时发出信号，股价的崛起、股价的死亡，都穿插其中。20日均线的规则是基础，如果我们远离或者忽视了它，往往会将自己置于危险的境地。有些K线形态很漂亮，但20日均线是拐头向下的，一副死气沉沉的样子，这种情况往往是诱多，我们宁可场外观望，也不要随意进场。类似的例子有很多，总而言之，当“股票的生命线”已经枯竭，股价有效跌破20日均线，整体的行情不会太好，即使有小反弹，也是诱多。当我们对于“股票的生命线”有了更深入的认识，敬畏“股票的生命线”，我们在股市中就可以规避非常多的风险。

每个人或多或少都有情绪，冲动、恐惧、贪婪等充斥在投资生涯中。而当我们深刻认识到“股票的生命线”的作用后，至少不会有过多的幻想，我们很多时候就是死在幻想上。有时候当自己持有个股时，哪怕股价破位了，一个“好消息”就能让人侥幸持有，直到幻想破灭。我也希望大家在看完本节的内容后，哪怕技术分析水平一般，至少可以把20日均线重视起来，这是基础，也是最关键的。

本质上，20日均线是一条趋势线。在实际的投资过程中，趋势是我们关注的重点，而均线则是趋势之王，20日均线更是“王中王”。

在20日均线保持向上的基础上，股价站在20日均线上方，都可以安心持股，最多用小仓位做滚动差价。直到20日均线由上涨变为走平，最终拐头向下，股价跌破20日均线，这时以卖出为主，完成波段操作。

在20日均线保持向上的基础上，如果股价跌破20日均线，并在3天之内站回20日均线，这多数是个诱空信号。

在20日均线保持向下的基础上，我们保持空仓状态，如果有小反弹，当股价接近20日均线，此时是高抛的机会。

在20日均线保持向下的基础上，如果股价暂时站上20日均线，多数是诱多信号，当股价再次跌破均线时就是出货的机会，一般以站上3天为判断标准。

图5-21中，在这段周期内，股价完美地展现了20日均线的重要性。在左侧的上涨过程中，20日均线整体保持向上，尽管偶有走平，但始终没有拐头向下，这段时间内完全是可以安心持股的。当然，期间当股价远离20日均线时，也可以做一些小仓位的滚动差价。值得注意的是，在股价上涨的过程中股价并不是不会跌破20日均线，需注意是否3天内站回20日均线，是否是诱多信号。

而后续20日均线拐头向下后，我们应保持空仓的状态，即使有小反弹，在股价接近20日均线时，也是高抛的机会，而非介入时机。更有甚者，股价会短暂站上20日均线，需谨防诱多。

在图5-21的股价运行中，如果投资者能够严格遵守“线上作业，线下休息”的纪律，即股价站上上升的20日均线时持股，股价跌破下降的20日均线时空仓休息的原则，

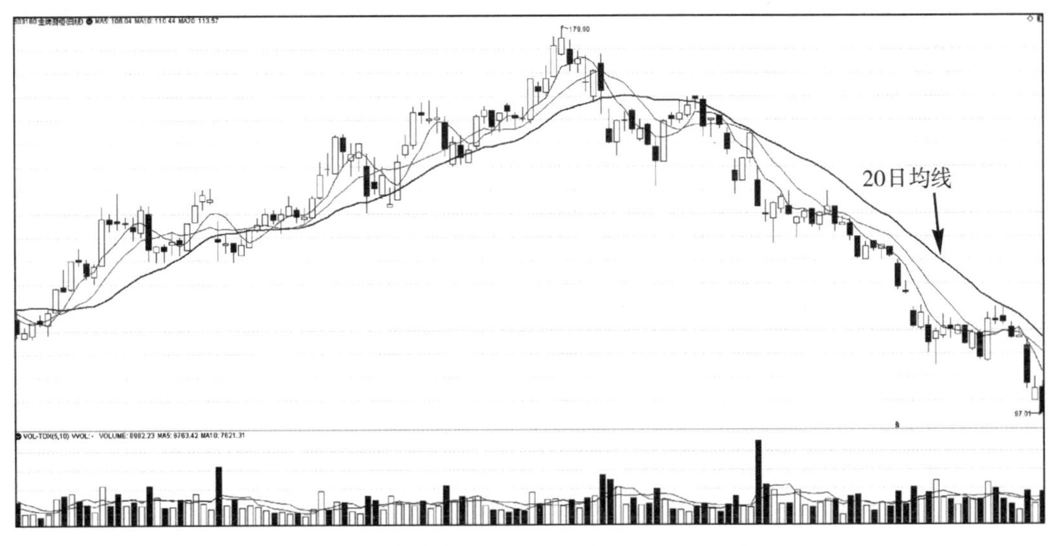

图5-21 金牌橱柜（603180）的日K线走势图

相信收益不会差。这就是 20 日均线的神奇魔力。当然，如果股价处于震荡行情中，也容易造成反复止损的困扰，这也是我提倡大家尽量做上升趋势的股票的原因。

不管在上涨还是下跌过程中，都存在着惯性，而惯性等于趋势！不要跟趋势作对，在惯性的力量没有消失之前，我们需要的是保持现状（如下跌惯性中不进场），直到惯性的力量消失，才会出现另一个趋势。

在研判指数的过程中，20日均线作为“股票的生命线”，其作用同样不可忽视。图5-22中，如果能采用老魏所说的，当指数在“股票的生命线”以上时入场操作，当指数在“股票的生命线”以下时退场观望，哪怕只买指数基金，想不赚恐怕也是不容易的事。

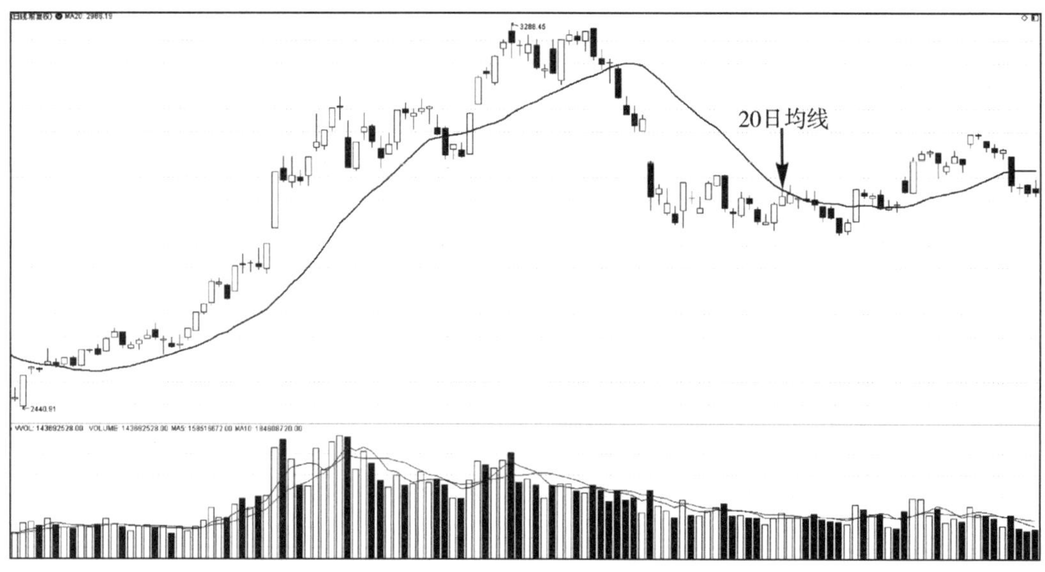

图 5-22 上证指数（000001）日 K 线走势图

老魏寄语：

20 日均线，股票的生命与灵魂，切记！切记！

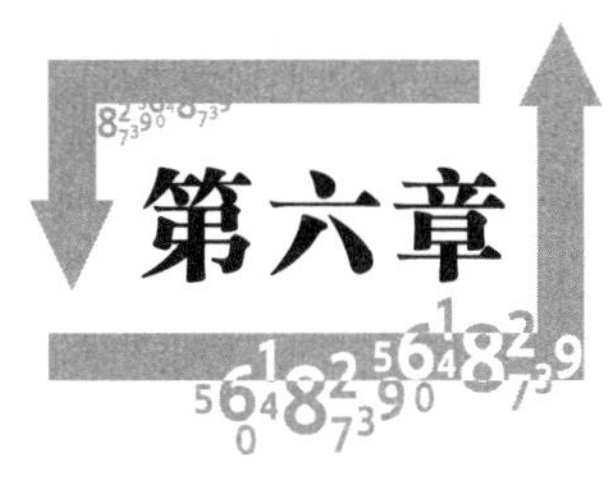

第六章　无量无市场

第一节　何为成交量

成交量直接反映了市场的供求关系。当供不应求时，投资者蜂拥而至，竞相购买，成交量自然放大，股价自然上涨。反之，供大于求，市场上出现大量等待出售的筹码，但购买者却非常少，急于出售的卖家降价出售，股价自然回落。

成交量的变化反映了市场中买方和卖方力量的转化，对市场的走势有着重要的作用，也是投资者操作的重要参考依据。

成交量有三个重要的指标：成交股数、成交金额、换手率。

成交股数即常说的成交量，用 VOL 表示，在图形上表现为空心或者实心的柱状体，常用空心柱状体表示股价上涨，实心柱状体表示股价下跌（如图 6-1 所示）。

成交金额是指股票在买卖交易中，投资者所付出的费用。具体分为买入金额和卖出金额，即投资者买入 / 卖出所付出的金额。成交金额是股市买入金额和卖出金额的总和。

换手率反映了该股在市场上的买卖的转手频率。在股价阶段顶部的换手率急剧上涨往往是股价见顶的特征。而股价低位的成交量暴涨，往往意味着有大量的投资者购入，是后续反转的征兆之一。

市场是一个筹码交换的地方，成交量的大小反映筹码交换的程度。股价的变化是买卖双方共同作用的结果，有买就必然有卖，否则就无法成交。最极端的情况便是涨停和跌停，在涨停情况下，买方力量往往远大于卖方力量，卖方容易出现惜售现象。而在跌停情况下，几乎所有人都急于脱手手中的筹码，而买方寥寥无几，这两种情况

图 6-1 成交股数

都会导致成交量基本不再增大。但需要注意的是，一旦涨、跌停板上出现巨量的成交量，往往是变盘的前兆。

总体来说，成交活跃的股票，其流动性越好，股价越能反映其真实的情况。

思　考：

为什么要关注成交量？

参考答案：

虽然大多数投资者作为小资金持有者对于股票的流动性，即卖不出去的问题没有直观的感受，但这是真实存在的问题。曾经有人感慨，股灾的时候一下蒸发了那么多资金很可惜，但这些资金真实存在过吗？从股市套现走人的投资者是赚到了真金白银，但是一直捂股的投资者只不过是坐了过山车，镜花水月一场空，曾经拥有过纸上财富罢了。当个股中的流动性不足时，有些大资金一把砸下去能直接砸跌停，非但实际成交价格不可能是当下的高价，甚至筹码都没法完全卖出。对于广大中小投资者来说，成交量也是需要重点关注的，这是股价上涨下跌的有力推手。对于温和放量上涨的股票，其持续性往往较好。股价可以通过倒手操控，但成交量是很难操控的，哪怕是少量的操控也只能让成交量增加。低成交量必然是自然的现象，反映的是场内筹码交易市场的低迷，若处于中继状态，往往是变盘的前奏。

老魏寄语：

成交量涉及多空双方交战的激烈程度，是每个投资者必须重视的指标，哪怕你再忙，再没时间，成交量的知识都必须补上！

第二节 地量现地价

地量地价，顾名思义，不管是量（指成交量）还是价（指股价）都已经低迷到地板上了，低得仿佛不能再低了。地量地价是股价到底或者到达阶段性底部、股票成交极不活跃的状态，也是股票走势到达底部的重要标志。

但值得注意的是，地量地价并不代表股价马上就要变盘了，相反，地量地价有时候会持续很长时间，一副死气沉沉的样子。在没有主力大资金介入或者发动攻势前，场内筹码往往备受折磨。

如图 6-2 所示，方框部分为该股 2018 年 8 月 20 日—9 月 18 日的日 K 线走势图，相比于前后的量能，这里明显缩量，成为阶段性底部，过程中量能持续低迷，股价波动也不大，说明交投极度不活跃。但也出现了一些变化，股价的异动暴露出有资金开始行动，随着新进资金的介入和活跃，出现了一波快速的拉升，宣告阶段性底部告一段落。

当然，并不是所有的地量地价的股票都能这么快速地恢复人气，特别是一些前期经过爆炒的“妖股”，由于套牢筹码众多，稍有拉升就会出现抛压，因而很少有主力愿意在这样的股票中布局。

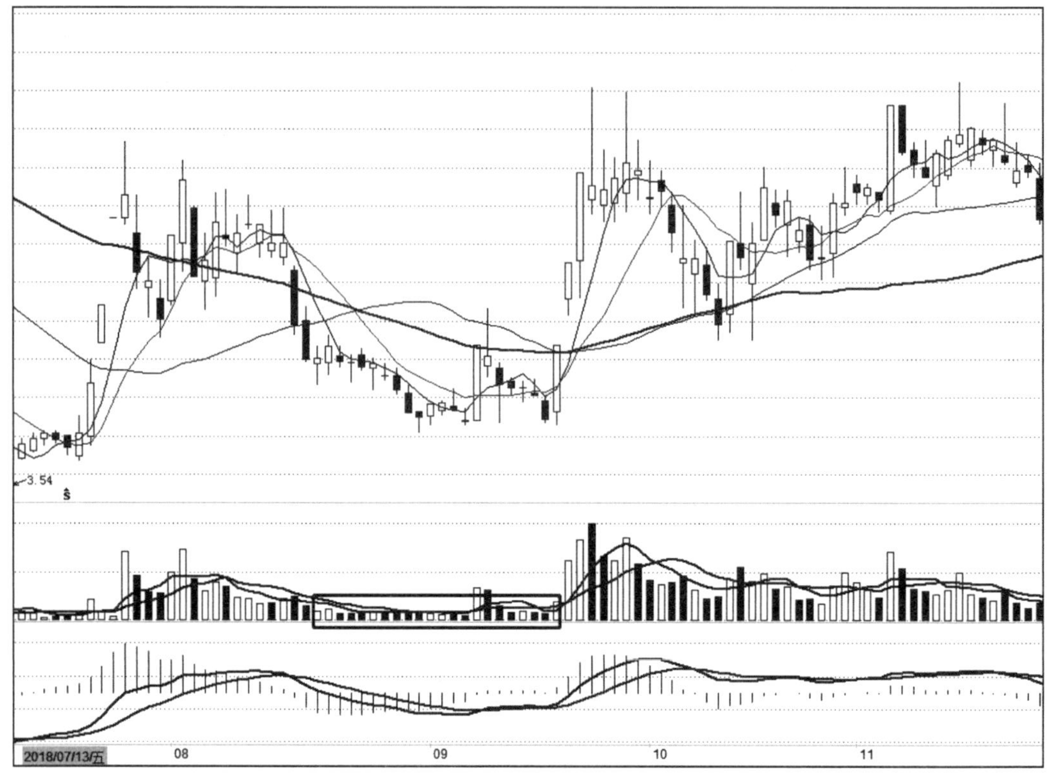

图 6-2 山东路桥（000498）2018 年部分日 K 线走势图

图 6-3 为江苏有线（600959）上市以来的周 K 线走势图，资金的“击鼓传花”将以 4.82 元上市的江苏有线股价爆炒至最高 54.08 元，之后随着大牛市的谢幕，股价也应声下跌。由于前期的爆炒，加之股灾时的踩踏式下跌，众多筹码被套于高位，上方压力巨大，多年来主体呈阴跌态势。

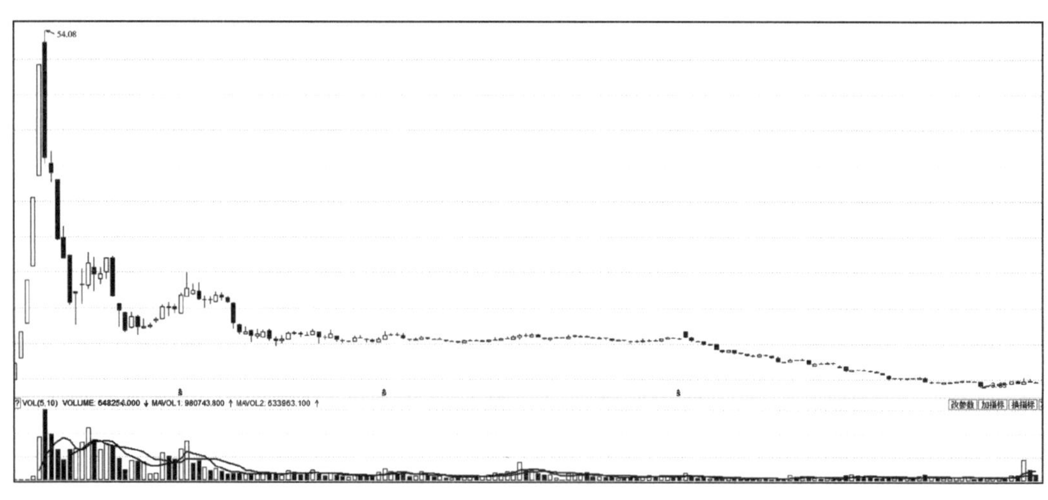

图 6-3 江苏有线（600959）上市以来的周 K 线走势图

上述两个例子也给了我们警示，地量地价只是一种量价信号，并不代表股价是绝对到达底部了，哪怕股价再低，都有继续阴跌的可能，因而这并不能成为买入的依据。通常只有阶段性地量，且量价出现异动的个股才值得重点关注。不是见到地量就可以动手买入，必须配合止跌信号——放量阳包阴，才值得密切关注。

思　考:

是否地量地价就是买入的机会?

参考答案:

并不是，而且这么做未来可能还很危险。市场是不可预测的，没有一种理论或技术可以打包票说准确地预测股价。有个词叫作物极必反，但在如今和未来的股市中，很可能是不成立的。曾经的A股市场里确实重组股会受到热炒，常常让深谙此道的投资者赚得盆满钵满，甚至衍生出一种垃圾股策略：分散买入大量有重组预期的垃圾股，哪怕其他的垃圾股都跌得不行，只要有一两个股票能够被炒作，由于赔率很高，往往整体还是会有较大的浮盈。但如今，A股也开始慢慢港股化、美股化，退市制度会越来越完善，会出现一大批“仙股”，股价长期运行在低位，成交量低迷，标准的地量地价鲜有人问津，这些股票是没有希望的，务必远离。

老魏寄语:

老魏在课上也常常跟大家说，买卖要有依据，依据是多种因素的综合考量，缩量代表多空双方不再激烈交锋，但并不代表马上就会涨。我们需要根据各种因素的分析，抓住向上变盘的节点，而不是一看缩量就买入后躺着。如果你买入后成交量和股价持续低迷，不见起色，也相当难受，不是吗?

第三节 天量天价需谨慎

天量天价，顾名思义，不管是股价还是成交量，已经到达了阶段性的高点，是成交量的极端特征，通常是股票到达阶段性顶部的标志。换手相当活跃，但万万不可被上涨冲昏头脑，高股价伴随着巨量的换手成交，往往代表变盘在即，通常会迎来凌厉的下跌。

天量天价并不会突然出现，而是通常出现在牛市中。个股随着大盘不断上升，在升幅相当可观的情况下，某天成交量突然大幅放大，创下较长一段时间的最大值。天量的成交量意味着这一天抛售的资金众多，虽然买方力量同样强大，但是高位的买入者通常以中小投资者居多。机构、公募等大资金通常受限于资金量较大，需要采取逆向投资的方法，否则本身资金介入对于股价影响较大，在建仓的同时拉高股价，使建仓成本大幅增加。因而一旦出现高位的高成交量务必警惕。

而天量天价的出现，通常是开始形成头部的征兆，当天出现的成交量越大，形成头部的可能性就越大，持仓风险也同时增大。

如图 6–4 所示，股价于 12.66 元见底后，呈现缓慢上涨势态，随着上涨的进行，成交量逐渐变大，并出现了连续涨停的情况，但值得警惕的是，在之后股价创下了新高且成交量急剧升高。第二天直接低开后下跌。

这个例子中，天量天价后股价甚至直接低开低走，让人猝不及防，也变相说明了天量天价对于走势变盘的预警作用。

当个股出现天量天价时，大概率会形成头部。回顾历史成交，我们会发现形成头部时，大概率都是出现了天量天价，无论是大盘还是个股。因而，在股价上升过程中关注天量天价的情况对于逃顶有着重要的参考意义。

当然，这并不是简单的“神器”，每个投资者都能掌握这个原则进而人人逃顶无疑是痴人说梦。尽管人人都明白天量天价是危险的信号，但是衡量天量天价并没有一个简单明确的标准，在股票的实际上涨过程中，出现天量天价后可能继续创出新高，所谓天量天价是相对而言的，因而并不能简单无脑判断。

如图 6–5 所示，恒立实业（000622）作为 2018 年政策放松后最大的“妖股”，可以作为一个反例说明天量天价的作用。本质上，天量天价都是交易造成的结果。一般

图 6-4 四川双马（000935）的日 K 线走势图

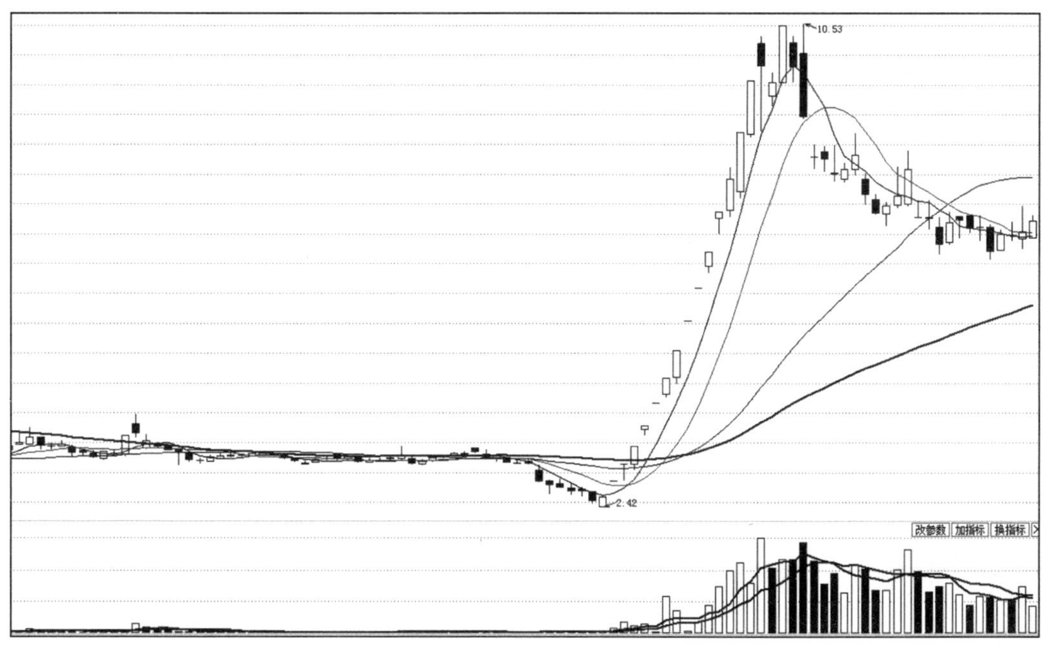

图 6-5 恒立实业（000622）的日 K 线走势图

股票在上涨的最后阶段往往是小资金的博弈，而“妖股”则不然，在市场巨大的人气推动下，游资主力不断“击鼓传花”，散户等小资金也竞相加入，最终造成了量价不断创出新高的现象。

天量天价往往对广大中小投资者有着难以抵挡的诱惑，受到市场火爆情绪的感染，广大中小投资者明知危险却按捺不住往里冲，由于难以准确研判头部形态再加上不肯吃小亏止损的执念，大多数投资者被套也在所难免。

总而言之，天量天价是个大概率即将见顶的信号，不宜冲动介入。谨慎的投资者通常只吃股价上涨的鱼身部分，去头去尾。也就是说，股价刚开始上涨，趋势还未确立时不应急于参与，股价在相对高位出现巨大的成交量时及时退出，不被贪念冲昏头脑，只参与中间明显的上升趋势部分。

此外，值得一提的是，在低位也有可能出现天量的情况。此时说明有大资金买入，可以将股票加入自选池进行观察，等待右侧可能的交易机会。但万不可操之过急，特别是在下跌趋势中，天量之后往往仍会继续下跌。

思　　考：

天量天价能否作为卖出的依据？

参考答案：

从某种角度来说，天量天价是可以作为卖出的依据的，但并不是所有人都能平静卖出。不管是什么样的操作，背后都是有机会成本在里面的，谁也没法保证卖出之后就不会涨了。首先股价经过一段时间的上涨，有获利盘的大量出逃和买盘的拼命购入，这是显而易见的事实，这是一个股价可能见顶的标志。在这个地方卖出可以锁定利润，防止因股价回落而导致的利润回吐，相当于放弃可能的利润来保证当前利润可以落袋为安，而不是进一步承担风险，博取收益。此外，一些强势股可能出现成交量持续放大，股价不断创出新高的情况，这也是不可避免的。因而，是否在出现天量天价之后就卖出，取决于投资者的风险偏好以及对股票的认知。

老魏寄语：

在课上，我常跟学员说，我们要学会的最重要的一条法则是生存，要把“保住本金”放在第一位。而在危险的高点及时撤离，对于保护本金或者保护胜果至关重要！

第四节　量增价却平

量增价平，顾名思义，股票的成交量得到了增长，而股价并没有什么变化，股价通常是在一个小范围内波动。量增价平是一个中继信号，随着参与博弈的资金不断变化，平衡的状态是不可持续的，变盘在所难免。量增价平持续的时间越长，后续变盘后的力度越大。所谓“横有多长，竖有多高”，说的就是这个道理。

量增价平可以出现在任意位置，大致可分为上升趋势中和下降趋势中两种情况。

上升中的量增价平

如图 6–6 所示，在图中方框位置，股价出现了量增价平的现象。股价在 10% 左右的范围内小幅波动，而成交量逐渐增加，说明有资金不断介入。而后股价快速拉升至最高 9.88 元，涨幅高达 65%。

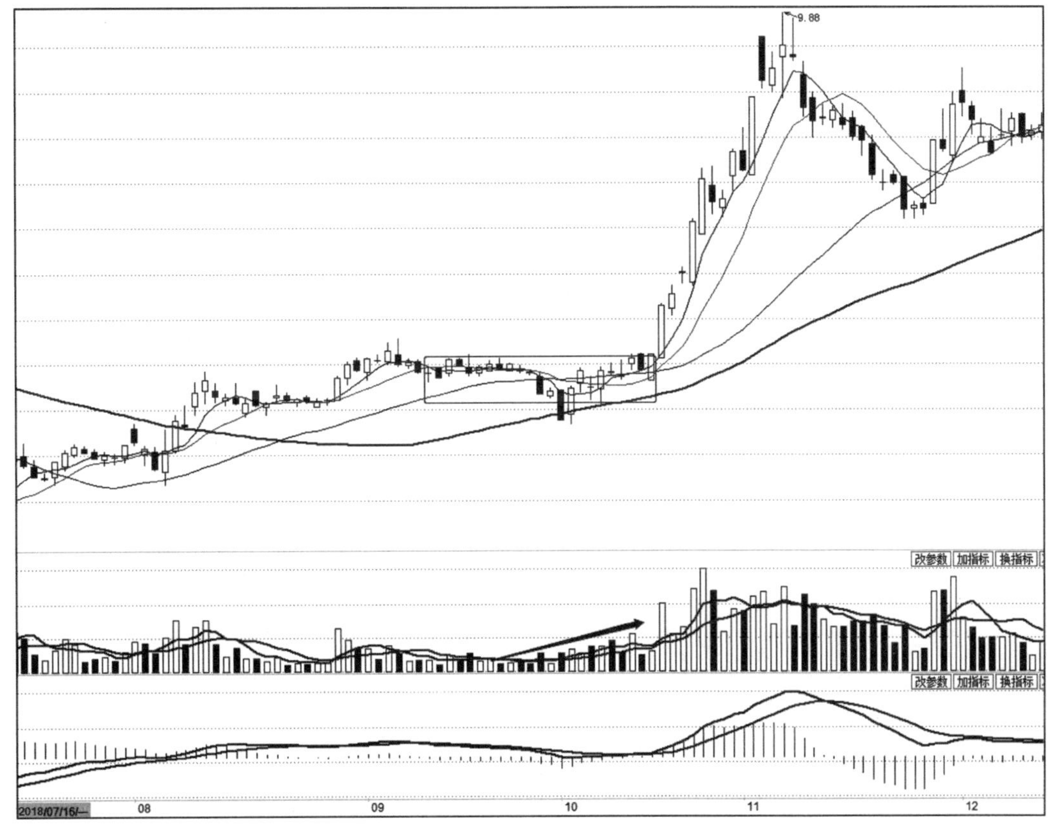

图 6–6　嘉凯城（000918）日 K 线走势图

从形态来看，股价经过前期的上涨，出现了缩量调整的形态，整体来说是强势横盘状态，一旦突破整理的平台，势不可挡。

在没有反向外力的作用下，股价往往会沿着趋势的方向继续行进，在上升趋势中的股票，通过趋势中继后，向上变盘的概率大于向下变盘。

下跌中的量增价平

量增价平同样可能出现在下降趋势中，常见于绵绵阴跌中，但是此时的量增价平并不意味着趋势反转，只是暂时止住跌势。而后常常继续破位下跌，不可贸然进入。

不管是上升趋势还是下降趋势，成交量增加但价格窄幅波动，说明多空博弈的力量不断增强，而双方不分胜负，不断继续变盘的力量，一旦决出胜负，走势往往呈一边倒的态势。

思　　考:

量增价平对于投资者的操作有何参考意义?

参考答案:

量增价平可以分成两部分来看，一方面是成交量的放大，成交是一个双向的过程，有买必然有卖，否则就没法成交。而成交量的放大意味着多空双方交战的激烈程度不断增加，分歧较大。另一方面，股价保持相对稳定，在小范围内上下波动。这是一种中继的状态，股价不能永远保持横盘调整，蓄势的时间越长，成交量越大，后续变盘的力度也越大。因而在实际操作中，量增价平只能作为变盘前的警示，投资者可密切关注后续走势。

老魏寄语:

真正的股价有效上涨必然是伴随着放量的，只有经过一定程度的换手，股价的上涨才是扎实的。对于成交量的变化，我们必须做到心中有数，绝对不能只看K线，必须结合量能来分析，否则是很片面的。

第五节　量增价齐涨

量增价涨，即我们常说的量价齐升，随着成交量的放大，股价也随之上涨，是大家喜闻乐见的赚钱态势。通常来说，出现量价齐升的股票处于上涨趋势或者阶段性反弹行情。若量价齐升的位置出现了关键阻力位，一旦股价突破阻力位，后市往往会有一波可观的涨幅。

从图 6-7 中我们可以得知，该股股价经历了长期的下行，下跌动能逐渐释放完毕，此时股价在 60 日均线附近一波下杀，不坚定的筹码出于对股价下跌的恐惧，悉数逃出。剩下的筹码锁定性较强。在而后的上涨中，随着股价的攀升，成交量逐渐放大，说明正在入场的投资者看好后市，场内抛出的筹码被悉数接下。其股价从底部开始计算，涨幅近一倍。

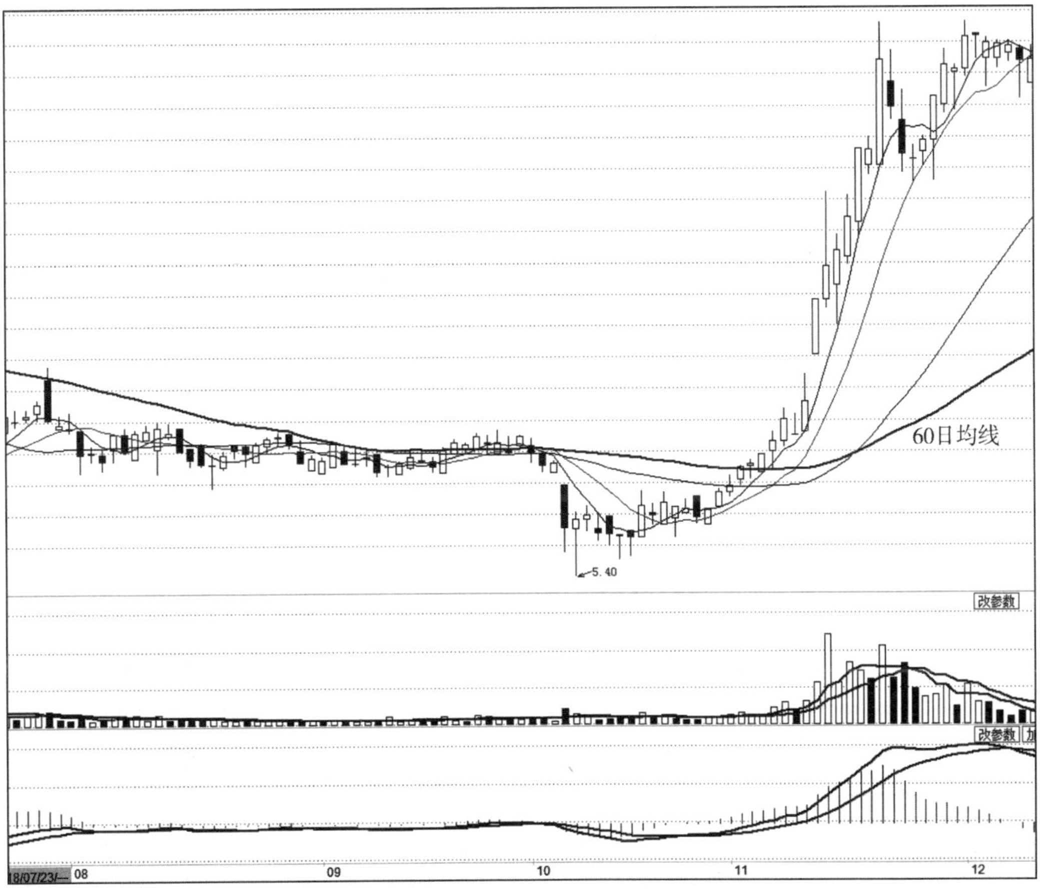

图 6-7　杭齿前进（601177）日 K 线走势图

但值得注意的是，对于放量上涨中的交易机会，投资者可在量能逐渐放大的过程中介入，但是不宜追高，如涨幅已有 30% 以上，那时的股价相对来说已经比较高，此时，场内主力随时可能出现出货的行为，盲目追进将面临股价下调导致投资者被套牢的风险。

时刻需要牢记的是，庄家出货并无定式，在大盘稳定或者稳步向上时，由于拉升阻力小，整体上涨幅度相对较大。而在大盘处于下跌风险中时，主力也会有所忌惮，容易出现见好就收的情况。因而，投资者在操作过程中，落袋为安是较为稳妥的选择。特别是在浮盈较大的情况下，切忌贪得无厌，股票卖出后才有真正的盈利，否则只是纸上财富。

股价突然跳空大幅上涨，且成交量明显放大。这是量价齐升中较为极端的表现，表现为巨量上攻态势。对于这种走势，股民尤其应重视，探究其原因，进而制定合适的应对策略。如图 6-8 所示，在沪电股份（002463）这个案例中，我们翻看公司的公告会发现，当天沪电股份发布了业绩预告的修正公告，表示 2018 年上半年度公司经营情况好于先前的预期，主营业务收入较上年同期增长约 14%，主营业务毛利率较上年同期亦有所上升。正式业绩的超预期引得资金蜂拥而入。而当公司业绩超预期时，后续业绩往往会有不错的表现。了解了原因，便可买入。

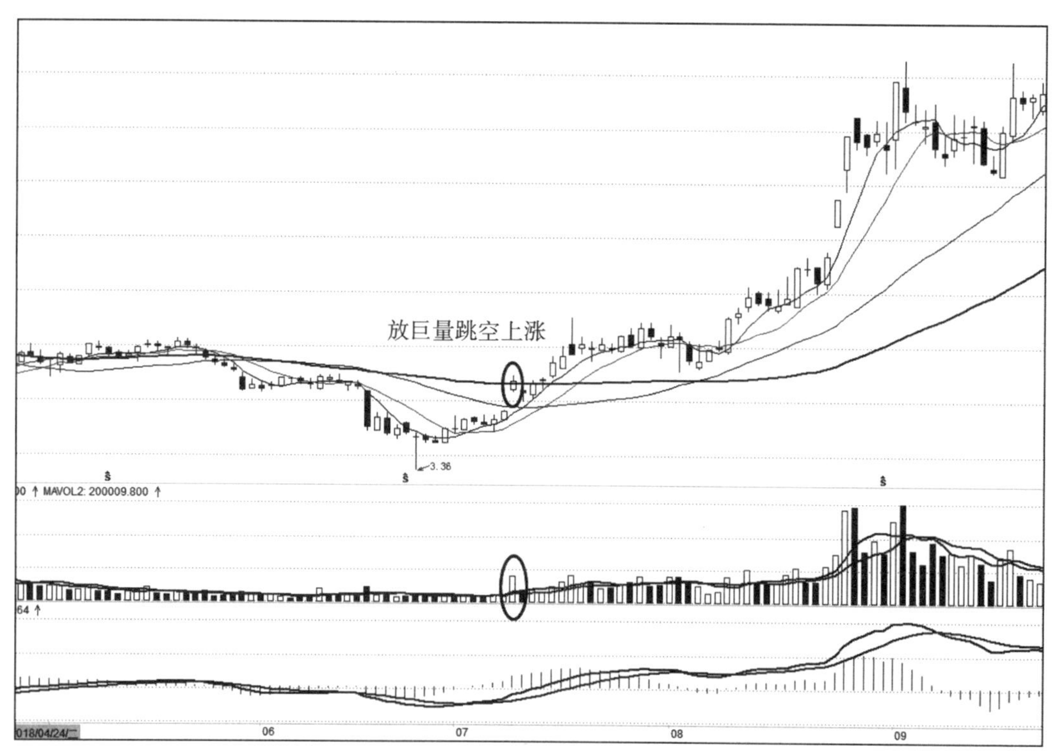

图 6-8　沪电股份（002463）的日 K 线走势图

当然也不是所有的巨量上涨都是进场的信号，若发现高位滞涨下出现巨量上涨，还是要多一分警惕的。

如图 6-9 所示，该股股价经过一路上涨，股价反复创出新高，但是我们注意到，在股价创出 14.54 元的高点那天，尽管量能依旧很大，但是收了一根长上影线，相比前一日股价并未明显上涨，这是股价滞涨上攻无力的信号，此时理应减仓观望。

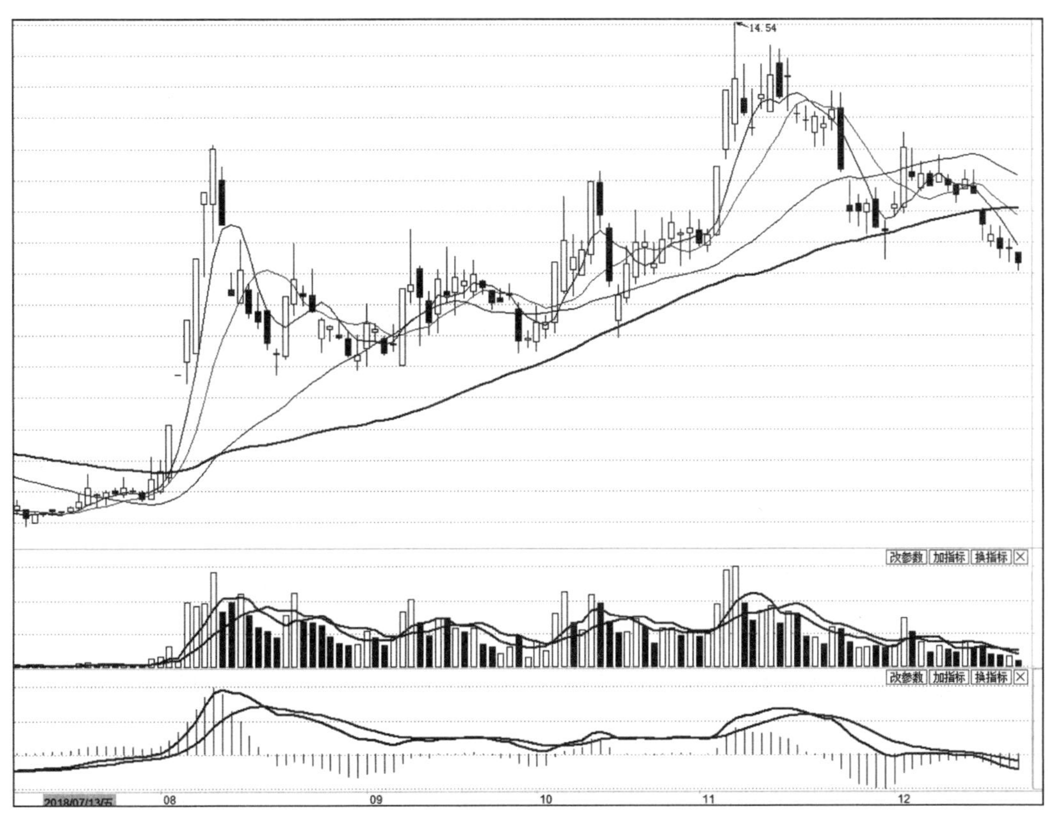

图 6-9　新疆浩源（002700）日 K 线走势图

思　　考：

对于量价齐升，有什么需要特别注意的？

参考答案：

通常来说，量价齐升是一种比较良性的拉升，但对于成交量还是要进行持续关注。尤其要关注放出巨量后的走势。如果之后的走势剧烈波动，说明多空的分歧非常严重，还是要谨慎一些，耐心等待是比较稳妥的做法。对于波动比较克制，量价又配合良好（比如上涨温和放量，调整缩量）的股票，不妨加大关注力度。

老魏寄语：

量价齐升是一种非常健康的上涨方式，交易逐渐活跃，经过一定的换手，股价上涨会更加稳健有力。大家在选择个股的时候，也可以尽量远离成交量死气沉沉的个股，因为你不知道该股行情什么时候能启动，这段蛰伏的时间可能很久，久到我们失去耐心。

第六节　量增价却跌

量增价跌是指股票的成交量放大，但是股价却在下跌。这种走势通常出现在下跌的初期。

通常当涨幅巨大或者有什么潜在的利空时，会出现此类情况。当股价涨幅巨大时，主力资金往往已经有了大量的浮盈，且手中掌握了相当可观的筹码。对于主力资金来说，在下跌途中出货是十分危险的，一旦出现市场恐慌，股价快速下跌时，主力往往没法出货。此时，由于买盘不足，流动性受到限制，一旦主力砸盘过猛，其出货价往往过低，利润损失严重，甚至无法完成出货。因为主力在抛售股票时，往往是有节奏地卖出，以避免价格大幅下跌，但我们必须清醒地认识到，此时主力并未停止出货，因为成交量在不断增加。

如图 6–10 所示，图中画圈处是量增价跌的典型特征，当天股价高开，甚至早盘还上冲了 2% 左右，看似有上涨趋势，实则为诱多信号，随后，股价震荡走低。待收盘时，我们发现其成交量继续放大，说明其中有很多筹码已逃出。配合前一日同样是放量的长上影线，且股价处于历史高位的情况分析，股价回调需求较强，此时暂时回避是最好的选择。

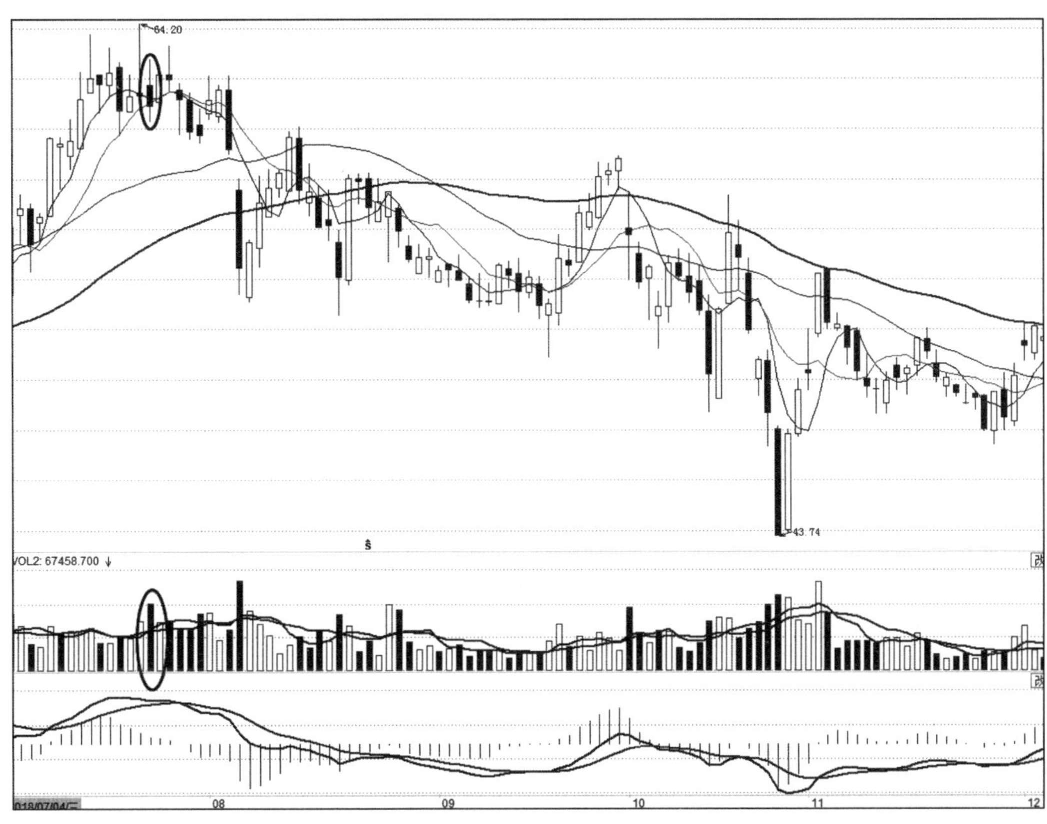

图 6-10 上海机场（600009）日 K 线走势图

思　　考:

量增价跌对于投资者有哪些警示作用?

参考答案:

成交量的变化本质上是筹码交换程度的变化。对于场内的筹码，可以分为两种，一种是看好股价前景而长期锁定的筹码，这部分筹码较为稳定，短期内很少会变动。另一种是相对较为活跃的筹码，在多空博弈过程中可能随时会获利出逃。对于量增价跌的股票，可以确定的是，短期内松动的筹码变多，且空方力量强于多方力量。这时候对于股价未来的走势并非可以一概而论，若此时股价处于相对高位，量增价跌很可能是下跌的前奏；而若股价已经持续了一段时间的下跌，量增价跌也可能是筹码最后的恐慌出逃，耐心的投资者可耐心观察其后续走势。总而言之，一旦出现量增价跌的情况，短期内风险大于收益，可适当回避。

老魏寄语：

在股市投资中，最不能少的就是戒备心，哪怕是赚的利润，也要把它当作自己的本金，不是说赚的无所谓，赚了的也是我们的本金。对于量增价跌的现象，特别是阶段高位的，务必引起重视，谨防风险。

第七节　量缩价却涨

量缩价涨，即缩量上涨，这种情况是锁定筹码较多的表现。通常有两种情况，一种是股票质地较好，大股东或者大资金以价值投资长线持有的心态持股，市场上的流通盘较少，再加上广大投资者对其企业看好的一致性预期，导致股价持续性上涨。

从图 6–11 中我们可以看出，老板电器（002508）在近三年的时间中，成交量一直较少，而股价却不断创出新高。正如我们先前说的，缩量上涨的个股一般锁定筹码较多，除去限售股份，老板电器的流通股份中杭州老板实业集团有限公司占了 50% 以上，另外由于业绩一直稳定增长，不断超出市场预期，绝大部分流通筹码都在持股坚定的机构手中，加上较为一致的上涨预期，老板电器股价不断上行。直到 2019 年 2 月，业绩报表出现业绩增长不达预期，市场直接以跌停相逼。

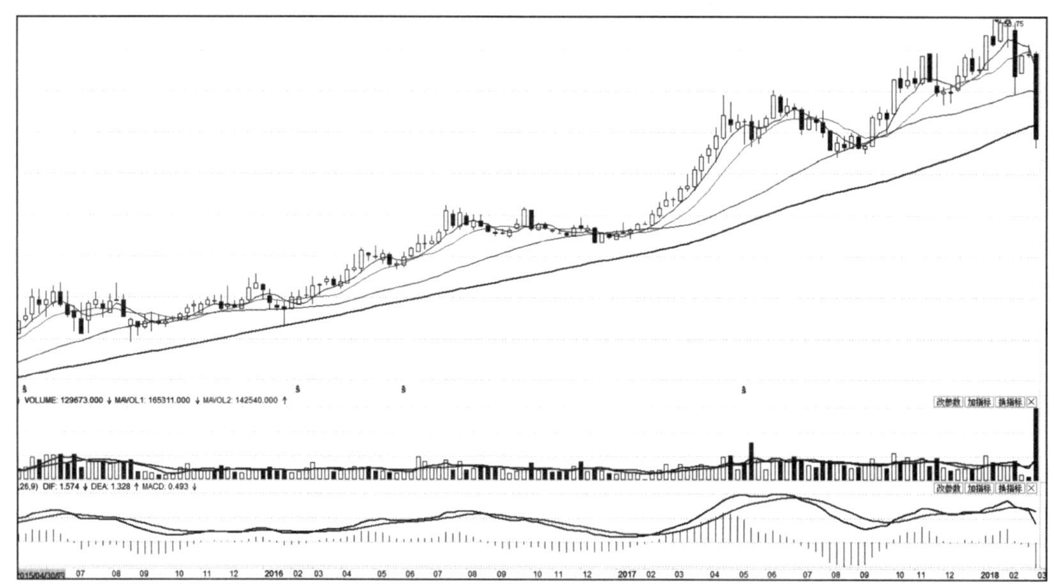

图 6–11　老板电器（002508）周 K 线走势图

股市中最重要的便是预期，平时都考 100 分的三好学生突然考了 80 分，大家是失望的；而以前不及格的“熊孩子”突然及格了，大家反而夸赞不已。

这样的股票，从某种意义来说就是有业绩支撑的“庄股”，在业绩持续向好，股价上涨途中，可随时跟进。

而缩量上涨还有另一种情况，即纯庄股。这种情况的不同点在于股价通常没有基本面的逻辑支撑，而且盘子小，庄家只需耗费相对较小的力量就能达到控盘的效果。

如图 6-12 所示，在前半段的走势中，股价走势稳健，出现了一大波主升浪，期间还出现大量十字星 K 线，说明主力已高度控盘。只需很少的买盘即可将股价顺势拉升，并且达到了操控股价走势的程度。若逢低买入，可能享受大段的利润。

但是，纯庄股天生存在着风险，如图 6-12 所示，后期庄家资金量断裂，无力维持股价高位运行，出现连续一字跌停，此时连逃跑的机会都没有。

除资金量断裂的风险外，庄家出货时机的判断也是一个难点，根据庄家实力或者目标止盈点位的不同，股价上涨下跌也常常反复无常。因而对于无业绩的纯庄股，切勿重仓，切勿过贪，见好就收为上策。

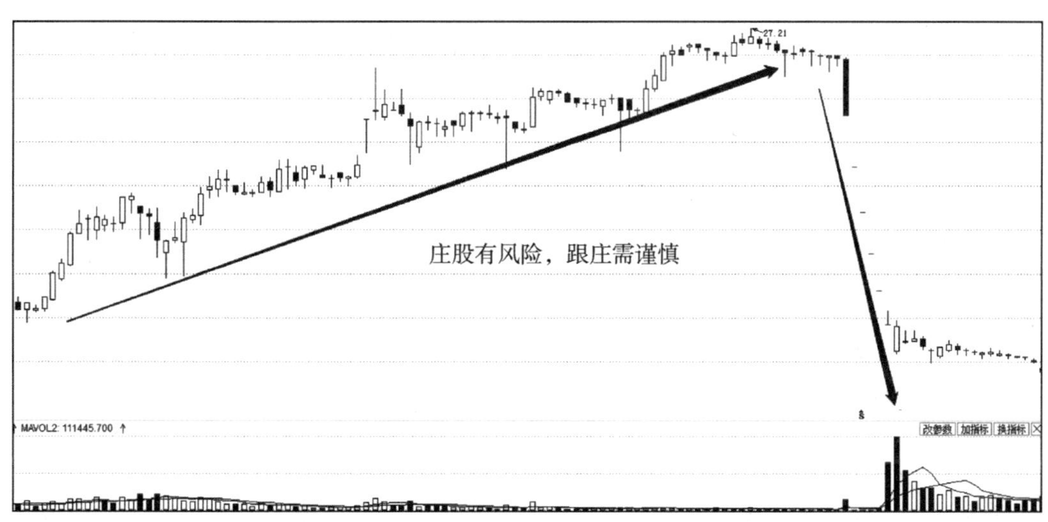

图 6-12　大连电瓷（002606）的日 K 线走势图

缩量上涨通常是主力资金高度控盘的标志。随着股价的上涨，交易趋于活跃，成交量上涨。而主力高度控盘的股票，由于散落在外的筹码较少，抛压小，只需要很小的买盘就可以将股价拉高。若连续拉升，则会形成缩量甚至无量上涨的形态。

某股票进入拉升状态后呈现缩量上涨的格局，很多投资者并不认可这种走势，认为是上涨乏力的表现，因为缺乏资金持续进场。事实上这种看法比较片面，缩量上涨虽然表明增量进场比较少，但也反过来说明卖盘不多。成交量缩小还能保持股价上升态势，说明主力不用多少资金就能拉升股价，实质就是浮筹比较少，即该股已经高度控盘，后市可能会有不俗的表现。

但天上不会掉馅饼，特别是业绩差劲的纯庄股，一旦股价下跌，其跌势往往也是毫不留情。因而，跟庄操作需极其谨慎，切不可重仓参与，务必分散风险。此外，有很多投资者喜欢做反弹行情，希望大家记住一句话：没有量能支撑的反弹，其高度是有限的。

思　考:

如何正确看待量缩价涨的股票?

参考答案:

从表面上看，量缩价涨主要说明两点，第一是当前大部分筹码的稳定性较强，且正在交易的投资者中买方力量是强于卖方的。股票交易中，筹码在谁手中非常重要，在不同的投资者手中，对于未来股价的影响是完全不同的。举例来说，若某股票的绝大多数筹码都在公司大股东的手中，而公司的主营业务确实赚钱且前景光明，业绩不断提升，那此时股价大概率会持续上涨。此外筹码也可能在看好公司前景的机构手中，或者是机构抱团的好股，如同上文所述的老板电器。第二，当然也有可能公司的业绩很糟糕，但有庄家控股，股价在操纵下也会出现缩量上涨的现象。对于如何看待或者操作相关股票，笔者提供一种思路供参考，市场中有一种钱是赚的符合预期的钱，特别是在市场平稳的情况下，这种缩量稳定上涨的股票往往会持续上涨，此时要做的就是买入持有。但有个前提，就是跑得快，一旦股价出现暴跌等反常现象，我们要在第一时间跑路。能涨多久不是我们能控制的，但是亏损多少是我们可以控制的。当然相对来说，业绩堪忧的垃圾控盘股更危险一些，如果遇到连续跌停猛砸，可能都跑不了。

老魏寄语:

对于量缩价涨的股票，很大概率是流通盘比较少的，或者说活跃的流通盘较少，这种情况下，很可能是主力控盘度较高，应引起重视，认真跟踪复盘。

第八节　量缩价也跌

量缩价跌，顾名思义，是指股票在运行过程中，股价下跌的同时，成交量减小的现象。其出现的位置并不固定，可以出现在上升趋势中，也可以出现在下降趋势中。

如图 6-13 所示，根据其走势图我们可以发现，顺鑫农业（000860）的股价经过较长时间的调整，各个周期均线都已走平，随后跳空高开高走，碎步向上。在第二次跳空高开高走后，股价出现了近两周的小幅调整，而期间成交量也随之不断减小。

这是典型的上涨途中的缩量调整，其稍稍降低的股价以及萎缩的成交量说明卖盘抛压小，下跌动能不足，是不错的介入时机。根据不同实际情况操作，可以在量能收缩时介入，也可以待股价向上突破后再介入。

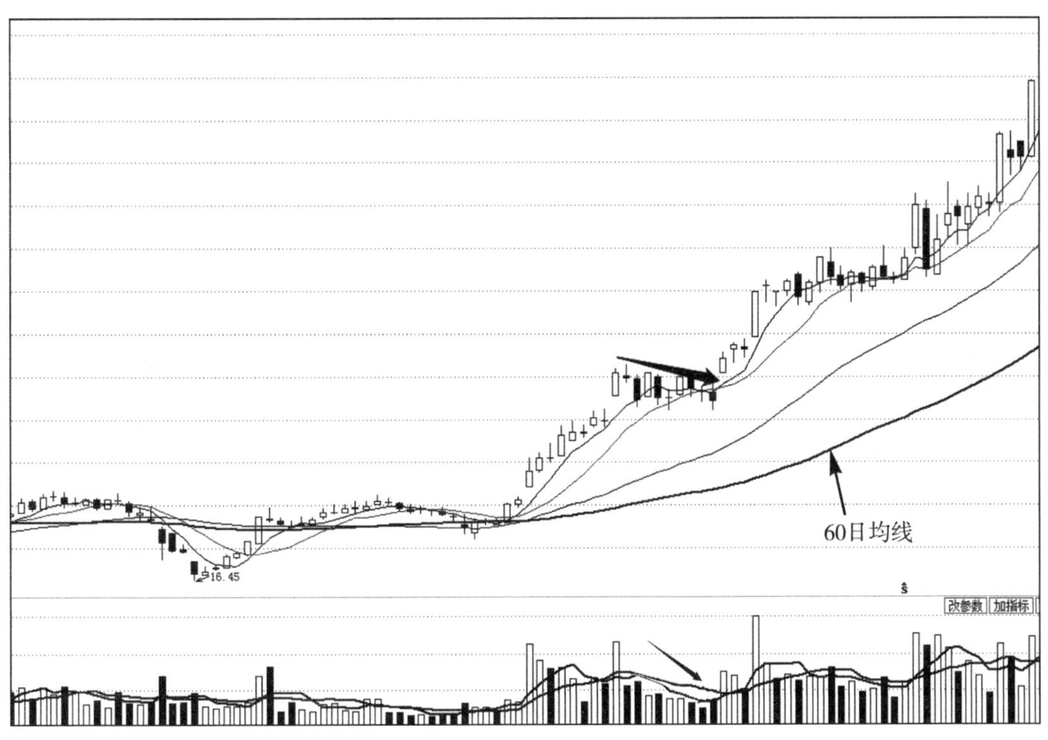

图 6-13　顺鑫农业（000860）日 K 线走势图

由图 6-14 可知，厦门港务（000905）处于下跌趋势中，整体受到 60 日均线的压制，期间出现了缩量下跌的情形，特别是方框部分。股票成交十分冷清，成交量极度缩减，而股价呈阴跌态势。

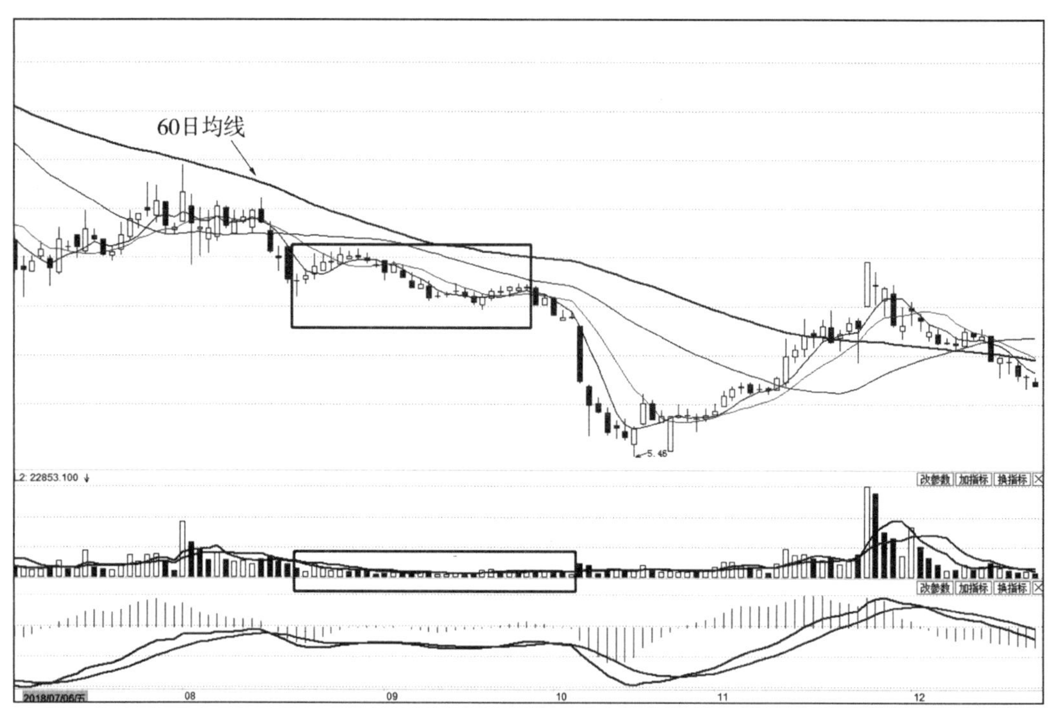

图 6-14　厦门港务（000905）日 K 线走势图

而随后还出现跌停，当天成交量也只是相对增加。通常来说，主力资金已经在高位将股票卖出，对于后市并不看好，因而停止买入。由于人的天性，投资者一旦被套牢往往很少愿意“割肉”，此时股价也呈现出自由落地状态，虽然成交量稀少，但股价还是止不住地下跌。

与之前案例不同的是，图 6-15 所示的重药控股（000950）在下跌过程中出现了缩量暴跌的现象，连续跳空低开低走，并出现跌停的现象，但成交量并未增加。即该股在交易时间内，虽然只出现了少量的卖出盘，但股价却大幅下跌。这种走势通常出现在股价已经下跌一段时间后，主力机构已出货完毕。场内以散户存量博弈为主，新入场的散户接盘能力也有限，因而场内少量的抛压就导致了股价的大幅下跌。

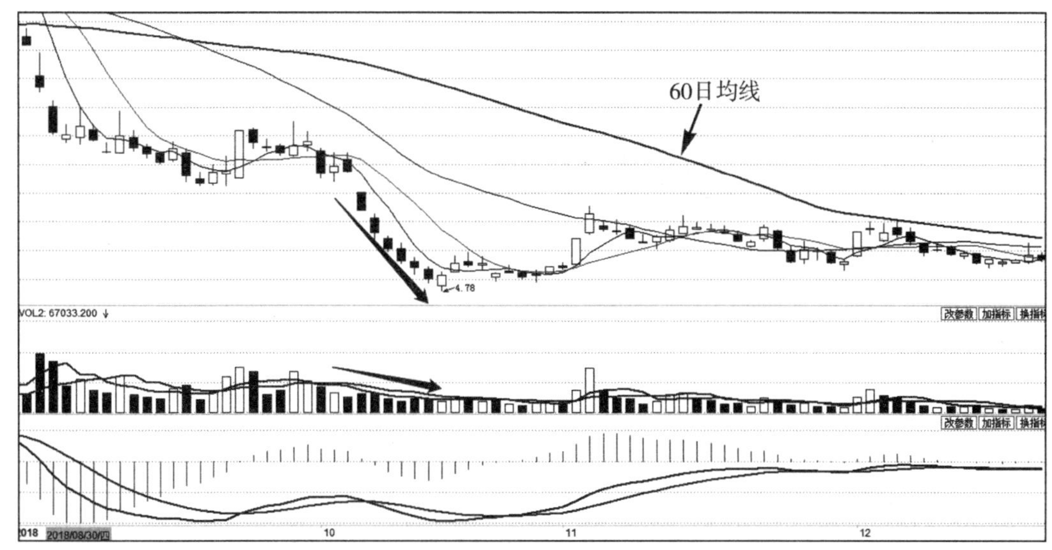

图 6-15　重药控股（000950）日 K 线走势图

就做多而言，只有上涨趋势中的缩量调整是值得重点关注的，其他情况万不可留恋，在成交冷清的存量博弈下，哪怕少量的抛压都可能导致股价的急剧下跌，应重点回避。

思　　考:

量缩价跌能否为投资者买入提供依据?

参考答案:

量缩价跌作为一个单独的变量并不能为投资者提供买入依据，需要结合其他因素。大周期看趋势，小周期找买点，对于趋势交易者而言，连续几根阴线的缩量下跌并不能简单地构成投资依据。正如上文中的例子，若在强势上涨过程中出现缩量下跌，且跌幅不大，说明尽管短期股价上涨较多，但场内筹码并不急于卖出，此时可以作为尝试买入。而在下跌过程中，哪怕下跌的时候并没有大量的卖出盘，趋势在没有大量的新进资金的参与下并不能轻易改变，因而下跌过程中的量缩价跌并不是买点。

老魏寄语:

我在上课的时候也经常跟学员说，对买卖点的判断是一个综合研判后的结果，不能靠单一变量来决策。量缩价跌出现的位置也非常关键，要注意识别，不同位置所代表的含义是完全不同的。

第七章 形态识天机

第一节 整理型形态：矩形

矩形形态通常是一种宽幅震荡的调整中继形态，由股价在两条平行线之间上下来回震荡而形成。股价在两条平行线之间反复上涨和回落，当股价上升至上水平线时遇到阻力而回落，但很快受到下水平线的支撑而重新回升，回升至上次高点附近再次受阻回落，而后在前期支撑位附近再次回升。由于广大投资者普遍对于曾经的高低点有锚定心理，股价达到高低点附近往往会有反复，这些高低点分别连线通常会形成两条近似水平的平行线。这就是通常所说的矩形的整理形态。

矩形形态本质上是实力相当的多空双方反复交战，谁也不能打败对方的缠斗状态，在该矩形范围内，多空双方达到了动态的均衡状态。看多的一方认可矩形下沿的买入点，因而在股价每次回落到该水平时便买入，矩形下沿存在大量的买入需求。与此同时，看空的一方对后市并没有信心，认为股价难以突破前期高点，于是在股价每次反弹至高点附近时便大幅抛售，进而股价重新回落。

矩形整理形态既可以出现在上涨过程中，又可以出现在下跌过程中。如果股价突破了矩形整理形态区域的上限或者下限，多空的平衡便被打破。一旦有效突破，股价将得以向新的趋势方向前进。

如图 7–1 所示，股价在方框内经历了长达 3 个月的矩形整理，在区间内反复震荡，随着股价正式向上突破盘整区间，宣告打破均衡势态，自此，股价一路震荡上扬。

从图 7–2 中可以看到，其股价跌破 60 日均线后并未一路下跌，而是在多空力量的平衡下形成了反复拉锯的箱体整理形态，最终多方动能不足，无力继续反弹，在均线的压制下一路下泄。

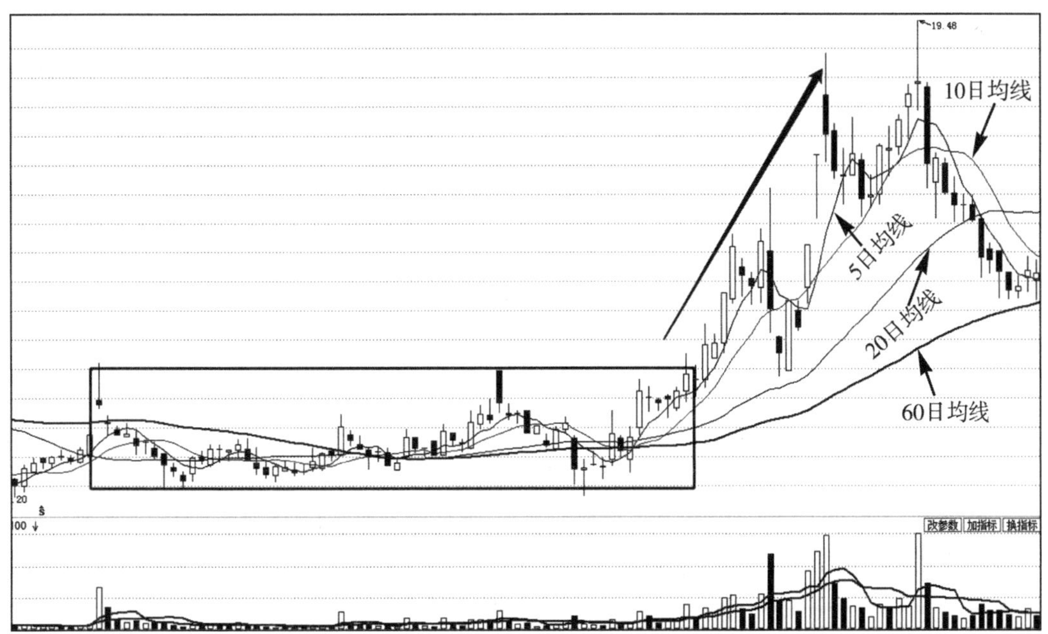

图 7-1　汇嘉时代（603101）日 K 线走势图

平衡是需要资金力量维持的，哪怕是矩形整理形态，股价也很可能在未达到矩形边界就折返。等待平衡被打破，静待方向选择是趋势交易者常采用的做法。

图 7-2　中农立华（603970）日 K 线走势图

思　　考:

如何看待长时间的矩形整理形态?

参考答案:

股价的运行只有三种方向，一种是趋势向上，一种是趋势向下，还有一种就是没有趋势，等待方向的选择。而矩形整理形态恰恰是一种等待方向选择的形态，在这种形态下，多空双方的力量在区间内达成一种动态平衡。对于不同的投资者，矩形整理形态的意义是不一样的，一方面，有的投资者会选择在区间内高抛低吸；另一方面，看好的投资者会死死抱住。因而，认清自己，明确自己的交易系统才是最重要的。如果是趋势交易者，大可等趋势出现再进行交易，如果是短线交易者，在区间内高抛低吸也是不错的策略。

老魏寄语:

面对矩形整理形态，大致有两种选择，如果处于上升趋势中，可以适当高抛低吸；如果是下跌趋势中的矩形整理，还是小心为上，以观望为主。

第二节　整理型形态：旗形

旗形整理形态，是矩形整理形态的一种变形，通常在股价急速上升或者急速下降后出现。顾名思义，其整理过程中的形态就像一面挂在旗杆上的旗帜，根据其倾斜的方向以及出现的位置不同，可以分为上升旗形形态和下降旗形形态。

上升旗形形态

上升旗形形态出现在上升趋势中，股价经过一段上涨后，形成一个紧密而稍微向下的整理区间，此时往往由于跟风盘不太活跃，成交量较少，股价在区间内反复拉锯，将其高点和低点分别连接起来，可以得到两条平行而向下倾斜的直线。若股价突破旗形整理区间，开始新一轮的上涨，则旗形形态宣告完成。上升旗形是股价上涨的中继状态，而非反转的标志。

从图 7-3 中我们可以得知，该股股价在创出 4.38 元的低点后开始反弹，一路上涨，在突破 60 日均线后，由于盈利盘抛压较大，股价短期出现调整状态——上升旗形，在短暂的缩量调整后，股价继续高歌猛进。而旗形整理形态为后续顺畅而强势的上涨奠定了基础。

图 7-3　广电网络（600831）日 K 线走势图

下降旗形形态

同理，下降旗形形态出现在股价的下跌通道之中，通常是下跌的中继平台。股价经过一段下跌走势后，出现了反弹迹象，多空双方胶着交战，股价上下拉锯，其短暂的上升通道看似有反转迹象，但随后股价跌破其整理区间，跌趋势恢复。这是一种极具诱惑力的走势，投资者应认真甄别，及时趁反弹退出，待走势正式反转后再介入。

从图 7-4 中我们可以得知，该股股价正处于下跌趋势中。经过一轮急跌后，股价出现企稳的迹象，呈震荡走高状态，整体处于两根向上倾斜的平行直线中。但随后受到 60 日均线的压制，跌破旗形下沿，股价重新进入下降趋势。

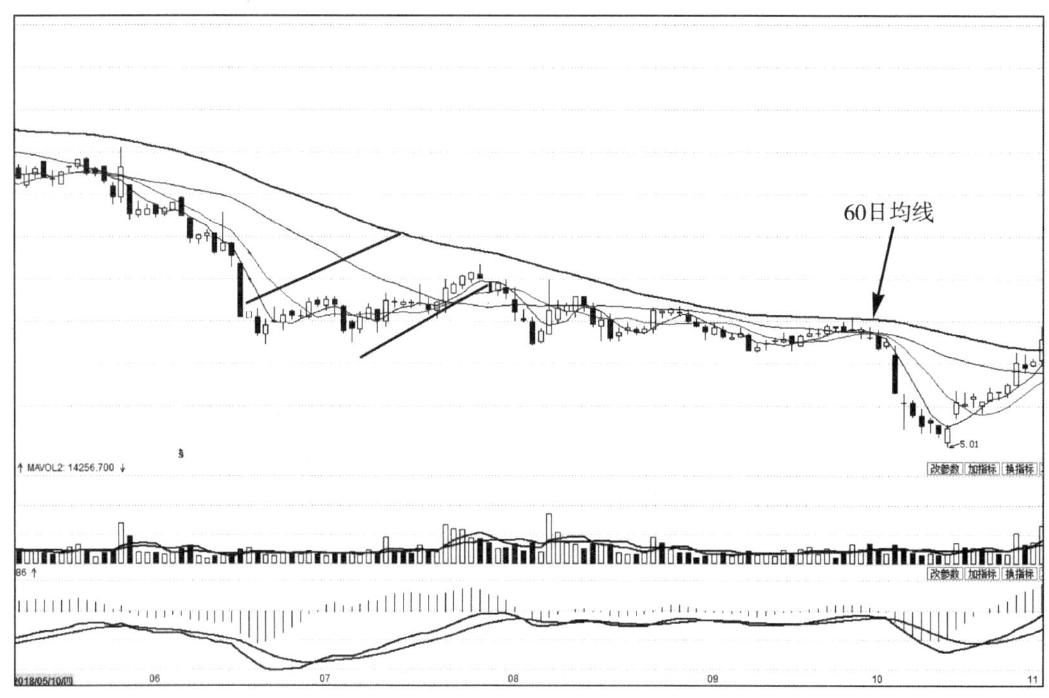

图 7-4　精艺股份（002295）日 K 线走势图

旗形整理形态在应用中的注意事项：

（1）在旗形整理形态的形成过程中，成交量应该是不规则或者逐渐减少的，若成交量伴随股价运行而逐渐增加，其结果可能是趋势的反转而非短期整理。也就是说，高成交量的旗形更有可能导致趋势的反转。

（2）旗形整理形态上下两条平行线起着压力或者支撑的作用，类似趋势通道的轨道线，任何有效突破旗形整理边界的情况都是其整理结束的标志。

思　考:

遇到旗形整理形态该如何操作?

参考答案:

旗形整理形态与矩形整理形态一样，本质上都是一种中继平台。对于上涨过程中的旗形整理形态，可能是短暂的调整。对于下跌趋势中的旗形整理形态，可能是一时的反弹。对于已经出现的旗形整理形态，可耐心等待趋势方向的进一步明确。

老魏寄语：

对于整理形态，从某种角度说，就是一个过渡的阶段，我们要重视这个整理形态所处的位置，以此来决定接下来的操作，而不是刻舟求剑。我常跟学员们说，做股票一定要有大局意识，对股价整体的走势做到心中有数，再看细节，两者缺一不可。

第三节　整理型形态：三角形

三角形整理形态是常见的趋势中继形态，在股票上涨和下跌中均广泛存在，在实际操作中具有重要的参考价值。三角形整理形态是指股价经过一段时间的上涨或者下跌，股票波动的幅度逐渐减小，在一定的区域内上下震荡收敛，最终在形态上形成三角形的整理形态。根据具体形态的不同，可分为上升三角形形态、下降三角形形态和对称三角形形态。

上升三角形形态

上升三角形形态通常是一种上涨突破前的中继形态。股价在上升至重要阻力位后回落，但市场中的多方力量较为强大，股价未跌破前期低点便开始反弹，而反弹的高度仍然能够达到重要阻力位，尽管无法有效冲破，但每次回落的低点高于前期低点，经过反复收窄震荡，股价形态呈上升三角形形态。一旦突破重要阻力位，后续往往会有不错的涨幅。

上升三角形形态在应用中的注意事项：

（1）在股价放量突破上边线时，多空平衡被打破，此时形成第一个买点，激进的投资者可迅速跟进，若股价已经上攻，切勿盲目追高。

（2）股价放量突破上边线阻力后，等待市场缩量回踩边线，这里形成第二个买点。这是保守的投资者可重点关注的买点，但若股票走势特别强势，可能并不会出现缩量回踩边线的情况，那是对激进投资者的馈赠。

（3）股价在形成三角形整理形态时，可以看到一条较为明显的上升趋势线，股价每次回踩该趋势线时，可以作为第三个买点。但是这个买点并非最佳买点，一是因为随着股价的运行，其获利空间逐渐减少；二是因为三角形整理形态在形成过程中，尚未完全确认，有误判风险。只有放量上涨、缩量下跌、量价配合良好且规律性强的三角形整理形态方可尝试参与该买点。

（4）股价运行是不可预测的，哪怕是三角形整理形态，也同样存在出现破位的可能性，因而一旦形态走坏，务必及时退出市场，仅做观望。

下降三角形形态

下降三角形形态通常出现在下跌趋势中，同样是一种中继平台。股价经过一波下跌后，在重要的阻力位止跌反弹，但是短暂的反弹后，股价依然回到原先的止跌位置附近，由于支撑较强，再次向上反抽，但反弹力度不及之前。经反复多次，反弹高度逐渐减小，说明多方力量不足，股价逐渐收敛，波动幅度越来越小。最终由于支撑力度越来越弱，股价跌破水平支撑线，开始新一轮下跌。

下降三角形形态是多空双方在某个价格区域反复拉锯的表现，多方力量逐渐枯竭，即使股价未到前期高点，空方也开始抛售，而多方坚守着下边沿支撑线，使得市场在该位置较易反弹。但随着力量对比的愈发悬殊，股价随时可能跌破支撑线。

下降三角形形态在应用中的注意事项：

（1）在波动较大的下降三角形形态中，在水平支撑线确定以后，短线操作者可趁成交量缩量时沿下边线尝试买入，以博取反弹收益。但值得注意的是，股价多次触及水平线后，支撑力度往往越来越小。

（2）若股价大幅放量突破下降三角形形态的下降趋势线，可尝试买入。若后面缩量回踩不破，可视为趋势可能反转，可尝试买入。

（3）整体而言，下降三角形形态中的买点风险较高，投资者介入时务必做好严格的风险控制。

对称三角形形态

对称三角形形态既可以出现在上升趋势中，又可以出现在下降趋势中，如果沿水平线切开，可以分为一个上升三角形和一个下降三角形。从形态上看，股价经过一波上涨后，在某个价位遇阻回落，随后又在某个价位止跌反弹，之后延续这种震荡走势反复调整。但整体上，高点逐渐降低，低点也逐渐上升，将各个高点连接，各个低点连接，形成一个上下对称的三角形，这就是我们所说的对称三角形形态。

对称三角形形态只是中继整理状态，一般不改变趋势的运行状态。如果原本处于上升趋势中，经过对称三角形整理后，股价运行方向大概率还是向上。同样，如果原本处于下跌趋势中，待整理完毕，股价大概率还是会向下运行。本质原因在于，其对称整理状态本身反映出市场中的多空力量较为平衡，谁也不能打破这种平衡。由于多空力量不相上下，在整理过程中，成交量往往会逐步减少，市场交投愈发冷清，直到阶段整理完毕。

对称三角形形态在应用中的注意事项：

（1）对称三角形形态存在上下两条趋势线。对于短线操作者而言，当股价反弹到下降趋势线时，可以先行卖出；当股价调整至上升趋势线时可以尝试买入。（当然，这仅限于调整震荡幅度较大的对称三角形形态）

（2）在上升趋势中，当股价放量突破下降趋势线，可尝试买入一部分仓位；若股价回踩下降趋势线，有效支撑后可买入一部分仓位。

（3）在下降趋势中，股价一旦跌破对称三角形形态的上升趋势线，应及时卖出，除少量放量反转外，下降趋势的股票理应远离。

（4）在突破对称三角形形态上下趋势线时，成交量放大的程度越大，突破的有效性越强。

老魏寄语：

三角形形态是一种典型的收敛形态，但股价不可能永远收敛，收敛到极致，总会有变盘的一刻。我们要做的是准确识别股价所处的位置是上升趋势还是下跌趋势，以及股价行进到什么阶段了，再配合三角形的形态，做出相应决策，做到买卖皆有依据。

第四节 反转型形态：头肩顶、头肩底

头肩顶形态

头肩顶形态是常见的股价见顶形态，常见于股价上涨接近尾声时，其完整的形态由对称的左右肩部以及略高于肩部的头部组成，以形状类似于人的双肩扛着中间的脑袋得名。

首先经过一段时间价格的大幅攀升，积累了大量的盈利盘，股价开始上涨，部分筹码的逃逸使股价下跌造成第一个肩部。而后场外看好股票前景的投资者的介入使股价企稳回升，加上短线投机客的煽风点火，股价再创新高，此时获利的筹码再次离场，导致股价回落，形成头部，但股价并未选择向下突破，而是到前期波谷位置再次反弹，但这次反弹到达左肩高度就无力上攻了，量能萎缩后再次回落，右肩形成。至此，头肩顶的顶部形态构筑完成。

简单来说，头肩顶形态由三个明显的高峰组成，其中，中间最高的为头部，两肩两个较低的高峰为肩部，构筑过程中，两个波谷相连的直线为颈线，颈线可以向上或者向下略微倾斜。

头肩顶形态在应用中的注意事项：

（1）三个波峰之间的距离不可过短，否则头肩顶形态可能不成立，而是形成中继平台。

（2）股价跌破颈线的阻力位，是第一个真正的警戒信号，表明头肩顶形态构筑完成，后续下跌概率极大。同时若错过该卖点，可趁股价反抽颈线及时卖出，值得注意的是，并不是所有的头肩顶形态都有反抽卖出的机会，当跌势迅猛时，可能股价跌破颈线后便不回头地下行了。

头肩底形态

头肩底形态是经典的反转形态，在 K 线图中呈现出倒置的头部和两个肩膀，是下跌走势逐渐逆转的信号。

随着股价长时间的下跌，做空动能逐渐耗竭，股价开始止跌反弹，形成第一个波谷，也就是头肩底的左肩。但股价仍然处于下跌趋势中，反弹至一定高度后受阻而再次下跌，并跌破左肩的波谷低点，诱发恐慌性抛售，从而形成新的低点。经超跌反弹再次到达前期高点，从而形成头肩底的头部。然而股价并没有直接突破上涨，而是再次回落，但此时回落至左肩低点附近止跌而量能萎缩。再次放量上涨后完成头肩底形态的构筑并开始新一轮涨势。

由图 7–5 可知，经过长期的下跌，股价开始见底反弹。最低点达到 61.61 元，其前后出现了对称的双肩。随后的走势呈现走平状态，股价逐渐上扬。

头肩底形态有三个明显的波谷，其中位于中间的头部略低于两边的波谷，而颈线不一定平行，可能出现向上或者向下略微倾斜的情况。颈线是判断头肩底形态是否有效的重要标志，若股价过了右肩，但回调又低于颈线，可能会导致头肩底形态的失败。

头肩底形态在应用中的注意事项：

（1）底部的构筑是一个漫长的过程，切勿操之过急，对于头肩底形态，必须等待

图 7–5　汇项科技（603160）日 K 线走势图

右肩形态完整形成后再介入。放量突破右侧颈线为第一买点，突破后缩量回踩颈线为第二买点。

（2）并不是所有的头肩底形态都有两次右侧买点，有些强势的个股，在股价放量突破右侧颈线后直接连续上涨，无第二买点。

不管是底部还是顶部，有庄家痕迹的股票往往会出些消息。我们需要注意的是，在一轮下跌底部传出的利空往往都是庄家为了拿筹码，在拉升到顶部时传出的利好往往都是庄家为了出货传出来的。

思　　考：

头肩顶形态和头肩底形态确认反转在技术上有何依据？

参考答案：

技术分析历史悠久，最早来源于道氏理论，道氏理论对于趋势的分析经典精湛，其中就有这样的描述：在上升趋势中，高点不断抬高，低点也不断抬高；在下降趋势中，高点不断降低，低点也不断降低。这是趋势进行过程中的特点，反观头肩顶形态以及头肩底形态，都是在股价创出一个高点/低点后，股价不再创出新高/新低，反而只能到达颈线的位置。从技术上来说，是一种趋势反转的标志，是一个不错的卖出点/买入点。但值得注意的，并不是说这时候买入就可以高枕无忧了，没有百分之百绝对有效的技术，再经典的技术形态也会有失效的时候，因而我们要时刻关注股价的后续走势，做好应对策略是有必要的。

老魏寄语：

头肩顶形态和头肩底形态是两个经典、最广为流传的反转形态，虽然并不是说一出现就马上要如何如何，但这些形态是需要务必引起重视的，配合成交量，及时规避可能的风险。我经常和学员说，在A股，要把“防范风险”放在第一位。

第五节 反转型形态：双重顶、双重底

抄底逃顶作为利润最大化的利器，是所有股民的追求，尽管要真正做到很难，但也不乏有一些较为明显的反转信号可作为参考，双重顶形态和双重底形态就是在股市中出现次数较多、有效性较强的反转信号。其中“M 顶”，即双重顶预示着股价可能出现见顶下跌，是一种看跌信号；而“W 底”刚好相反，是股价可能出现见底反弹的标志。相较而言，双重顶形态的有效性强于双重底形态。

双重顶形态

股价经过一段时间的上涨，积累了大量获利盘，一旦增量资金减少，股价易呈现疲乏状态，加上场内资金的获利了结，股价出现第一次回落。随后场外资金逢低吸纳或者追进，从而使股价再次上涨，但反弹至前期高点附近，再次无力上涨，由此下跌，从而形成 M 顶，其后往往会出现持续性的下跌行情。

回顾沪深两市的大盘以及个股的运行，曾经多次出现过双重顶的走势。一旦确认双重顶的形态，一般都会出现中级以上的调整，特别是熊市，其后跌幅大且持续时间长。双重顶形态一般出现在多头行情的末期，其中右侧顶的成交量小于左侧顶的成交量，表明没有持续的增量资金，一旦跌破颈线，多方往往无力反击。

双重顶形态在应用中的注意事项：

（1）双重顶的高点不一定在同一水平线上，高点的连线稍微向上或向下倾斜一点都是可能的，甚至有时候第二个顶会比第一个顶更高一点，但成交量往往不能有效放大，最终股价无力推升，重新进入下跌行情。

（2）双重顶的两个顶部一般都有较大的成交量，但第二个顶部成交量较小，表明买方力量疲乏，无力推动股价进一步上涨。

（3）在双重顶构筑完成后，一旦股价跌破颈线，务必快速离场，下跌不需要成交量的配合；若未及时清仓，可趁股价反抽及时退出，但必须注意的是，若股价下跌迅猛，可能直接下跌，不出现股价反抽回头的情况。

（4）双重顶两个顶点之间的距离越远，即双重顶形成的时间跨度越长，后续走势反转后下跌的力度往往越大。

双重底形态

双重底形态即双底或 W 底，是股价可能见底的征兆。

股价经过一段时间连续下跌，做空力量逐渐减弱，抛压减小，由于场外资金的介入，股价出现第一次反弹，但回升幅度不大，不久后再次回落。但在回落过程中成交量萎靡，空方依旧孱弱，当股价下跌至上次低点附近时，股价获得支撑，开始放量反攻，股价再次上升并冲破前期高点，形成向上突破态势。股价在反弹回落再反弹的过程中，在 K 线图中画出了一个“W”形的轨迹，即我们所说的双重底。

简单来说，双重底即一段时间内，股价连续两次下跌至相近低点随后上涨而形成的底部反转图形。

双重底形态在应用中的注意事项：

（1）双重底形态第一个低点和第二个低点之间应有一定的距离，如果时间间隔过短，则双重底形态的可靠性不强，可能会出现下跌趋势中的中继现象。

（2）第二个低点后向上突破时需配合放大的成交量，否则假突破的概率变大。

（3）一般情况下，双重底的第二个低点会略高于第一个低点，原因在于一些灵敏的投资者会趁股价回落至前期点附近逢低买进，买盘力量使股价无法再跌到前期的低点。但有时候实力强劲的主力会将筹码砸下，使第二个低点低于第一个低点，制造恐慌气氛，洗去不坚定的筹码，为后续拉升减少阻力。

（4）相对于头肩底、三重底来说，双重底的反转信号可靠性要差一些，因为只经历了两次探底，对于浮筹的清洗可能不够干净彻底，可以配合 MACD、KDJ 等底背离信号来确认底部反转的信号。

（5）双重底有两个重要的买点，一是右侧底出现后股价放量突破颈线；二是放量突破颈线后，股价的缩量回踩位置，若上涨过于强势，第二买点可能不会出现。

思　　考：

双重顶形态和双重底形态有哪些共性？

参考答案：

双重顶形态和双重底形态同为反转的信号，在形态上就如镜像一般，沿着水平线翻转之后就是对方。本质上，两者都是多空双方力量变化的形象化展示。以双重顶形态为例，在正常的上升趋势中，低点和高点都是不断提高的，但是在双重顶形态中，多方不再有足够的力量推动股价创出新高，而低点也不再明显提高，呈现出一种滞涨的状态，此时可以择机卖出，密切关注后续走势变化。

老魏寄语：

就双重底而言，是一个夯实底部的过程；而双重顶是明显的警示信号，一旦无法突破新高或者达到新高后快速回落，务必做好撤退的准备，留得青山在，不怕没柴烧，在市场中，我们要永远把规避风险放在第一位。

第六节 反转型形态：三重顶、三重底

三重顶形态和三重底形态是双重顶和双重底的变形，这也意味着双重顶、双重底虽然是变盘前的信号，但并不意味着出现了双重顶、双重底就会马上变盘，若多空双方继续拉锯，则可能出现三重顶、三重底的情况。

三重顶形态

与双重顶相比，三重顶多了一个顶，多空双方进行了更长时间的拉锯，尽管股价在高位盘踞，但是无法突破新高，每次反弹时成交量也往往愈发低迷，最终进入下跌走势。三重顶是头肩顶的变异形态，不同于头肩顶的是，三个顶之间没有确定的高低关系。

股价经过一段长时间的上升趋势后，逐渐积累了大量的获利盘，一些先知先觉的资金开始获利离场，入袋为安，股价出现首次较大幅度的下跌，此时，若配合利空，往往会造成股价在短期内的加速下跌。但由于上涨趋势尚未完全消失，当股价回落至某区域时，一些苦于没有入场买点的投资者逢低买入，之前高位进场的部分投资者也开始逢低回补。股价再次上升，但市场人气远不如前，当股价反弹至前期高点附近时，在获利筹码的抛压下再度走软。但由于股票尚未完全失去热度，股价下跌后仍有部分投资者及短线客将股价拉起，不过反弹力度不及前期。此时由于股价无法创出新高，

越来越多的投资者开始抛售，而后股价最终无力回天，进入下降趋势。

三重顶形态在应用中的注意事项：

（1）对于中长线投资者，在三重顶形成过程中，甚至双重顶形成过程中，应及时撤离。而对于短线操作者而言，应密切注意三重顶的颈线位置，可在支撑位买入博反弹；若股价一旦有效跌破颈线位置，应及时卖出股票。同时，关注成交量的变化，若在股价下跌至颈线的过程中，成交量缩量，说明卖压不大，可轻仓介入；否则在大量抛压下，不一定会形成完整的三重顶，可能出现提前进入下跌趋势。

（2）三重顶形态一旦形成，相比于头肩顶以及双重顶，由于顶部进行了更加充分的换手和纠缠，一旦开跌，跌幅往往大于后两者。

（3）三个顶点之间的时间跨度越长，见顶的可能性越大；而若三者之间距离较近，则存在中继调整的可能性。

（4）在股价跌破颈线后，往往会有一次反抽颈线的机会，未出局的投资者务必清仓离场。

三重底形态

市场经过长时间的下跌趋势后，整体跌幅较大，空方动能逐渐枯竭，使得部分激进的投资者开始在左侧吸纳筹码，短期内多方力量胜于空方，因而股价出现第一次反弹回升。当股价回升，有一定涨幅后，短线投资者将高抛低吸的筹码以及被套住的筹码逢高出货，进而使股价再次下跌。当股价跌至前期低点附近，由于投资者的锚定心理，再次出现大量买盘，进而使股价重新回升，当股价接近前期高点时又有投资者获利离场，进而股价再次下跌。在第三个低点形成后，最后一次上涨必须向上穿越颈线位才能最终确认三重底。相较于双重底，三重底底部更加坚实，更有利于趋势的反转。

三重底作为优质的反转形态，提供了多个买入点。对于激进的投资者来说，在股价放量突破右侧颈线位时可轻仓介入；稳健的投资者可等待股价突破颈线位并缩量回踩确认后介入；保守的投资者可待股价在右侧形成上升趋势时再择机介入。

三重底形态在应用中的注意事项：

（1）仅用三个低点并不能确认三重底，三重底在第三个低点后成交量应明显放大，因增量资金介入而放量突破颈线，形成一轮上涨行情，否则反转走势可能不成立。

（2）三重底的三个波谷之间的间隔不宜过短，否则行情可能只是出于中继震荡状态，底部形态构筑得不够牢固，进而上攻力度不足，容易沿着下跌趋势继续下行。

（3）三重底是良好的反转形态，但是投资者也不宜过早介入。应耐心等待三重底形态彻底构筑完成，股价放量突破后再买入。在实战过程中，底部往往是一个反复消磨的地方，时间跨度相比于顶部形态会更长。

思　考：

如何理解三重顶 / 三重底和双重顶 / 双重底的区别应用？

参考思考：

这是一个很多投资者都会疑惑的地方，以三重顶为例，既然是三重顶了，那之前是不是已经出现过双重顶了呢？这时候照理来说已经卖出了。事实上，这是一个投资者在实操过程中的买卖节点问题，有时候确实是要形成双重顶形态了，但可能还没到投资者设置的卖出点，股价又开始暴力反弹了，进而需要进一步观察股价的变化，若再次创出新高，后续走势还未可知。抛开死板的形态，投资者需要重点关注的是多空双方力量的此消彼长，以此来决定是持有、卖出或者买入。在实际买卖中，应严格设置买卖点，到点操作，而非主观判断。将自己关进笼子，将权力交给交易系统。

老魏寄语：

不管是顶部还是底部，都要有一个形成过程，不是一天两天能形成的，对于广大投资者来说，并不需要苛求精准地抄底逃顶，但要明白股票处于什么阶段，在合适的时间做合适的事。

第七节　反转型形态：圆弧顶、圆弧底

圆弧顶形态和圆弧底形态是两种最为常见的反转形态，不管是底部的形成还是顶部的形成，往往不是一蹴而就，而是一种渐进渐变的状态，相对于“V”形、“W”形形态，圆弧形的转折点意味着市场上多空双方势均力敌，你来我往，使股价维持了较长时间的交替获胜状态，但最终股价还是选择了方向，出现向上或者向下的反转行情。

圆弧顶形态

相比于头肩顶、双重顶等剧烈的反转形态，圆弧顶是一种渐进渐变的温柔式反转形态，圆弧顶形态是由上到下缓慢形成的，整体呈现一段圆弧形的走势。

在图 7-6 中我们可以看到以下特征：

（1）在股价到达圆弧顶的顶点之前，股价呈圆弧形缓慢上升状态，尽管股价不时创出新高，但整体来说也存在很多调整，整体形状看起来比较平滑。

（2）随后股价到达顶点附近，卖压开始增大，不再创出新高，随后股价逐波走低。

（3）成交量也是逐渐减少的，说明场外资金对于入场接盘兴趣不大。

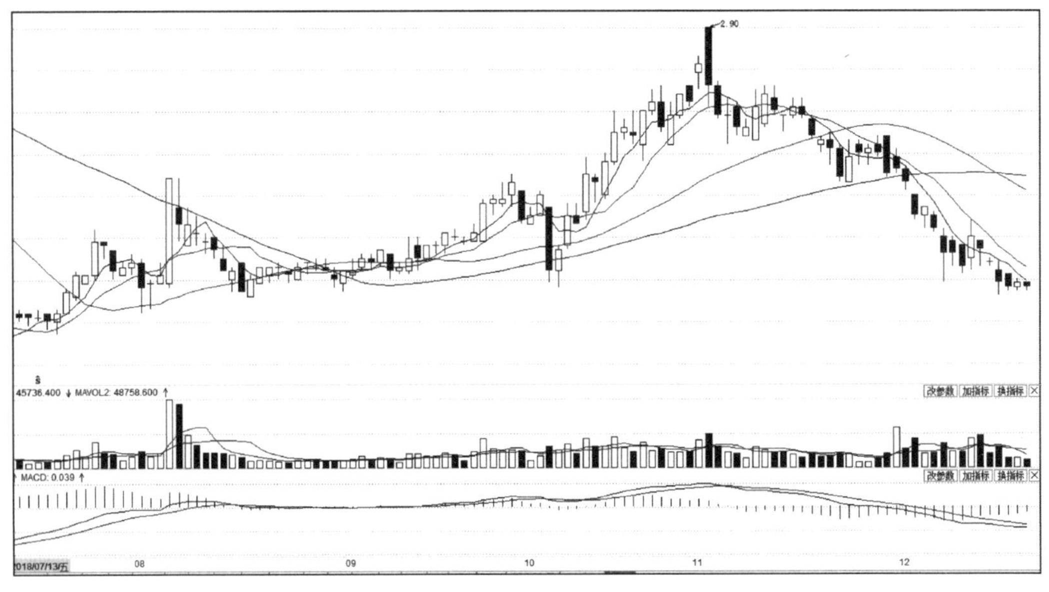

图 7-6　营口港（600317）日 K 线走势图

圆弧顶的形成过程是实力相当的多空双方博弈的结果。市场经过一段时间买方力量强于卖方力量的涨势之后，由于双方力量趋于平衡，涨势较为缓和。但随着双方力量对比的反转，卖方力量逐渐增强，后卖方力量超过买方，股价开始回落，但整体趋势较为缓和，从而慢慢绘制出圆弧的右侧。最后卖方力量远超买方，股价开始快速回落。整体而言，在圆弧顶的形成过程中，市场主要呈温水煮青蛙的状态。

圆弧顶形态在应用中的注意事项：

（1）在圆弧顶形态形成过程中，股价并不会立刻下跌，而是会出现缓慢的停滞状态，形成一个类似圆弧形的徘徊区域，但整体重心还是会慢慢偏下，此时，还没有出局的投资者应抓住机会离场。

（2）圆弧顶出现后的下跌目标点位很难确定，勿盲目预测而在下跌过程中贸然抢反弹。

（3）由于圆弧顶形态是多空双方实力相当拉锯的结果，成交量往往较为温和，出现爆量的情况较少。圆弧顶形态常出现在绩优股中，持股者心态较为稳定，因而股价走势较为平缓。

（4）由于圆弧顶形态形成的耗时较长，并不像其他图形有着明显的卖出点，但一般右侧的成交量小于左侧的成交量时，圆弧顶形成的概率较高，应密切关注，及时卖出。

圆弧顶形态是主力资金离场的最佳形态，因为主力资金筹码多，很难在短时间内全部派发完毕，将股价维持在一个高位区间，利用股价的日常波动，来回拉锯，逐步套现离场是较好的选择。一般情况下，只有在主力清仓的尾声突发紧急情况，主力才会不计成本地卖出筹码。

圆弧底形态

圆弧底形态多出现在底部区域，或者阶段性底部区域，形态表现上犹如一个锅底，是一种反转上攻的形态。

在图 7–7 中我们可以看到以下特征：

（1）股价处于低价底部区域。

（2）股价的变动简单而连续，先是缩量缓慢下跌，构筑圆弧底的左侧，而后成交量缓慢放大，伴随股价回升，构筑圆弧底的右侧。

（3）构筑圆弧底的整体耗时较长。

（4）圆弧底构筑的末期，股价逐步上扬，均线呈多头发散状。

圆弧底形态是多空双方力量博弈的结果。股价从高位跌落，空方的力量逐步减弱，主动性的抛盘减少，但买方畏缩不前，于是成交量随着股价的下跌而持续下降。而随着时间的消磨，活跃的筹码越来越少，多空双方均逐渐精疲力尽。因而股价跌幅越来越小，成交量极度萎缩。当股价跌至极端位置后，开始有先知先觉的场外资金入场收集筹码。多方力量逐渐增强，股价及成交量缓缓上扬。到最后阶段，多方实力远胜于空方，随后股价迅速攀升。

图 7-7 润建通信（002929）日 K 线走势图

圆弧底形态在应用中的注意事项：

（1）圆弧底形态的形成耗时较长，投资者不宜过早介入。在买入之前，应确认圆弧的底部已经形成，并在右侧圆弧底出现温和的放量上涨。

（2）主力资金通常在圆弧底部附近吸货，而在其涨升初期，往往会出现旗形、W形等整理形态，从而清扫一些浮动筹码以及短线投机客，因而买入后要坚定持有或者等上涨走势正式形成后再介入，以减少震荡带来的心理压力。

思　　考：

对于出现圆弧顶 / 圆弧底形态的股票，该如何确认操作点位？

参考答案：

相对于头肩顶 / 头肩底、三重顶 / 三重底而言，圆弧顶 / 圆弧底形态是一个渐变的过程，没有明显的颈线等标志性操作点位，更多的是一种温水煮青蛙的状态，而圆弧顶 / 圆弧底也是一种事后确认的形态。就操作时机而言，应更多地依据均线等其他技术分析手段。对于圆弧底，不应过早介入，而应等大致雏形初现以后，配合均线等其他指标右侧进场。而对于圆弧顶，切不可傻傻地等待圆弧顶形态正式形成再撤出，圆弧顶完全形成之后，其股价往往已经下跌很多了。投资者可将均线等作为操作依据，跌破均线即可卖出。

老魏寄语：

形态有各种各样的，但表象的背后却是一致的，不管怎么样，股价的涨跌最终是由资金的博弈结果决定的。就拿底部来说，绝望的资金逐步割肉，剩下没卖出的筹码基本都是不动的，而此时主力资金却在悄然吸收筹码。最终，股价会在主力资金的拉动下重新起航。我常跟学员说，要学会看主力的动向，只有这样，才能运筹帷幄。

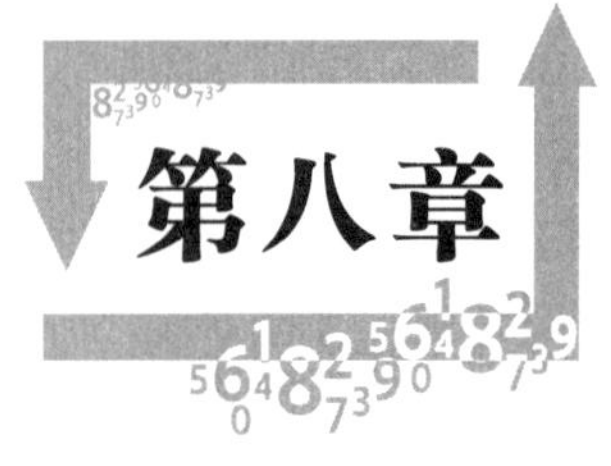

第八章 经典炒股理论

炒股技术的发展伴随着整个股市发展的历程，尽管技术分析的原理亘古不变，但证券投资分析的技术随着时代的发展也一直进行着演化。在股市发展的过程中，涌现出了一系列的优秀理论，很多经典至今仍被广泛应用，随着通信技术发展，投资领域的技术分析手段也愈发五花八门。

第一节 道氏理论

凡是学习技术分析的投资者，必然不会对道氏理论感到陌生，道氏理论可以说是技术分析的开山鼻祖。而道氏理论的名字也是来源于其创始人——查尔斯·道，正是查尔斯·道创立了道琼斯公司，发明了道琼斯工业指数，并且创立了至今在全球有着举足轻重地位的《华尔街日报》。

事实上，如今我们看到的道氏理论，并非查尔斯·道自己所写，而是后人在其理论的基础上整理补充而来，但查尔斯·道对技术分析的理解已经非常深入。在1900—1903年这三年中，查尔斯·道在其创立的《华尔街日报》上发表了大量关于股市的评论文章，表达了他对于股票市场后续走势的看法，而这些可证的历史文章也成就了道氏理论。

在查尔斯·道逝世后，《华尔街日报》的记者纳尔逊整理出版了《股市投机的基础知识》一书，正式将查尔斯·道关于股市论点的文章包含在内。此外，汉密尔顿出版了《股票市场晴雨表》，该书也集中论述了道氏理论的精华并使之有了较为正式的结构和更为翔实的内容。1932年，汉密尔顿又和罗伯特·雷亚进一步将道氏理论加以提炼、整理，编著了《道氏理论》一书。

时至今日，道氏理论作为技术分析的鼻祖，依旧被广泛应用于技术分析，虽然查尔斯·道本人并没有系统地阐述道氏理论，也没有出版过相关著作，但后人依旧将其视为道氏理论的鼻祖。我们今天常见的关于道氏理论的书籍，均是源于查尔斯·道。

尽管在道氏以后出现了很多技术分析学派，很多投资者对于道氏理论可能有些疑惑，觉得道氏理论是过时的、存在许多缺陷的技术理论。但事实上，道氏理论并非仅是用于预测的理论，我们更应学习道氏理论宝贵的哲学思想。道氏理论在技术分析中依旧有着举足轻重的地位。而其精髓可以总结为三大假设和五大定理，这也是我们所有技术分析的基石。

三大假设

1. 主要趋势不受人为操纵

道氏将趋势的级别分为三档，分别为几天到几周的日常波动、几周到几月的次级折返趋势、几个月到几年的主要趋势。这三档的周期由短到长，指数或者证券每日、每星期的波动可能会受到人为的操纵，但周期相对较长的次级折返走势受人为操纵影响有限，其主要的趋势不会受到人为的操纵。

当然，对于一些市值较小的公司，容易被收集了大量筹码的庄家操纵，但是主要趋势，长期而言还是会基于公司基本面的变化，筹码也会轮转。总的来说，公司的主要趋势仍是无法被操纵的，只是换了不同的机构投资者。

而且，随着我国 A 股市场的日趋规范化及监管的完善，操纵股票现象日趋减少。

2. 市场指数包含每一条信息

每个市场参与者对于市场的解读形成预期都会反映到当前的价格指数中。因而市场指数会充分地体现市场对于未来的预期，同时对于一些突发的情况，如火灾、地震等，市场也会迅速反馈并体现在指数上。如今的互联网社会，信息的流通也更加顺畅，对于每天的财经政策、领导人讲话、机构违法违规、上市公司最新的资讯……所有参与者的希望、失望、贪婪、恐惧，市场都照单全收。

3. 道氏理论也并非万无一失

道氏理论可以帮助我们客观地认识市场，避免投资者凭借主观猜测指导投资行为。但它并不是可以战胜市场的理论体系。想要利用道氏理论协助投资或者投机，必须对其进行深入研究和客观判断。遵循市场的波动规律，以概率的思维看待市场。仅在主观上使用它时，往往会因为主观的偏见而不断犯错、不断亏损。

五大定理

定理 1：道氏理论按照行情级别的大小，将市场走势分为三种。

（1）潮汐，它是主要趋势，也是最为重要的趋势。整体向上的市场可称为多头市场或者牛市，整体向下的市场可称为空头市场或者熊市。主要趋势的持续时间可能长达数年之久。

（2）波浪，它是次级的折返走势，它可以是多头市场中的重要下跌走势，也可以是空头市场中的重要反弹走势。这种走势通常会持续数周到数月。

（3）涟漪，它是每天的日常波动，最难琢磨，相对来说最不重要，甚至可能受到大资金的操纵。

专业的投资者往往需要时刻保持对于各个周期变化的敏感度，深谙各个周期间的相互关系，以此判断市场的走向。

定理 2：市场主要走势决定市场大方向。市场主要走势代表整体的基本趋势，通常根据市场走势可将市场分为多头市场和空头市场。持续时间可能在一年以内，甚至长达数年之久。对于市场主要走势大方向的判断，对于投资能否成功有着重要的意义。试想，在整体下跌的大趋势中，抓住偶尔反弹的利润比起抓住整体上涨时的顺势而为的利润，难度高多了。

当然，尽管现在科技已经得到了突破性的发展，但目前没有任何已知的方法可以准确预测主要走势的持续期限。

定理 3：主要的空头市场是长期向下的趋势，期间存在着重要的反弹。它来自各种不利的经济因素，唯有待股票价格充分反映可能出现的最糟情况后，这种走势才会结束。

空头市场有三个阶段。第一阶段，市场参与者不再期待股票可以维持过度膨胀的价格；第二阶段的卖压是反映经济状况与企业盈余的衰退；第三阶段是来自健全股票的失望性卖压，不论价值如何，许多人急于求现至少一部分的股票。

定理 4：主要的多头市场是一种整体性的上涨走势，平均持续期长于两年。在此期间，由于经济情况好转与投机活动转盛，所以投资性与投机性的需求增加，并因此推高股票价格。

多头市场有三个阶段。第一阶段，人们对于未来的经济发展恢复信心；第二阶段，股票对于已知的公司盈余改善产生反应；第三阶段，投机热潮来临而股价明显膨胀——股价此时上涨是基于期待与希望。

定理 5：次级折返走势是多头市场中重要的下跌走势，或空头市场中重要的上涨走势，持续的时间通常在三周至数月；此期间内折返的幅度为前一次级折返走势结束后之主要走势幅度的 33%～67%。

次级折返走势经常被误以为是主要走势的改变，因为多头市场的初期走势，显然仅是空头市场的次级折返走势，相反的情况则会发生在多头市场出现顶部以后。

道氏理论的启示

道氏理论的很多原理蕴藏在我们日常的投资生活中，只不过一般人不太会察觉到，道氏理论蕴含的哲学思想，更侧重于对于市场内涵的理解。尽管不能直接指导交易，但了解这些概念之后，方能进一步讨论价格的趋势。而对于市场运行的知识和观念恰恰是指导我们在证券市场获利的根本。

最早的时候，道氏理论只是从查尔斯·道对于股市行情运行的评论文章中总结出来的理论，是一种提升投资者或者投机者知识储备以及对市场运行认识的工具，并不是一种严格的技术分析理论。但据雷纳选择权交易基金公司的报告，将道氏理论运用在 1896 年至 1992 年的“道琼斯工业指数”与“铁路指数”，发现道氏理论可以精确掌握 77.8% 的经济扩张走势与 66.2% 的经济衰退走势，这是分别由确认日至行情顶部或底部而言。每年的平均报酬率（未经复利）为 24.2%。就此，投资者若运用“道氏理论”，也可提前预知 1997 年顶部崩盘和 1999 年顶部暴跌。

尽管并没有任何一种方法可以长期具有准确预测的能力，但是道氏理论对于指导投资者对大势的研判，仍然具有重要的作用，是每个投资者应该重点深入研究的基本理论。

老魏寄语：

道氏理论作为技术分析的鼻祖，值得每个投资者了解并掌握，时至今日，道氏的三大假设和五大定理，对于广大投资者进行技术分析，仍然有着重要的参考意义。

第二节 波浪理论

如果说道氏理论为我们打开了技术分析的大门，那么波浪理论就是帮我们在技术分析的道路上前进了一大步。

道氏理论指出了市场运行的三种基本趋势：主要运动、次级折返趋势和日常波动，这是我们分析股市趋势的大方向，但是道氏理论只是大致地对市场进行了描述，对于更加细化的形态运动或者形态的相互关系并没有进一步阐述，这无疑对我们实际应用会产生一定的困扰。

事物的发展总是循序渐进的，股市分析技术同样也不例外，在道氏理论之后，美国证券分析家艾略特提出了一个解释价格运动的技术分析理论——艾略特波浪理论。

艾略特于20世纪30年代提出了波浪理论，他“站”在了查尔斯·道的肩膀上，以道琼斯工业指数为研究对象，发现股市的走势通常呈现出一种如同波浪般的自然规律，故以“波浪”为核心，在其著作 *Nature's Law - The Secret of the Universe* 中系统阐述了波浪理论。而后波浪理论也逐渐成为了一种重要的股票市场分析工具。波浪理论认为，股票市场的价格运动呈现波浪的运动方式，一浪接一浪，小浪组成大浪，周而复始，极具规律性。艾略特以此为核心，精炼出市场的13种“波浪”（价格运动模式），并将这些波浪连接起来形成更大的波浪。在上升趋势中，前一波上涨的高点将成为后一波上涨的低点，低点逐渐提高；同样，在下跌趋势中，前一波下跌的低点也会成为后一波下跌的高点，高点不断降低。股价以波浪的方式向上或者向下运行。

波浪理论的核心在于划分了波浪，投资者可关注波浪的主要运行方向，并利用大波浪的上涨或者下跌进行高抛低吸，兼顾追随大趋势和波段买卖时机，努力实现利润的最大化。

和道氏理论一样，波浪理论并非虚无缥缈的空中楼阁，而是一个完整的系统理论，是继经典的道氏理论之后最受推崇的技术分析理论，其正确性基于三条假设，这三条假设指出市场的运行状态有其客观规律：

假设一：市场行为呈现为一种可认知的形态，人们有能力认识这种形态。

假设二：股市的走向就反映了市场行为。

假设三：社会是不断向前进步的，对于股票市场来说，它在一个大的时间跨度范围内是处于上升形态的，而这种上升形态就是以波浪式的方式向上推进。

波浪理论还有四条基本原则：

原则一：股市的上涨与下跌是交替出现的，并且上涨走势与下跌走势是通过波浪形态来完成的。

原则二：在价格的波浪运动过程中，推动浪和调整浪是两种最基本的价格运动形态，推动浪与基本趋势运行方向一致，且波动幅度较大、持续时间较长；调整浪与基本趋势运行方向相反，且波动幅度相对较小、持续时间较短。推动浪可以再分割成5个小浪，一般用第1浪、第2浪、第3浪、第4浪、第5浪来表示，调整浪也可以划分成3个小浪，一般用A浪、B浪、C浪表示。

原则三：上述的8个浪为价格走势的一次完整循环过程，当这一循环结束后，价格走势将进入下一个八浪循环的过程。

原则四：波浪的形态不会因时间长短而改变，波浪可以拉长，也可以缩短，但其基本形态不变。

细解八浪循环过程

波浪理论的形态就体现在“5个上升浪及3个调整浪”的八浪划分之上：

第1浪：这一浪出现在相对低位区，一般产生于空头市场后的末期，属于营造底部形态的一种，经常出现在底部盘整之后。此时，市场上大多数投资者并不会马上就意识到上升波段已经开始，因而做多动能并不是很充足，但由于做空动能的枯竭，少量的买盘涌入就可以推动价格上涨。相对来说，第1浪的持续时间较短。

第2浪：这一浪是对第1浪的调整，由于很多投资者仍然认为熊市没有结束，因而选择了在一波上涨后进行抛出。此时的市场做多动能仍然有限，价格出现一波深幅回调也就在所难免，在这一浪的回调走势中，其成交量往往出现明显的缩小，这说明抛盘压力正在减弱。经过此浪后，市场往往会在这一低位区形成经典的底部形态，如头肩底、双重底等形态。

第3浪：这一浪属于上升趋势中的主升浪，其持续时间最长、上涨幅度最大，这一浪的运行轨迹在大多数情况下都会发展成为一涨再涨的延升浪，在这一浪的上涨过程中，成交量往往会持续放大，这说明是充足的买盘推动了价格的持续走高。

第4浪：第3浪的大幅上涨必然导致更多的获利盘有获利出局的愿望，在买盘无法持续快速跟进的情况下，高位区就会出现深幅调整的第 4 浪，第 4 浪在形态结构上经常是以三角形或楔形出现的，第 4 浪的运行结束点一般都较难预见，但是第 4 浪的底部不可低于第 1 浪的顶点，这一原则是投资者应注意的。

第 5 浪：第 5 浪是三大推动浪之一，是上升趋势的延续，也是上升趋势处于强弩之末的表现，但其涨幅在大多数情况下比第 3 浪小。此时市场情绪较为高涨，一些涨幅较小的个股往往会出现补涨走势，然而随着买盘的枯竭，一些前期涨幅巨大的个股已出现了滞涨走势，多空双方的力量正在发生转化，市场步入见顶阶段。

A 浪：在这一浪中，空方力量开始占据市场主导地位，但由于牛市持续的时间较长，大多数投资者仍没有意识到趋势的反转，并没有争相抛售，因而这一浪的下跌幅度有限。

B 浪：这一浪是形成“多头陷阱”的一浪，一部分投资者仍以牛市的思维方式进行回调后的加仓买入，但这部分的投资者毕竟力量有限，因而，这一浪的反弹幅度较小。

C 浪：B 浪的上涨走势无力使得更多的投资者开始意识到了趋势的反转，而此时的买盘已近枯竭，在买盘无意入场、卖盘开始争相抛售的情况下，股市开始全面下跌，C 浪是破坏力较强的下跌浪，持续的时间较长且跌幅巨大。

数浪规则

波浪的形态、浪与浪之间的比例、浪与浪之间的时间间距这三方面的内容是我们正确应用波浪理论的关键所在，而这三者之中，浪的形态最为重要。波浪的形态，是艾略特波浪理论的立论基础，其八浪循环形态并不难理解，但是在股市的实际走势中，由于大浪中有小浪、小浪中有细浪，再加上其推动浪和调整浪经常出现延伸浪等变化形态和复杂形态，因而投资者往往很难区分哪一波上涨对应八浪循环中的哪一浪，所以，正确数浪，对成功运用波浪理论把握投资时机至关重要。针对此点，艾略特列出了以下四条数浪规则以帮助投资者正确地识别波浪形态。

数浪规则一：第 3 浪是最具爆炸性的一浪，它绝不会是第 1 浪至第 5 浪中最短的一个浪，在股价的实际走势中，第 3 浪经常会成为最长的一个浪。

数浪规则二：第 4 个浪的浪底不可低于第 1 个浪的顶点。

数浪规则三：在一个完整的八浪循环过程中，推动浪的简单与复杂形态多是交替出现的，即若第 1 浪为简单形态，则第 3 浪往往为复杂形态；若第 1 浪为复杂形态则第 3 浪多为简单形态。调整浪的形态也往往是简单、复杂形态交替出现，即若第 2 浪以简单的形态出现，则第 4 浪多数会以较为复杂的形态出现；若第 2 浪以复杂的形态出现，则第 4 浪多数会以较为简单的形态出现。这条补充规则，能较好地帮助投资者分析和推测市场价格的未来发展和变化，从而把握住出入的时机。

数浪规则四：第 1 浪、3 浪、5 浪中只有一浪延长，其他两浪长度和运行时间相似。

波浪理论的缺陷

波浪理论仅是一个股市总体运行形态的理论，因而在实盘买卖个股中，波浪理论的作用仅限于在一个大方向上指导我们的买卖时机（因为绝大多数个股的走向往往与股市整体走向是一致的），对于如何选择个股、如何把握个股走势的独立行情，波浪理论是无法提供帮助的。

波浪理论是一个阐述价格运行形态的理论，在理解波浪理论的长处之后，我们还有必要了解一下它的短处，只有这样，我们才可以在把握波浪理论精髓的基础之上，通过学习其他技术分析理论，进而做到取长补短、融会贯通。

波浪理论的最大争议之处在于对各浪的划分，它是一套主观性很强的分析工具，运用波浪理论进行分析的投资者往往会受一个问题的困扰：一个浪是否已经完成并开始了另外一个浪呢？正是由于波浪理论的主观性较强，因而投资者运用波浪理论时很容易出现错误的判断。

波浪理论虽然有明确的“五升三降”规律，但是在很多时候，股票市场的涨跌循环并不按“五升三降”这个机械模式出现，这时数浪的方式多是牵强附会，或是主观臆断，从而使波浪理论失去了阐述股市运行形态的意义。

老魏寄语：

相比于道氏理论，波浪理论是相对更加量化的理论，通过数浪的方式区分股价所处的阶段。波浪理论素有“千人千浪”的说法，这也源于每个人对波浪理论的理解有所偏差，具体划分方法也就有了差别，但不管怎么样，股市就是涨涨跌跌，涨多了会跌，跌多了会涨，如同波浪的上上下下。波浪理论也是一种方法、一种工具，用于指导自己的操作，既然是工具，只要自己觉得合适、好用，那就行了。

第三节 箱体理论

箱体理论，是一个形象化的理论名字，之所以叫箱体理论，是因为符合其定义的股票通过上下波动，形成了类似箱体的结构。箱体是股价在两条水平线之间的变动而形成的形态。当股价上升至上水平线时遇到阻力而回落，而股价跌落至下水平线附近则受到支撑而回升，但再次到达上水平线附近再次回落……直至有效突破上方或者下方水平线，股价脱离箱体而逐渐形成新的箱体，原箱体的顶部或者底部将成为重要的支撑位或者压力位。

当箱体形成时，股价在上方水平线附近时可以卖出，股价进入下方水平线附近后可买入，投资者可根据箱体理论选择买卖点。

整体来说，箱体理论将股价运行的过程分成了若干小行情，将一段段连续起伏的K线用方框来划分，不论是上涨还是下跌行情都在一段段小行情中研究低点和高点。

在上涨行情里，股价每突破新高价后，由于大众的惧高心理，发生回跌调整的概率变大，而后股价遇支撑进而重新回升，在新高价与回跌低点之间就形成一个类似箱体的运行空间。

在下跌行情里，股价下跌一段空间后，必然会出现下跌动能枯竭的阶段，此时股价出现反弹回升，而后因上涨动能的枯竭股价回落，在低点和反弹高点间逐渐形成箱体波动，投资者可根据箱体内股价的运动来推测股价的变动趋势。

从箱体理论的基本特征我们可以看出，箱体理论是支撑压力的具体表现形式，当股价上涨至一定水平，遇阻回落；股价下跌至一定水平遇到支撑而反弹。一旦确立了箱体走势，股价就有了高低之分，每当到达高点，由于卖压较重，自然应该卖出股票；而股价回落至低点附近，有买盘的支撑，此时便是买进机会。

当然，箱体并不是如来佛的五指山，并非不可逃脱。当股价向上冲突破箱体的上沿时，表明阻力已经克服，股价得以继续上涨；而后一旦回落，之前的箱体上沿的阻力自然转变为支撑，一旦支撑有效则宣告另一箱体的底部形成，而支撑位置形成买点，在这里买进机会较大且风险较小。相反，当股价向下跌破箱体下沿时，表明箱体的支撑已经失效，股价继续下跌；若反弹回升无法突破箱体下沿而回落，一个新的箱体上沿得以形成，因而此时正是卖点。

箱体的分类

按照股价实际的运行状态，箱体走势分为升势、跌势以及盘整趋势三种。实际操作的关键在于价格的走势能否有效突破原有的箱体区域。

在价格走势震荡上行时，若股价在一波走势中创出新高，特别是放量突破时，往往意味着上涨尚未结束，此时可以在随后的回调中逢低买入。

如图 8-1 所示，我们可以看到其股价在第一个长方形方框内反复震荡调整，形成箱体运动，而后放量突破箱体上沿，随后回调至右侧小箱体阶段低点为较好的买点。若股价处于下跌趋势中，一旦跌破箱体下沿，万不可留恋。

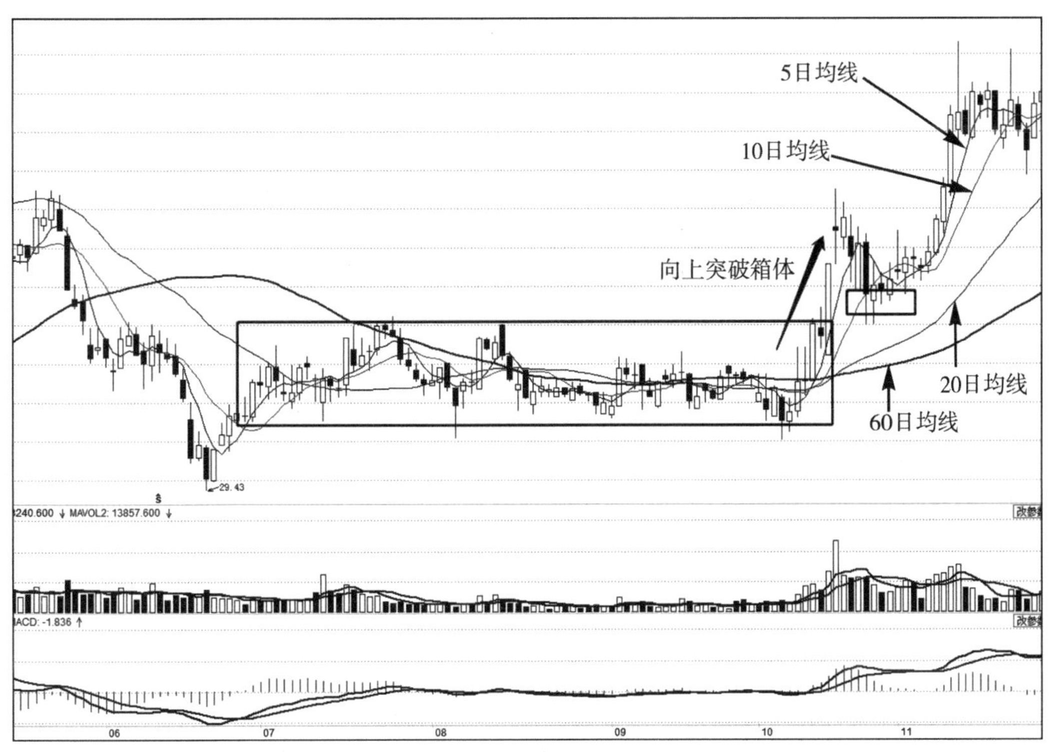

图 8-1　和仁科技（300550）的日 K 线走势图

尽管箱体理论看似简单，但是箱体理论在股票技术理论中的地位极高，是与道氏理论、波浪理论等齐名的重要理论。其最早是由尼古拉斯·达瓦斯提出的，出现在《我如何在股市赚了 200 万》一书中。更为传奇的是，尼古拉斯·达瓦斯原本的主业是舞蹈表演，他和他的舞伴每年都会在全球进行巡回演出，他投资第一笔股票的 3000 美元是通过跳舞挣来的。而极具天赋的他在 18 个月内狂赚 200 万美元也正是得益于对箱体理论的运用。他不但在股市赢得了巨额的利润，还赢得了声名，《时代》杂志在采访他后做了特别报道，得到了读者热情的响应，在短短 8 周的时间内，尼古拉斯·达瓦斯的书籍就销售了近 20 万册，而后至少有数百万的读者看过这本书，由于影响力过大，美国股票交易所甚至不得不考虑修改有关卖单的买卖规则。

箱体理论是基于“市场行为包涵一切信息”和“价格沿着趋势运动”这两大假设提出的。

箱体理论的主要内容

（1）股价总是有一个明确的上涨或下跌趋势，这个趋势一旦确立就会持续。股价总是沿着这一趋势展开一系列波动，波动的范围就是箱体。

（2）没有波动，股票就不会活跃。因此，股价在箱体的上轨和下轨之间来回震荡的股票才是好股。

（3）股价突破箱体上轨进入另一个高位箱体时就买入，跌破箱体下轨进入另一个低位箱体时就抛出，止损位设在箱体下轨低一点的位置。

（4）在股价突破原有箱体后无法形成新箱体的时候抛出股票。

（5）由于股价不断震荡上行，就形成一个叠一个的金字塔形箱体。在有效突破原有箱体进入另一个新箱体的时候买入，在金字塔形态开始翻转向下时抛出股票。

箱体理论的基本论断

（1）跌破箱体的底部后2～3个交易日内，收盘价不能再超过箱体底的价格。

（2）突破箱体股价在2～3个交易日内，股价不再回到原箱体内，不然突破无效。

（3）箱体的高度=最高价－最低价。向上突破箱体，第二个箱体的顶部为原箱体最高价与最低价的价差。

（4）突破箱体以后，顶与底互换。当股价滑落到箱体的底部时会受到买盘的支撑，当股价上升到箱体的顶部时会受到卖盘的压力。

一旦股价有效突破原箱体的顶部或底部，股价就会进入一个新的箱体里运行，原箱体的顶部或底部将成为重要的支撑位或压力位。因此，当股价上扬冲到了另外一个箱体并站稳时就应买进，反之应卖出。

老魏寄语:

对于箱体理论，大家了解一下即可，更重要的是领会股票密集成交区的意义，上方的密集成交区往往会形成压力，需要放量才能有效突破；而下方的密集成交区则会对股价起到支撑的作用。

第四节 量价理论

在股市中，我们常常会听到量价这个词，所谓量价结合，就是说判断股价的变动必须将成交量和股价结合起来，否则仅靠单一指标往往不准确。

尽管几乎所有投资者都听过量价这个词，然而真正认真学习研究过量价的寥寥无几，甚至对于葛兰碧这个名字也是陌生的。

而葛兰碧正是量价理论的提出者。葛兰碧是美国的一位投资专家，除了量价理论外，他还是移动平均线、葛兰碧八大买卖法则的创立者。他在所著的《股市市场指标》中提出了量价理论的雏形，认为“成交量是价格的先行指标，是股市的一面镜子，也是股市前进的动力和元气”。

他的理论从根本上解释了量价的关系，哪怕放在现在依然直击量价的本质。成交量的变动是股市交易活跃程度、人气变化最直接的体现。成交量是最难以作假的指标，当盘面一片死寂，表明市场中几乎没有什么成交发生。而在长期沉寂的行情中个股突然成交量爆发，往往意味着资金开始入场，虽然股价不一定马上上涨，但是作为探路的先头部队，也足以引起我们的警戒，持续观察后续走势。

量价的关系，即成交量与价格趋势的关系可以归纳为八种基本关系：

（1）量价齐升，成交量增加，股价上涨，即所谓的有价有市。

（2）量平价涨，股价上扬，但成交量没有同步增加，则此时股价涨势较为可疑，股价趋势中存在潜在的反转可能。

（3）股价随成交量递减而回升，显示出股价上涨的动力不足，股价趋势存在反转的可能性。

（4）股价随着成交量递增而逐渐上升，然后成交量剧增，股价暴涨（井喷式上涨），随后成交量大幅萎缩，股价急速下跌，这表明涨势已到末期，上升乏力，趋势即将反转。

反转的幅度取决于前一轮股价上涨的幅度大小及成交量的变化程度。

（5）股价随成交量上升而递增，上涨的行情持续数日后，一旦出现成交量急剧增加且股价上涨乏力的情况，表明股价在该高位遇到大量抛盘且买方力量不足，这是股价下跌的先兆。股价连续下跌后，在低档出现大成交量，股价却并未随之下跌，只是小幅变动，则表明行情即将反转上涨，是买进的机会。

（6）在长期下跌形成谷底后，股价回升，成交量却并没有因股价上升而递增，表明股价上涨行情有心无力。此后再度跌落至先前谷底附近（或高于谷底）时，如第二个谷底的成交量低于第一个谷底，则表明股价可能即将上涨。（这也是常见的W底形态）

（7）股价下跌相当长的一段时间后，会出现恐慌性抛盘。伴随着日益增加的成交量，股价大幅度下跌。同时因恐慌性卖出后所创的低价常常是极端不理性的，当恐慌性抛盘力量枯竭，空头市场得以结束。

（8）股价向下跌破股价形态趋势线或移动平均线，同时出现大成交量，是股价下跌的信号。特别是股价在高位时放出天量往往是暴跌的前兆！

量价理论的精华无疑是技术分析中的瑰宝，以上的简单介绍只能作为一个小小的引子，想要在量价学习中有所建树，还需参考更多资料，共勉。

老魏寄语:

股市是一个包容性非常强的地方，任何技术只要学到了极致，都能让投资者在股市有一席之地。很多学员会疑惑，为什么有时候老魏会把均线都去掉了，其实是为了排除干扰，更加简单直观地观察量价的关系，缩量、放量、价升、价跌，各种排列组合的背后，是资金博弈的动向。

第九章　趋势交易系统的魔力

在变幻莫测的股票市场中，投资者的情绪往往被股价的变化不断牵动，特别是在盯盘过程中，明明有计划好的买入点位，但当股价真的快速下跌时，往往会犹豫，一下跌就不敢买了；同样，在上涨时也会产生仿佛永远会涨上去的幻觉。令人唏嘘的是，往往只有下跌了，看着手里的浮盈越变越少才会慌慌张张地卖，或者一下涨上去了才急着追上去，仿佛手速一慢就永远买不到了。恐惧和贪婪支配着投资者的实际操作，而这时候，有个规范自己行为的交易系统就显得尤为重要。

第一节　为什么要建立交易系统

股市是一个海纳百川的地方，这里容纳了各种各样的流派，有短线投机者，有中线波段操作者，也有基于价值投资的长期持有者……但不管怎么样，在股市中最终能够赚到钱的还是少数，市场上流传的“七亏二平一赚”并非危言耸听。要说亏损的投资者都不懂股市规则或者技术并不客观，恰恰相反，其中也不乏一些“老韭菜”，不管是 MACD、KDJ 或 RSI 等指标，还是道氏理论、波浪理论抑或江恩理论……他们对各种技术指标和理论如数家珍，甚至连上市公司的资料都倒背如流，在股市中摸爬滚打多年，却仍未能稳定盈利。

如果你也同样炒股多年，学习过很多技术，但是时赚时亏，迟迟无法实现稳定盈利，甚至持续亏损，一定会对上述情况感同身受。我们会感到疑惑，会怀疑所学技术是否无效，会反思自己是否经验积累得不够。可事实上，我们常常是因为学习和经历了很多，但仅凭经验和感觉去交易，始终没有建立一个行之有效的交易系统。

所谓的交易系统，就是根据自己交易原则和掌握的交易技术，明确地设定交易所需的条件，包括入场时机、仓位管理、止盈点、止损点等整个交易流程中所涉及的因素，保证自己的交易系统覆盖了交易的方方面面，尽量减少需要自己主观判断的地方。一旦依靠主观判断，交易也就不可靠了。因为经验是不可靠的，人是有情绪的，特别是“杀”红眼时，往往会失去理智。

一个稳定盈利的交易系统，一定是一个期望值为正的系统，这个系统不需要应对所有的走势，只需选择其中性价比最高的时机进场操作。交易系统中的内容，可以是相当简单而又有效的，如《海龟交易法则》一书中的“20日突破法”，以20日均线为参考。又如年线法，只参与大盘指数在年线以上的机会，若大盘在年线以下，再好的机会都要忍住不参与，尽管会错过很多“机会”，但也避免了很多不必要的损失。在股市中，机会是无限的，风险也是无限的，只有本金是有限的。留得青山在，不怕没柴烧，只要本金还在就不愁没有机会盈利。

一个稳定的交易系统必然涉及胜率、赔率以及仓位管理这三个重要的因素。

尽管不同的投资者的偏好不同，每个交易系统可能也都不一样，但可以肯定的是，长期稳定盈利的投资者的交易系统必然是回报的期望值为正且系统已经包含对“黑天鹅”事件的应对。对于“大心脏”的投资者，可以接受更大的波动率，因此其交易系统可能胜率不高，但赔率很高，可能10次交易只能赚4次，但每次赚的都很多，而亏的都很少，盈利可以覆盖亏损。而稳健型投资者可能胜率很高，有时甚至达到7成胜率，但输赢金额可能差距不大，长期下来可能还没有前者盈利多。但不管是哪种投资者，都要有仓位管理以及分仓管理，否则万一出现一个“黑天鹅”事件，可能大半年的努力都白费了。

关于交易系统的内容，必须是自己理解并认同的，只有这样，我们才能真正地信任交易系统，不打折扣地执行交易系统，在交易系统发出买入或卖出信号时，毫无顾忌地执行，而非再犹豫和主观再判断。

每个交易系统都是个性化的，正如费思在《海龟交易法则》所说：“我说过很多次，你可以把我的交易法则登在报纸上，但没有人会遵守它们。关键是统一性和纪律性。几乎每个人都可以列出一串法则，而且不比我们的那些法则差多少。但他们不可能给别人信心，而唯有对法则充满信心，你才会坚持这些法则，即使遭遇逆境。”

在股市发展的历史长河中，涌现了大量的经典理论和技术指标，如道氏理论、波浪理论、均线理论、缠论、MACD、布林带、KDJ等，其中任何一个，只要研究透彻，并建立自己的交易系统，往往就会有不错的效果。哪怕是最简单的原则，比如“年线走平上翘时参与，年线开始转头向下卖出”，如果长期坚持这个法则就能造就不错的交易结果。最怕的便是什么指标都看，但由于各个指标有时候会有一些矛盾或冲突的地方，最后反而不知所措，操作也回到了老路——靠经验和感觉交易，而这和依靠情绪赌博并无二致。

市场上的聪明人很多，但稳定盈利的人不多，其根本原因在于股市是一个大杂烩，不管是专业的投资者，还是业余的投资者，都是在一个交易所交易，如果是比智力，永远有更高智商的交易者、“武装到牙齿”的专业队伍碾压你，而拥有一个正期望的交易系统是你驰骋股市的利器，哪怕走得慢，但走得稳。

第二节　什么时候买股票

既然选择了炒股，就必须知道什么时候买股票。大家都知道，并不是所有的时候都适合买股票。如果有段时间 80% 的股票都是上涨的，有段时间 80% 的股票都是下跌的，哪段时间更容易赚钱不言而喻。

首先需要明确一点，我们来到股市都是为了赚钱的，没人是来亏钱的。市场向来有“七亏二平一赚”的传统，也就是说只有大约 10% 的人长期收益是正的，但是几乎每个人都认为自己会是那 10%，会是赚钱的那一个。

那么，凭什么你是那 10% 赚钱的人呢？如果一定要做那 10% 的人，该怎么做呢？

必须得承认的是，市场有熊有牛，并不是所有的时间都适合买股票，或者说在不同的时间里赚钱的难度是截然不同的。当然，如果你天赋异禀，无视牛熊，一直能在市场叱咤风云，那可能并不需要择时，但这样的人毕竟是少数。选择合适的入场时间，可以增加赚钱的概率，降低赚钱的难度。

道氏理论告诉我们，个股的走势是和大盘走势相关的，尽管公司的经营并没有发生变化，但在大盘整体跌势影响下，绝大多数个股也会跟跌。所谓城门失火，殃及池鱼，讲的大概就是这个道理。

2018 年便是具有重要参考意义的一年。年初时，优质个股由于机构大量抱团取暖，走势相当坚挺，但在大盘不断下跌的拖累下，市场风声鹤唳，哪怕是公认的优质股也出现了大幅补跌。在市场恐慌的时候，坏消息总会被无限放大，哪怕再小的消息也会被理解成大利空，对利好却无动无衷。那么择时，就显得尤为重要。

此外，大盘及行业板块的涨跌也对个股走势有着重大的影响，可以通过大盘——板块——个股，自上而下地选择心仪的股票。

大盘

首先，选取适当的参考指数，比如上证指数（如图9-1所示）、深证指数、创业板指、中小板指等，当然也有沪深300，反映大盘股的上证50等。其次，指定操作规则，比如指数运行在20日均线之上才开仓，等10日均线上穿20日均线后才开仓等。若严格按照规则执行，管住自己的手，一定会有不错的收获，特别是在熊市中，而且颇具讽刺意味的是，在熊市中空仓就能战胜90%的投资者了。

图 9-1　2018 年 1 月 2 日—9 月 16 日上证指数走势图

板块

同一板块的个股总是相互影响的，以 2018 年的医药板块为例（如图 9-2 所示），作为公认的业绩稳定板块，年初时凭借其惊人的防御属性逆势上涨。然而随着疫苗造假事件的发酵，各类以往几乎被忽略的医药负面消息层出不穷，走势也是一泻千里。

年初的投资逻辑是，参考日本的股市，哪怕是泡沫过后的那些年，医药板块整体还是向上的，我国同样有着人口老龄化的问题，医药是刚需行业，似乎无惧大盘。然而自从长生生物（现已退市）出事，各类医药负面消息不断，即使医药板块的投资逻辑还在，但走势已经不是原来的医药股牛市走势了，反而一泻千里。而2018年底随着带量采购的进行，药价降费超预期更是雪上加霜，就连不相关的OTC药企都连带下跌。足见板块效应的威力。

价格怎么上去的，还是会怎么下来，覆巢之下，安有完卵？有个段子说的是长生生物爆出疫苗丑闻后，动物疫苗的公司跟着跌，甚至连做壮阳药的医药公司也要跟着跌……

因此在板块整体向好时，上涨的概率往往更大，否则再好的股票，往往也独木难支。

图9-2　2018年2月13日—10月8日医药板块的日K线走势图

个股

最后，便是个股的选择，选择趋势良好的股票往往会有奇效。整体来说，大盘好、板块好、个股好，这时候买股票才是最有利的。

第三节　买什么样的股票

解决了什么时候买股票的问题，接下来就要解决买什么股票的问题。仍然以趋势交易为例。根据持股时间的不同，可分为短线、中线以及长线三种不同的操作周期。不同的操作周期，选择的个股也有所不同。

短线

短线操作做的是情绪，当有大利好传出时，市场上的投资者都不冷静，资金像潮水一般涌入，这个时候才能做短线。如果一只股票成交量低迷，整天软绵绵的，一天波动一两个点，再犀利的短线作手，恐怕也做不出什么花样来。

做短线，就要做交易状况十分活跃的个股，要干龙头，龙头哪怕跌了也有股价反抽逃跑的机会。当然，短线对于风险的控制以及操作要求也更高，有“恐高症”的朋友不做短线也没错，不做并不会亏钱。要做，就要制订并严格执行止盈止损策略，否则，做短线就是亏钱最快的方法。

如图 9–3 所示，股价放量上涨，接着缩量横盘调整，后再次放量上涨，此时就是追进的好时机，第二天若没有涨停，股价上冲无力时可以卖出。

短线操作，抓的就是时机，适合激进型的投资者。

图 9–3　通源石油（300164）在 2018 年 5 月的一波行情

中线

中线，主要做的是中继趋势。形态也很多，比如欧奈尔杯柄形态、高位紧密旗形等。

如图9-4所示，方框处股价呈高位旗形整理形态，且成交量不断减小，说明愿意交出的筹码不多，属于最强势的整理。此时横盘的空间越来越小，一旦股价向上突破，务必马上跟进。

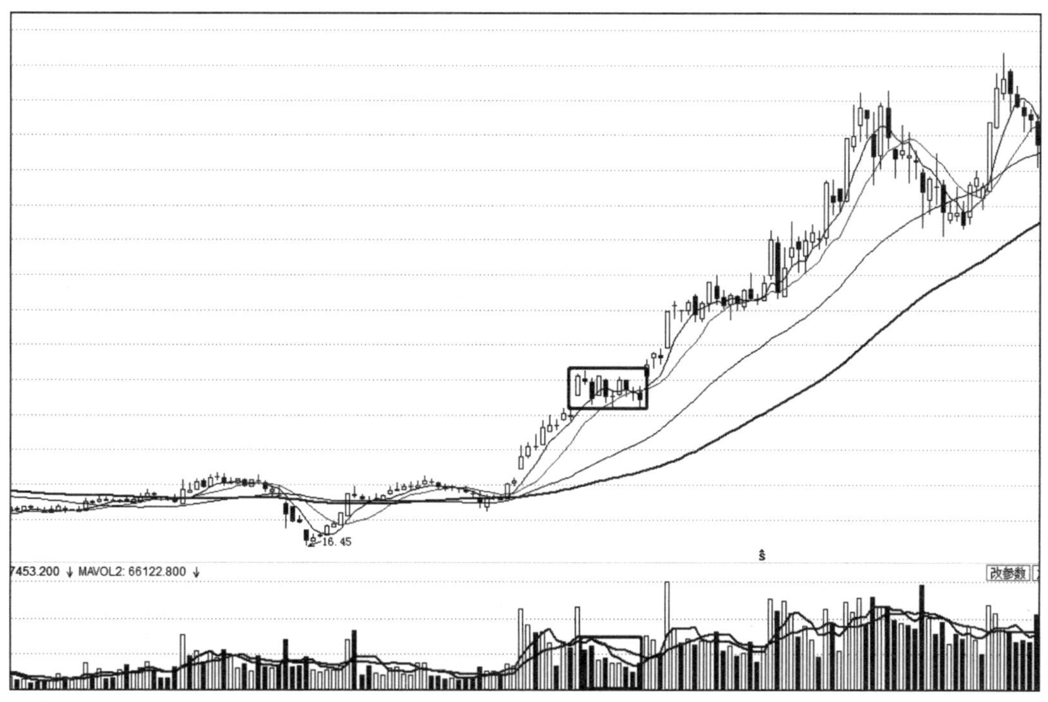

图 9-4 顺鑫农业（000860）部分日 K 线走势图

图 9-5 也是经典的欧奈尔杯柄形态，经过调整，股价走势呈类圆弧形的杯子结构，后续突破右杯沿，并形成杯柄的结构，此时买入是不错的时机。

实际操作中，不管是哪种形态，其本质都符合“上涨—调整—再次上涨”的结构。当然，哪怕是出现符合条件的标准形态，股价也并不是每次都能上涨的，特别是在熊市中。

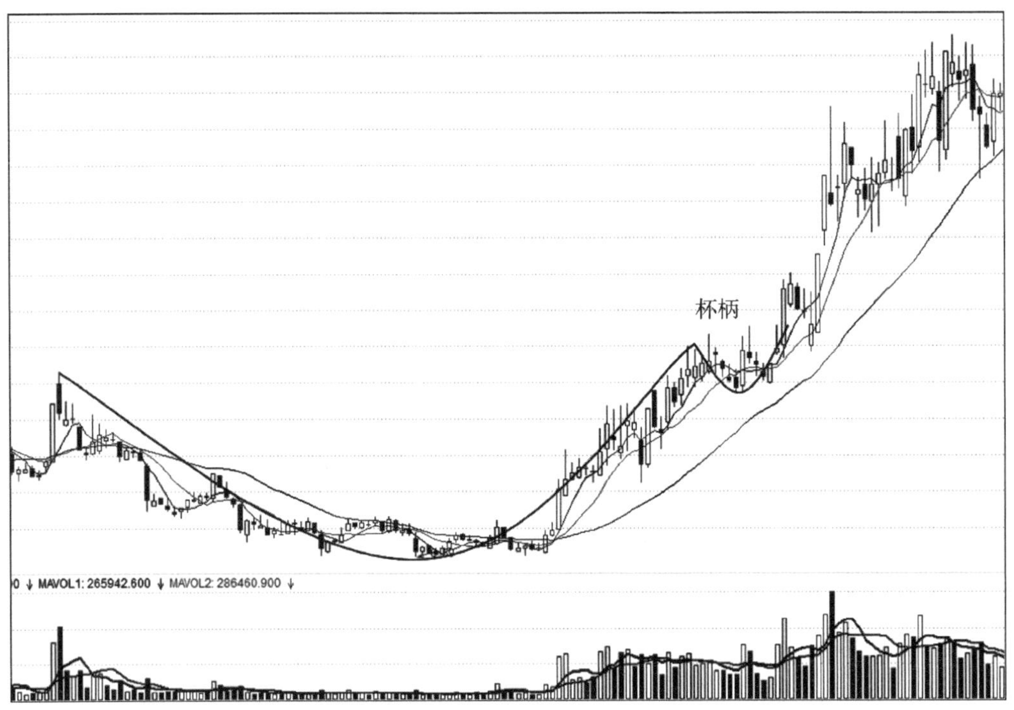

图 9-5　卫宁健康（300253）部分日 K 线走势图

长线

长线主要做趋势转折，也就是通常说的抄底，看见好股票便宜时就买一些。值得注意的是，在牛市刚结束时是不适合做长线的，一定要等股市冷下来，长期下跌至少一年以上，我们才能开始考虑长线的事。当然，长线并不是说买入了马上就会涨，做长线就要有长线的心态。整体来说要做好只输时间不输钱的准备。

具体方法上，可以参考年线（250 日均线），年线是天然的趋势线，只不过是曲线，待股价放量站上年线，并缩量调整站稳在年线之上，此时便是一个不错的介入机会。

短线、中线、长线三种不同的操作周期对应三种选股思路，标的各不相同。值得注意的是，咱们的本金是有限的，而机会和风险是无限的。在没有机会的时候，我们要做的便是耐心地等待，耐得住寂寞，规避一些不必要的风险，在机会来临时，才有本金去抓住机会。

机会是留给有准备的人的。

第四节　仓位管理的艺术

仓位管理本质上是使用杠杆，只不过杠杆率在 0 ～ 1 之间波动，但也是对本金最好的保护机制。在高风险的时候减少仓位甚至清仓，在低风险时重仓甚至满仓。

但满仓入场时最怕的就是遇到“黑天鹅”事件，哪怕你之前盈利再多，只需要一个“黑天鹅”事件，全亏完也有可能。如果在股市的时间足够长，这种“黑天鹅”事件是肯定会碰到的。

如图 9-6 所示，长生生物（现已退市）本来是一个医药大牛股，疫苗圈大佬，说不行就不行了，连续一字跌停，连跑的机会都没有。类似的例子还有很多，像之前的昌九生化（600228）、重庆啤酒（600132），哪怕没有跌到这种程度，但如果满仓跌个 50% 也受不了，可能一年或者几年的收益全赔里面了。

这时候，仓位管理就显得格外重要。仓位管理是区分老手和菜鸟的重要标志，仓位管理主要取决于自己能承受的风险大小，是风险控制的工具。

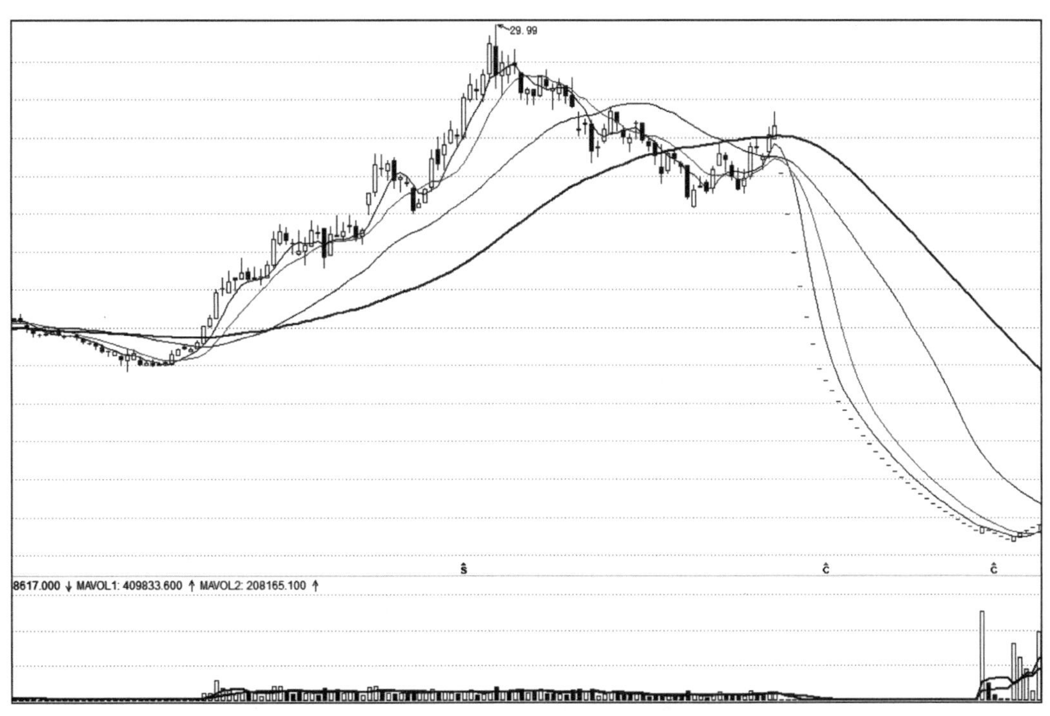

图 9-6　长生生物（现已退市）的日 K 线走势图

比如，你每次能承受总资金 2% 的损失，在个股亏损 10% 时止损，那每次买入的仓位则不能超过 1/5。总体原则是不能过于分散，也不能过于集中。过于分散，搞得自己跟基金经理一样，我们没有那么多的精力管理仓位；过于集中，还是会出现风险过大的情况。

除分仓以外，对整体仓位进行管理也是很重要的，行情总有好坏，在市场整体下跌的走势中，哪怕分再多仓都不能幸免。有个P2P的段子，说的是鸡蛋不能放在同一个篮子里，所以放在不同的P2P项目中，结果这些篮子是在同一辆货车上的，货车倒了……

总而言之，关于仓位管理，需要注意两点：

（1）整体仓位的高低管理。

（2）仓位的分仓管理，不把全部资金压在同一标的上，以避免“黑天鹅”事件。

仓位管理是炒股的压舱石，也许一个空仓就躲过了大跌，一个分仓就能让自己大难不死。

第五节　留得青山在，不怕没柴烧：止损

在股市中唯一能确定的是其具有不确定性。在再好的买点进入也会有出现亏损的时候，谁也没法保证自己买的股票一定会涨。特别是一些经过自己认真研究过的股票，可能不管是从基本面还是技术面看，都是“完美无瑕”的。但当股价不断下跌，我们很难接受这个现实，不过我们必须接受，勇于面对自己，向市场认错！

而止损则能及时斩断自己的错误，不是说股票一定不能涨了，而是你不能再在这个股票上亏钱了。有个重要的定理叫做鳄鱼定理，当鳄鱼咬住你的手臂时，要做的就是断臂求生，而不是做无谓的挣扎。在股市中也一样，止损是防止亏损的雪球越滚越大的最好方法。

其中主要有 4 种方法，各有利弊：

（1）绝对值止损法。绝对值止损法简单粗暴，但又十分有效，判断条件简明，不会有什么歧义。我们可以设定一个止损的点位，比方说 7 个点，一旦买入的股票亏损 7 个点，立刻止损卖出。当然有时候跌得急，可能不止 7 个点，但不管怎么样，此时要做的就是立马卖出。当然，根据实际情况，止损点位可以适当调整。

（2）依托支撑位止损。支撑位，即成交密集区，在成交密集区筹码相对较为集中，

一旦跌破支撑位，应立马卖出。因为支撑位是缓冲地带，在这里股价会选择方向，一旦方向选择向下，很难有进一步的阻力。

（3）依托均线止损法。均线是持股平均成本的反映，例如 20 日均线，股价跌破 20 日均线后，先卖出，若后续股价重新站上 20 日均线再买回来也不迟。优先保住本金，只要本金在，机会一直会有。

（4）基于时间的止损。这种方法一般用于短线，用来追击突破股。短线操作，“赌”的就是预期，一旦股价没能像预期的那样上涨，哪怕没有跌，也应该出来观望一下。既然是做短线强势股，走势不强势，就不该留恋。

止损，必须坚决果断，绝不能越陷越深，否则明明一个很小的损失就能避免的错误，会因为优柔寡断而越亏越多。

无止损，不交易。

第六节　落袋为安方是真：止盈

止盈可能是大家最后才能学会的一步，毕竟急功近利是人性的一面。稍微涨一点，大家就着急着卖，生怕下跌。一旦跌了，又满怀希望，总想着等回本再卖，不肯服输，眼睁睁地看着亏损越来越大，最后把短线做成了长线，还安慰自己是价值投资。

关于止盈，常见的有以下两种方法。

1. 动态止盈

动态止盈是指止盈点随着股价的变动而变化，比如：

（1）买入时设 –8% 的止损点，如果跌 8%，卖出观望。

（2）如果盈利 5% 以上了，提高止损点到 –5% 止损。

（3）盈利 8%，则坚决不能再亏钱了，一旦股价回到买入点就卖出。

（4）盈利超过 10%，再回撤 5% 就出局。

…………

盈利较多以后，也可以不看回撤，依托均线操作，比如在股价跌破20日均线时止盈。

动态止盈比较灵活，可以根据自己的需要进行调整，总之一个大原则，保护资金的本金及部分盈利。如果把盈利十几个点的股票操作成亏损，那会给投资者带来很大的挫败感。

2. 一致性原则操作

用什么周期进入市场的，就用什么周期出去。依据均线买入的，就按照均线卖出。

止损保本金，止盈保胜果。经历过大牛市的人一定记得，曾经随便买买就能赚不少，只可惜，牛市结束后总会需要人买单，买单的人便是把盈利亏完甚至亏本金的人。2015 年亏得最多的不是买在最高点的人，而是越跌越买的人。多少人感慨，如果当时止盈了，人生就是另一番景象了。

曾经有个抓火鸡的故事，主人公设置了一个抓火鸡的陷阱，在一个小笼子里放了很多玉米并延伸到外面，一开始火鸡吃得很欢进进出出的。主人公想着笼子里一旦有 10 只火鸡就关门收工，但在里面的火鸡一直没能达到 10 只，还由开始的 9 只，变成 8 只……主人公又想着，9 只也可以，可是等啊等，火鸡越来越少，主人公却赌上了气，最后一只火鸡都没抓住……

在交易中也一样，有了盈利就需要及时收手，哪怕赚得少一点，总比没得赚好。

唯有止盈，才能保住胜果。

第七节　知 行 合 一

知行合一，是明朝心学大师王阳明的核心思想内涵，翻译成现在的话也就是“理论和实践相结合”。看似简单的道理，实践时却异常艰难，特别是在股市中。

在股市中，有很多简单的道理，对于价值投资者来说，股票的回撤很多时候并不是问题，价值投资者的逻辑是股价到了被低估的区间，股价相对于公司的价值来说便宜了。就像看中的好东西降价了，越是降价，越值得买。其核心是股票的基本面，只要基本面的投资逻辑没有变化，随着股价的降低反而应该越跌越买。而对于趋势投资者来说，股价的趋势是其买卖股票的判断依据，一旦股票的趋势走坏，万不可留恋，哪怕是卖出后马上上涨了，也不需后悔。

但现实中，广大投资者对于自己的操作原则往往模糊不清，即使事先制定了买卖规则，最后行动时也无法完全执行。

该止损的时候不止损

对于纯技术投资者来说，该止损的时候不止损是最为致命的。技术投资者的操作逻辑在于技术形态，一旦技术形态没有如预期一样，就是市场在明确地告诉我们做错了。既然错了，就要认错，存在侥幸心理，企图等股价回升再卖出的投资者无疑为自己埋下了定时炸弹。一旦股价进一步偏离投资者的预期，往往会造成“割”也不是不“割”也不是的尴尬境地，随着损失的进一步扩大，投资者往往会陷入被深深套牢的结局，要么忍受大幅亏损而离场，要么被迫长期持股。

该持股的时候急着卖

每个投资者追求的都是最终的盈利，而盈利的根本在于盈利的股票赚的钱能否覆盖亏损的股票亏的钱。然而残酷的现实常常是，投资者在该止损的时候优柔寡断，损失的钱超出预期；而盈利的时候又卖得太早，明明是一个大牛股，却早早地卖掉了，生怕刚赚了一点钱又亏回去了，此时股票往往仍然在上升趋势中，只能眼睁睁地看着股价一路上涨。

对于风险的厌恶是人的本性。被套住后却不肯止损时，投资者常常安慰自己是在做价值投资而长期持有，仿佛不卖就不会亏损了。赚了一些落袋为安也是人之常情。但是靠感觉炒股并不是长久之计，只有一个正期望的交易系统才是长久盈利的利器，而有了交易系统，还要坚决执行，没有认真贯彻执行，就又回到了靠感觉炒股的老路……

散户最大的问题还是在于随意操作，胡乱买卖，哪怕知道规则，也不能做到知行合一。

股市修行，任重道远。

老魏寄语：

既然叫交易系统，那就是一个整体、一个闭环，选股、买入、止损、止盈等，都是所有交易的要素，都会在你的系统中体现的。系统是客观的、有规则的，该怎么做就怎么做，不要被盘中的主观情绪影响。我们在股市中想稳定盈利就必须要有交易系统，我的学员们慢慢都有了适合自己的交易系统，这点让我非常欣慰，也希望读者能够早日形成自己稳健盈利的交易系统。

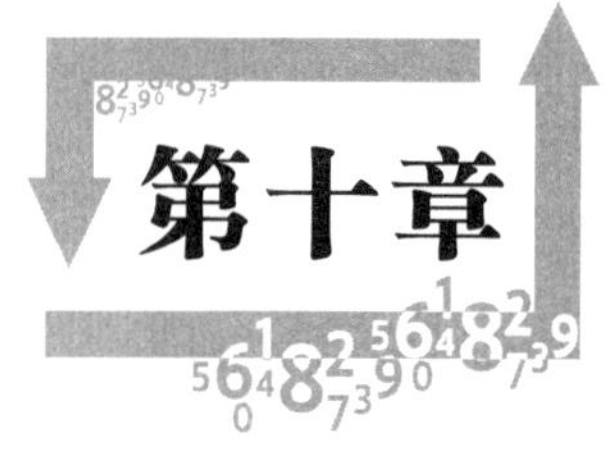

第十章 老魏不传战法

第一节 飞机场：牛股的必经之路

熟悉我的投资者都知道，我在分析股价指数的时候，经常会给大家画图，似乎能信手拈来，画得生动形象，其中飞机场就是一个典型的例子。其实我是毕业于艺术设计专业，是做工艺美术设计出身的，在机缘巧合下走进了股市这一行。正是在有美术功底的前提下，我才可以自信地说，我在绘画技术图形方面还是比较有实力的，当然这也是在股市中慢慢锤炼的结果，我在股市中所有的K线图中，都融入了自己对艺术展示出的感悟力。很多投资者认为K线过于枯燥乏味，这是事实，也是我一直想解决的问题。我在投资的过程中，发现好多的K线图形其实是可以生动化的，不用那么死板，一些复杂的东西是可以浅显化、生动化的。这种思路和实践也造就了现在的我，投资者对我讲过的东西，哪怕过了一段时间他们也能记忆犹新。

K线是有形态的，顶部的形态、底部的形态，庄家发动攻势，机构在股票内吸筹，这些时候都会有各种形态。从理论上来说，这些形态只是K线或者K线组合，并不容易记忆。而我给予这些冰冷的形态以生命。比如说飞机形态（如图10-1所示），就是一个生动的形态，启动点形成的角度、几个重要的点形成的形态，可以以一架飞机的图案展示出来。而了解了飞机形态之后，大家一旦看到股价在底部，出现了飞机形态，就会知道那个地方的行情可能要启动了，飞机场是大牛股上涨的必经之路。当然，并不是所有的飞机场都可百分之百确定股价会涨，但凡是大牛股都必定会有飞机场这个过程，了解这点是非常重要的。

除了飞机形态，我还发明了轰炸机形态，这是一个倒立的形态，出现的位置相对

较高，股价从上穿变成了下穿，似乎是一架反过来的飞机，这就是轰炸机。再如顶部，很多时候会出现一根很长的上影线，特别是放量的上影线，这是一个非常危险的信号。我把它画成了一个烧香拜佛的形象，在山顶上烧香拜佛，是告诉大家，要注意危险，警惕风险了，保护好自己。

我之所以把K线图形演化成生动的形象，是希望大家能够记住这些形态，把握好机会，同时也能规避风险，就像本能反应一般，看到图形就能想到机会或者风险。我也希望通过这样生动形象的图形，把股市中枯燥的知识变得易懂好记，真正贴合大家的需求，帮助大家成长。

当然这样的图形有很多，本书中不作赘述，本节以飞机场为主，感兴趣的投资者也可以持续关注老魏，也可以参加我的课程，进行面对面的交流。

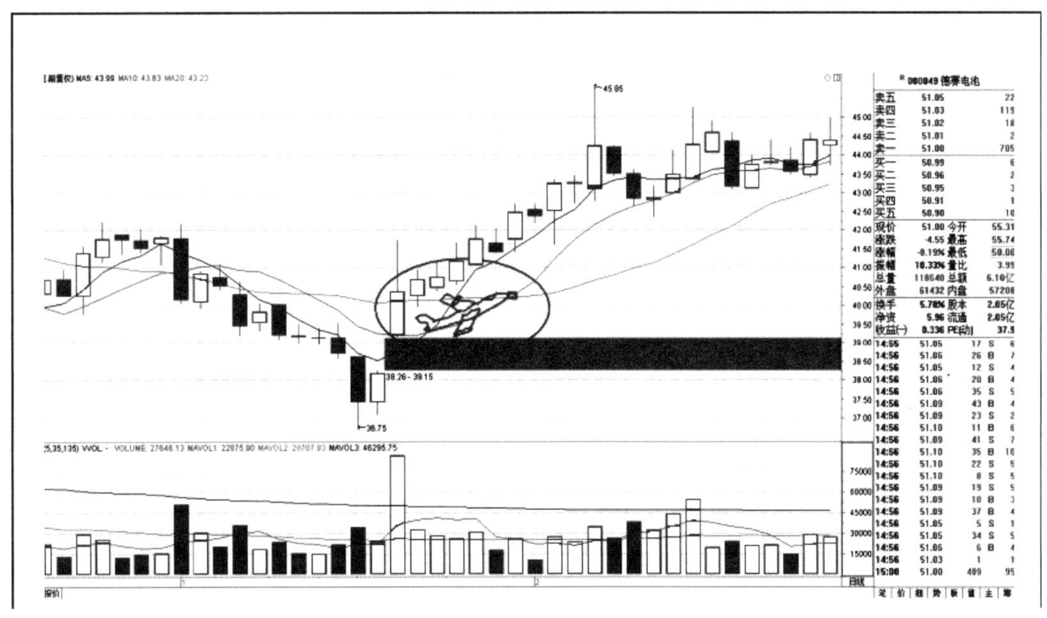

图 10-1　典型的飞机形态

飞机场概念

股价就像停在机场上一架架准备升空的飞机。所有大牛股都必须经过飞机场才能让股价起飞。我们要做的就是在飞机刚刚升空的一刹那坐上飞机跟随起飞，以此来擒获超级大牛股。

均线飞机场的设置

在日线级别中，一条5日均线，看短线强弱势；一条10日均线，看主力资金的态度；一条20日均线是“股票的生命线”，只有生命线强势才有希望。均线是一定时间内每天成交价格的平均值，我们可以通过观察均线来判断趋势的变化。

飞机场的形成原理

在股价上涨初期，5日均线在某天上穿了10日均线，说明主力资金的态度是见顶做多的；接着5日均线又上穿了20日均线，表明做多的势头继续发酵；而最终10日均线也上穿了20日均线，飞机跑道打开，飞机准备起飞。而上述3个交叉点形成了一个封闭的三角形，也就是我们关注的飞机形态，此时若配合成交量同步放大则股价很可能就此起飞。

均线飞机场要点

（1）底部飞机场是空头排列转为多头排列的必经过程，其中10日均线上穿20日均线的节点尤为重要。在这个节点处我们要画好平行切线作为止损点，一旦股价重新跌破止损点，说明主力暂时放弃，我们要及时规避风险！

（2）我们只做最有效的飞机场，就是股价经过一轮较长调整的下跌之后出现的第一个飞机场，这是最为有效的。谨慎参与上升途中出现的飞机场！

如图10–2所示，圆圈处为典型的飞机场，也是我们提倡的“最为有效”的飞机场。我们可以看到，股价经历了一轮长期的下跌，均线也是首次由空头排列逐渐上翘，20日均线显得格外显眼，股价从一直被下倾的20日均线压制的状态，转而站上20日均线。5日均线、10日均线、20日均线（“股票的生命线”）三线依次交错上升，先是5日均线上穿10日均线，接着5日均线上穿20日均线，最后10日均线上穿20日均线，飞机场正式形成，在成交量的配合下，趋势走好，股价如同一架飞升的飞机，最终走出了波澜壮阔的主升浪。

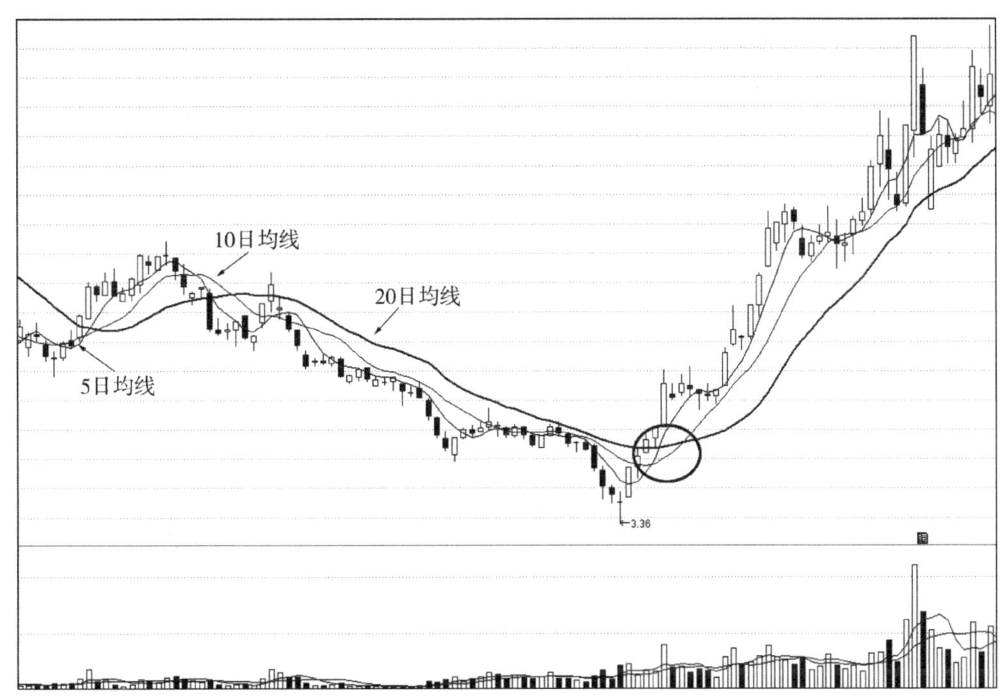

图 10-2 信邦制药（002390）日 K 线走势图

对于大盘又何尝不是。2018 年是从希望到绝望的一年，2018 年年初上证指数曾经接近 3600 点，让我们有种重回 4000 点的“牛市梦”，而后却不断下跌，期间虽然偶尔有些小反弹，但也不过是小插曲，不断点燃大家的希望又浇灭。但老魏的学员们应该没多少损失，按照老魏的战法，不会过于留恋 2018 年的行情，因为 20 日均线已经给了我们答案。而 2019 年年初，飞机场又给了我们行情的指示，如图 10-3 所示。

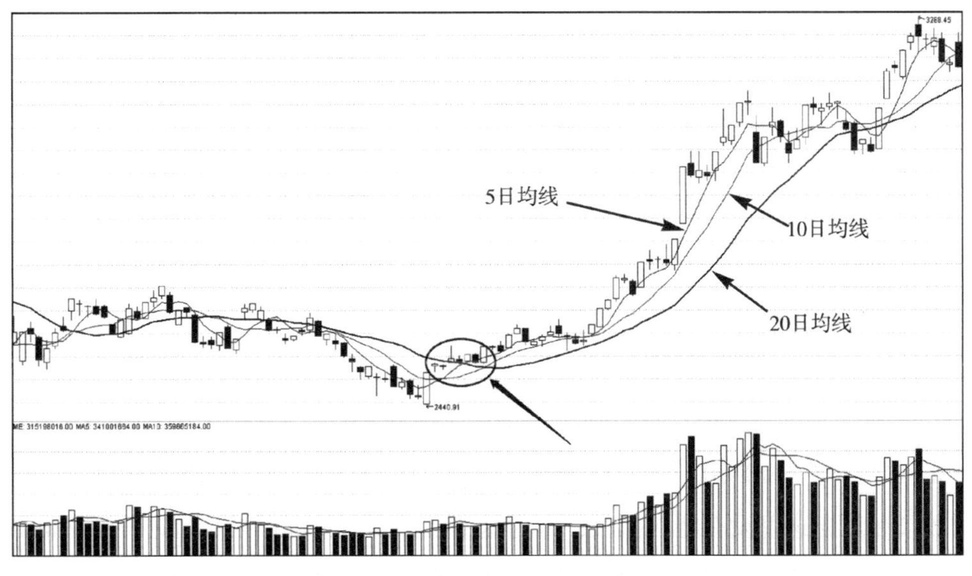

图 10-3 上证指数（000001）日 K 线走势图

老魏寄语：

本节简述了老魏重要的一个战法——飞机场战法，这是指数或者个股从底部启动的重要图形，当然，具体细节上的理解，也希望各位读者能和老魏沟通，并在实践中加强掌握程度，最终达到运用自如的境界。关于飞机场的故事还有很多，有机会大家也可以来线下课程或者公开课沟通交流，祝各位读者投资顺利。

第二节　双胞胎：主力不肯透露的秘密

不知道有多少投资者了解双胞胎信号，我把庄家的这个秘密揭露了，很多庄家因为此事对我很不满，但我还是觉得应该告诉广大的股民朋友，这个秘密叫做“双胞胎信号”。双胞胎信号主要分为两种结构，一种是股价小数点后的双胞胎，比如 16.00，小数点后面 2 个 0，属于双胞胎信号，同理 16.88，16.99 等都是双胞胎信号。另一种是股价小数点前后的共振双胞胎，比如 16.16，18.18 等。根据双胞胎信号出现的位置，又可以分为顶部双胞胎和底部双胞胎。

当出现顶部双胞胎时，如果在 2 ～ 3 天内，股价并不能向上突破，我们视之为短期见顶信号，虽然不能武断地说这是见顶信号，但这一波可以避免至少 10 个点的回撤，准确率非常高。

当出现底部双胞胎时，我们可能会更加纠结一些，因为股价会反复试探。比如出现了 16.00，过几天继续跌到 15.00。因而并不能草率地把底部双胞胎看作是抄底信号，而要根据多种信号综合考虑，产生共振才能形成更加准确的信号，例如 20 日均线拐头向上或者上升状态延续必然是不可少的。

以图 10–4 顶部双胞胎信号为例，可以进行如下的操作：

（1）如果双胞胎信号出现在 K 线上影线时，就要抛出部分筹码。

（2）第二天如果不能反包掉双胞胎股价，就要注意。

（3）KD 指标一旦出现双死叉共振信号，要以继续卖出为主。

（4）如果后面反包掉双胞胎股价，可继续持有看涨。

如图 10–5 ～图 10–10 所示的特殊数字 43.44 ，11.11，60.00，14.14，9.55，3.99（具体的股票和日期这里没有特别标注，因为这不是重点，关键还是希望这些特殊的数字可以引起大家重视）。这些简单数字都是出现在顶部或者底部，仔细观察后我们会发现，

这不正是老魏提到的双胞胎信号吗？双胞胎信号我是第一次在书中提到，没有操盘经验的投资者可能并不知道。现在我把这个秘密公布了，就是希望广大投资者以后再看到这样的信号，能够多留一个心眼，多一分警惕。

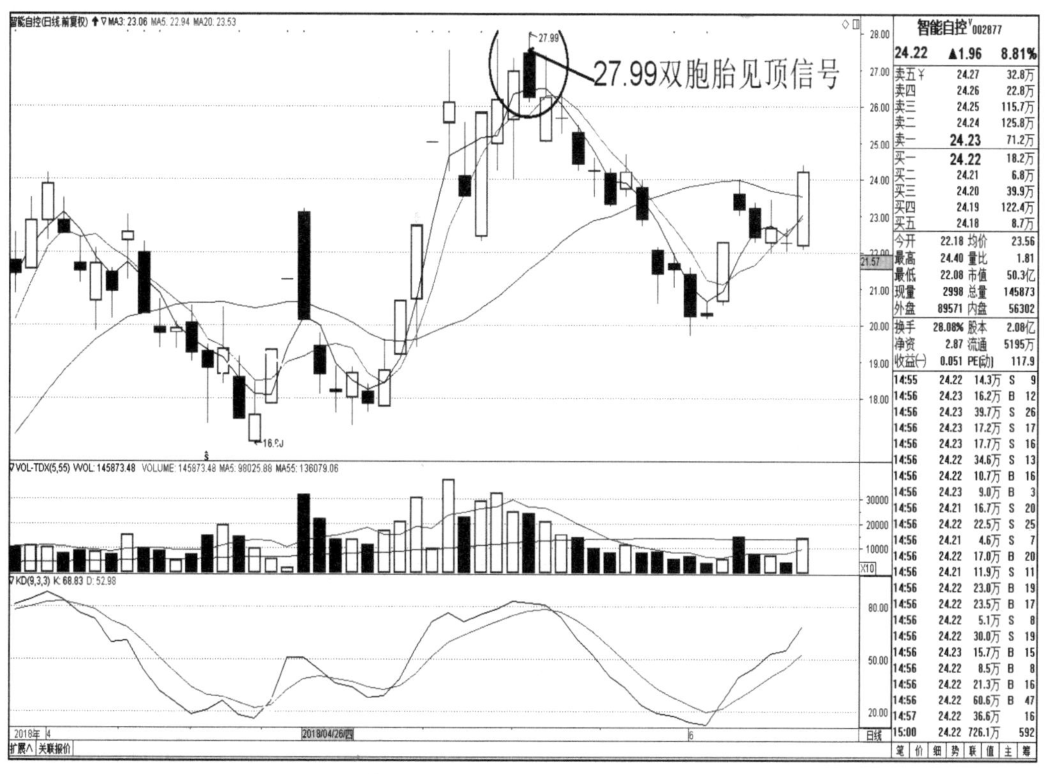

图 10-4　顶部双胞胎信号

图 10-5　特殊数值之一

图 10-6 特殊数值之二

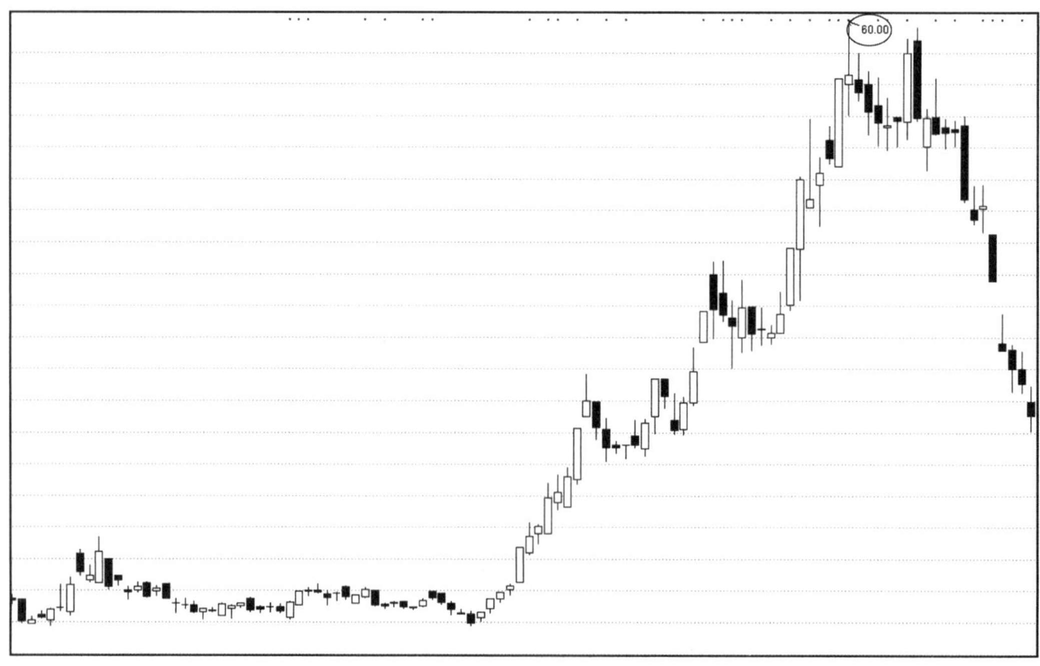

图 10-7 特殊数值之三

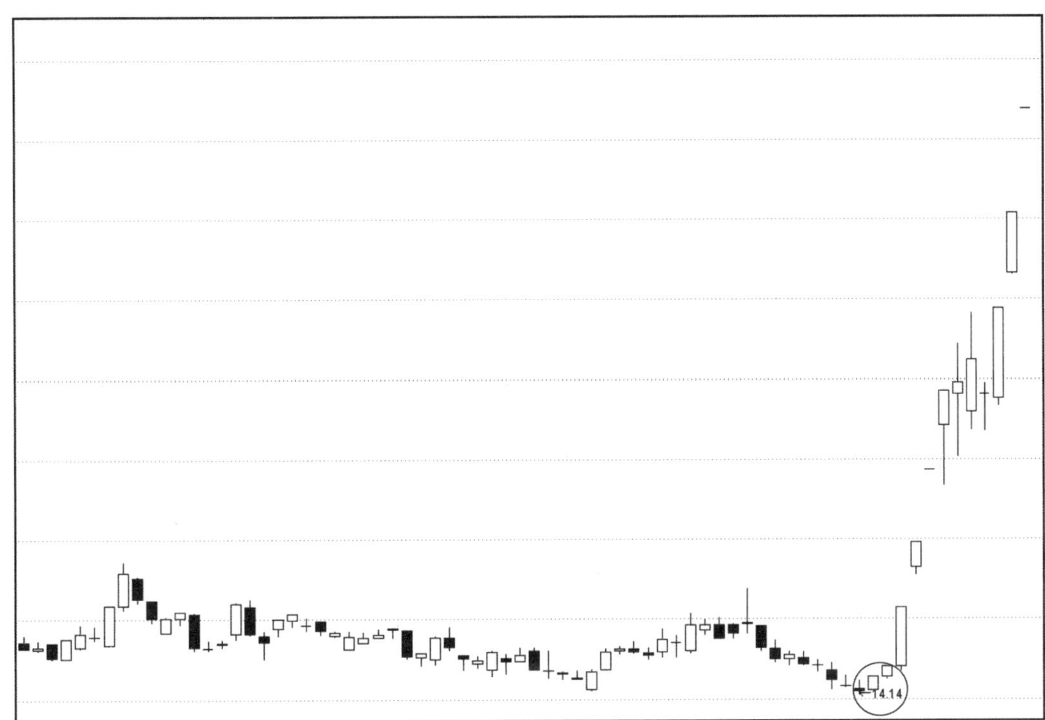

图 10-8　特殊数值之四

图 10-9　特殊数值之五

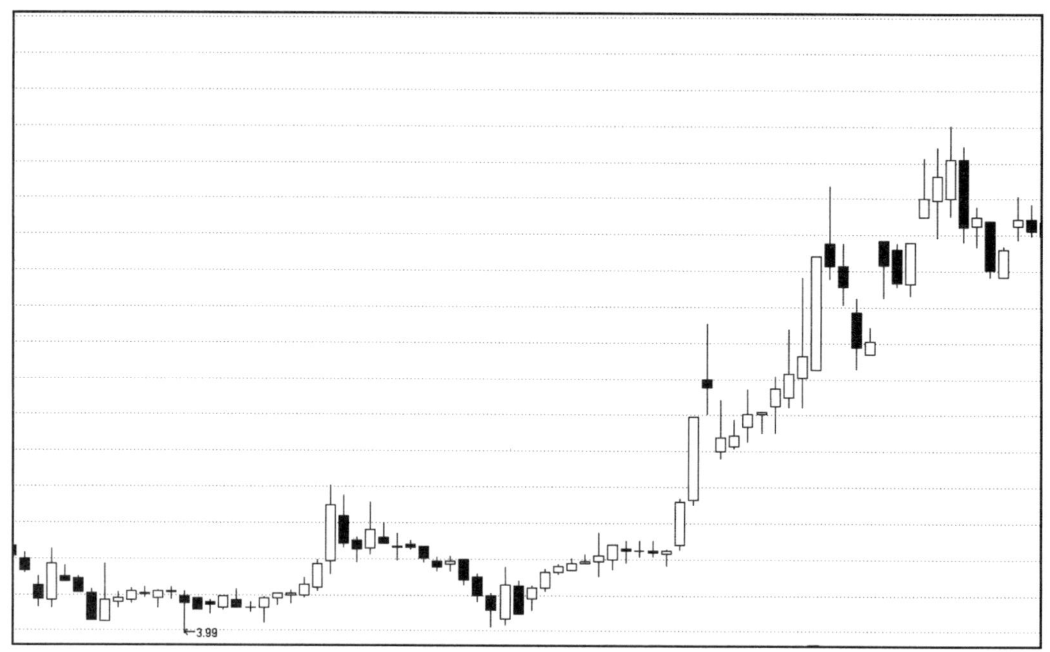

图 10-10　特殊数值之六

当顶部出现双胞胎信号时，我们要密切关注股价能否在两三天内向上突破，若无法突破，及时离场是很好的选择。当底部出现双胞胎信号时，也要密切关注股价的后续走势，并结合多种信号综合考虑，及时发现在底部反转的优质牛股。

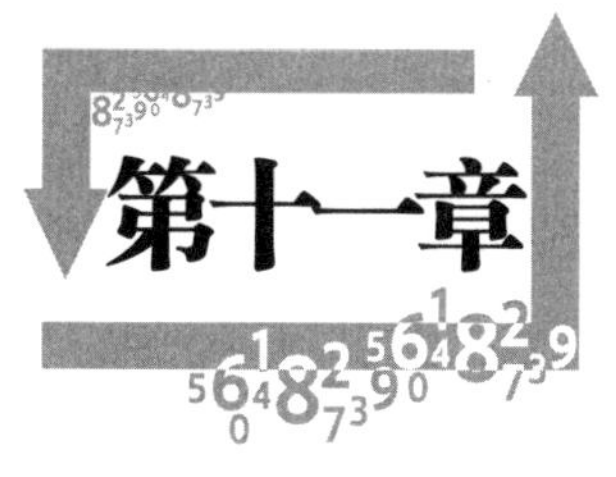

第十一章　风险教育必不可少

第一节　股市风险概述

股市是一个交易风险的地方，相较于银行存款，股市具有更大的财富增值可能性，但同时也需要承担更大的风险。狭义来说，股市的风险在于买入股票后股价的下跌，不能以高于买入价的卖价将股票卖出而发生的资金损失。值得注意的是，很多投资者有着不卖就不亏的投资误区，事实上股票被套住后的损失哪怕不卖也是实打实的，不仅损失了资金，还损失了很多机会成本。

根据风险的分类，股市的风险可分为系统性风险和非系统性风险。

系统性风险

系统性风险，又称不可分散的风险，是指由于某种因素变化，导致股市中的股票价格出现不同程度的下跌，从而给股票持有者带来损失。这是一种几乎不可避免的风险，通常是由于政治、经济等宏观环境造成，风险不会因为投资者持有的公司较为优质而化解。根据影响因素的不同，系统性风险可分为政策风险、利率风险、购买力风险、市场风险等。

1. 政策风险

政策风险是指由于政策的出台及实施导致相关企业的收益或者收益预期受到影响，从而导致股价下跌的风险，这种情况在制度尚不完善的新兴市场中尤为突出。例如环保政策的出台，污染较为严重的相关企业，特别是规模较小的企业由于其抗风险能力较弱极易受到冲击。又如相关政策对房价的打压，容易导致现金流紧张的中小房企在寒冬中备受煎熬，而股价也随之下跌。

2. 利率风险

在股票市场上，股票的交易价格是由市场价格决定的，而非按照其票面价格，因而随着市场上股票买卖活动的进行，股票因供过于求而导致股价下跌，因供不应求而导致股价上涨。资金是最聪明的，总是会流向最能创造收益的地方，一旦加息，无风险利率上升，意味着市场上部分资金一定会流向无风险的地方，而货币就那么多，如同一个跷跷板，那边多了，股市这边必然就少了，从而导致股市中的股票不同程度地下跌。利率的变动，本质上是货币的供应量发生变化，从而导致股票等证券的需求产生变动而股票价格随之波动。当利率下调，人们会觉得把钱存到银行不划算，从而把钱拿出来投入其他渠道，股市自然也是其中一种，而买方力量的增强导致股票价格随之上涨；反之，利率上调，人们觉得把钱存到银行更划算，其安全性和利息的增加两个因素共同吸引持币者。

3. 购买力风险

购买力风险是指由于股价的变化导致资金的实际购买力存在一定的不确定性，通常来说是通货膨胀的风险。理论上，轻微的通货膨胀可以刺激需求的增长，特别是投资需求的增长，从而带动股市的活跃。而通货膨胀一旦超过一定的比例，将使货币贬值，购买力下降，而未来的投资回报率也将大幅贬值，反映到股市就是相关企业的投资收益下降，进而给投资人带来损失。

4. 市场风险

股票投资作为典型的风险投资，天生存在着投资活动中最为常见的市场风险。股票市场波动性极大。股价的涨跌直接决定股票的盈亏，特别是在一些尚不规范的新兴市场中，影响因素更为复杂，很多政策都是在有了严重的损失和教训后才会出台。但这并不意味着成熟市场的股票投资就没有风险了，成熟市场一样存在着泡沫，而泡沫的破碎很多时候并不是因为股票不好，而恰恰是因为股票好，人们对其期望过高。参考 2018 年末的纳斯达克，在美联储加息的阴影下，一路高估值的“美版创业板”泡沫开始破碎。

非系统性风险

非系统性风险是指针对某一个股或者某一小类个股产生影响的不确定因素，而非大面积的整体风险。例如公司本身的经营风险、财务风险、市场销售影响、重大项目投资等因素，这些因素的变化一般只会对本公司产生影响，并不会对股市产生大规模影响。

1. 经营风险

经营风险是指上市公司本身经营活动的亏损、失败甚至倒闭给投资者带来损失的风险。上市公司的经营包括从原材料采购、生产、仓储、物流、销售、回款等各个环节，每个环节的停滞都会导致公司持续盈利的闭环受到影响，反馈到股价后导致投资者的投资损失。此外，商业周期的变化，以及竞争对手的变化同样会对上市公司经营产生影响，可能上市公司经营活动本身并未发生变动，但由于竞争对手的活动，导致公司的相对竞争力下降。需要特别提示的是，很多纯技术投资者会炒作ST股，而ST股本身经营不善，存在退市的可能性，应引起注意。

2. 财务风险

财务风险是指公司因为资金问题而产生的风险，通常是指公司无力偿还债务导致的一系列连锁问题。而财务结构的不合理，常常会造成公司的财务风险，主要体现在：对于即将到期的债务无力偿还，有息负债比例过高而公司净利润过低，债务结构不合理，等等。公司的现金流是公司的生命，一旦资金链断裂，公司经营无法继续，往往会给公司致命一击，因而财务的健康状况对于公司的有序发展至关重要。

3. 道德风险

道德风险是指上市公司的不道德行为给公司股票投资者带来损失的风险。通常情况下，公司管理者和股票的投资者应该是“同一条船上”的。本质上，股票市场是一个资源交换的地方，上市公司有赚钱的办法，但缺少资金，而投资者有钱又缺乏赚钱的办法，两者一拍即合。上市公司用向投资者募集的资金去扩大生产、改善经营情况，争取到更多的利润回报，从而达到双方共赢的结果。但实际情况中，一些道德败坏的管理者不好好干主业，只想着投机取巧，最终公司也是一地鸡毛。投资者应仔细甄别管理者的过往，远离有“污点”的管理者。

其他风险：股灾

股灾是一种特殊的风险，是指股市内部的泡沫或者矛盾积累到一定程度，受到某些偶然因素的影响而爆发，从而引发股价急剧下跌的现象。股灾对社会财富有着剧烈的影响，往往会造成巨大的经济损失。不同于股市的常规波动，股灾往往具有极强的破坏性、不确定性和连锁效应，对金融市场的影响巨大，可能是经济衰退的开始。例如 1929 年的美国大股灾、日本 1990 年的大股灾……

第二节　永远敬畏市场

牛市中很多人都能赚钱，甚至毫无经验的人也能赚大钱，但是真正能从市场带走盈利的人却很少。专业的机构尚不能必胜，散户更是逃不脱“七亏二平一赚”的命运。这是由股市的构造和人性的弱点决定的。

（1）股市本身的设计，目前来看可能是零和甚至是负和的游戏。你赢的钱可能就是别人亏的钱，整体财富并没有增加。但也不用过分悲观，一些真正的好公司还是在持续赚取利润，为广大股民创造财富的。

（2）炒股具有亏起来快、赚起来慢的特点。从 100 块亏到 50 块只要跌 50%，但要从 50 块重新涨回 100 块得涨 100%。在牛市赚的钱，可能都不够熊市亏的，牛市刚要回本，熊市又来了，恶性循环。

（3）业余选手和专业选手一起战斗存在风险。不像一般的比赛，在 A 股这个市场中，不管是新手老手，专业的和业余的，都在一个博弈场中博弈。专业的选手一天研究十几个小时，业余的散户一天能研究 1 小时就不错了，因此散户刚进入股市就处在不利的境地了。

（4）使用错误的方法也能赚钱，投资者容易养成错误的思维习惯。在牛市中，自己的错误会被掩盖，一旦进入熊市，错误的操作会被成倍地放大，好不容易赚的钱很容易就亏完了。

（5）投机是逆人性的，人们习惯赚一点点就卖，拿不住牛股；亏了又不服输，不愿意止损，放任损失越来越大，最后“装死了之”。此外，人性的弱点还有缺乏耐心，过早地下注，等不到关键点；急功近利，常年满仓；赌性重，单票重仓等。

无论如何，我们都必须认识到一个事实：在股市中赚钱很难，对市场必须保持敬畏的心态，只有时刻保持警惕的心态才能做好交易。

股神巴菲特说过，投资最重要的三件事：不要亏钱、不要亏钱、记住前两条。重要的事要说三遍。

费思在《海龟交易法则》中说道：交易的首要目的应该是生存，时间站在你这边，一个期望值为正的交易系统或者方法早晚会为你带来财富，有时候是你做梦也想不到的巨大财富。但这一切有一个前提条件——你必须留在游戏场中。

投资大家们都如此重视风险，敬畏市场，永远把保住本金放在第一位，我们又有什么理由懈怠呢？想要保住本金，在等待大机会的时候保存实力是有迹可循的，只要掌握一些简单的方法，严格遵守，就能避免很多大损失。

（1）只拿一部分资金去买入某个个股。市场永远存在着不确定性，特别是个股，要保证买入的个股哪怕腰斩了，对总资金影响也不会太大。

（2）轻仓试探。新买的股票，在没有利润垫底的时候，要特别谨慎，等行情走出来，证明你是对的，再逐渐加仓。

（3）及时止损。这是再怎么强调也不为过的，只有及时止损才能保证自己的主动性，而不是被动装死，无奈地等待市场反弹。

（4）适当减少交易频率，以免在不好的行情中，将连续的小亏损积累为大亏损。特别是熊市中，多看少动才是王道，否则只会身心俱疲。

在股市赚钱从来不是容易的事，敬畏市场，方能走得更远。

第三节 资金管理的艺术

资金管理，是指在使资金相对安全的前提下，关于如何调度、分配资金并提高资金使用效率和回报率的一门艺术，这是交易系统中非常重要的一环。

股市中最大的风险在于其不确定性，而对冲不确定性最好的方法便是资金管理，根据宏观经济、政策法规、盘面情况等，合理分配资金的使用，资金管理是通向持续盈利过程中最为重要的一环。股市是一个充满交易风险的地方，从某种角度来看，这是一个概率的游戏，如果上涨的概率大，那就多投入一点；如果下跌的概率大，或者无法判断，就少投入一点，宁可少赚，不要多亏。

首先，我们必须承认的是股价的涨跌是不可预测的。这是用简单的归谬法就能证明的，假设明天股价会涨5%，那最好的做法是现在就买入股票，如果现在就有人买进了，起涨的基数高了，我们本身买入的行为就对股价起到了推动作用，那么明天是不是会再涨5%，如果大家知道明天只会涨5%，那是不是有人会在涨4.9%“抢跑”，“抢跑”的人多了可能压根就不会出现上涨。因此，我们可以得知，原则上投资者的行为会对股价涨跌本身产生影响，股价是不可预测的。

尽管股价是不可预测的，但大盘上涨和下跌的概率却是有所区别的。在火热的牛市中，80%的股票都是上涨的；而在冰冷的熊市中，80%的股票都是下跌的。什么时候买股票容更易赚钱不言而喻。

然而牛熊的轮回永远不断循环着，有些人赚得盆满钵满，有些人却经过牛市仍未回本，其根本还是在于资金管理。

亏10%需要涨11%才能回本；亏20%需要涨25%才能回本；亏30%需要涨43%才能回本；亏40%需要涨67%才能回本；亏50%需要涨100%才能回本；亏60%需要涨150%才能回本；亏70%需要涨233%才能回本；亏80%需要涨400%才能回本；亏90%需要涨900%才能回本；而一旦亏100%，就没有本金拿来回本了……

从残酷的数字中我们可以看出，亏钱要比赚钱容易得多，再加上手续费、印花税等损失，要保持盈利谈何容易。而做到持续盈利的交易系统，通常能在行情好的时候多赚钱，在行情差的时候少亏钱。放弃平庸的机会，在行情转冷时果断保存实力，在真正的机会来临时再下重注。

根据实际情况的不同，资金管理可以分为总仓位的管理和分仓管理（即常说的“不把鸡蛋放在一个篮子里”）。

总仓位的管理

仓位的管理是一个非常个性化的事情，关乎个人的投资风格，其标准并没有定论。对于价值投资者，可能在熊市最寒冷的时候会选择逐渐满仓，甚至是常年满仓，只是慢慢切换合适的标的。而一些保守的趋势投资者，可能在熊市中就完全空仓了，等待市场逐渐复苏才开始进场。

总仓位的管理是交易系统的一部分，其依据在不同的系统中也完全不同。举个极

端的例子，某个人投资者只有满仓和空仓两种仓位，在上证指数站上年线时满仓，在上证指数跌下年线时清仓。尽管简单粗暴，但也避免了熊市中的风险。当然，实际操作时要复杂得多，不太可能这样简单切换。

分仓管理

股市有句名言，不要把所有的鸡蛋放在一个篮子里。通俗来说，就是不要把所有的资金都压在一只股票上。因为股市永远存在不确定的风险，谁也无法保证股票必涨。血淋淋的例子数不胜数：长生生物作为疫苗的龙头股，前景良好，谁又能想到会出一个疫苗造假的恶性事件，最终被责令退市。哪怕是价值投资的信仰，如贵州茅台，用接近 800 块的价格买进，跌到 500 多块时又能找谁说理?

古话说，留得青山在，不怕没柴烧。资金管理是一门关乎防守和攻击的艺术，放弃平庸的机会，保护好本金免受损失，在行情悄然到来时尝试出击，在真正的机会到来时，逐渐增加仓位。

不同操作周期的资金风险管理

股市投资是天生带有风险的，哪怕是再少的股票，都是对于公司部分所有权的凭证。如果你把股票作为投资的一部分，打算和公司共同成长，那风险也就不难理解了，没有一桩生意是稳赚不赔的，否则所有的资金都会争相涌入。你要享受公司发展带来的红利就要承担风险。如果你把股票作为博弈的筹码，那风险更是显而易见，特别是“击鼓传花”到阶段高位的股票，谁都知道会有投资者买单，只是几乎所有人都会相信那个人不是自己。

说到资金和风险的管理，凡是经历过一些亏损的投资者都知道一些规则，比如要严格止损，股票走势一旦出现问题及时走人。在有一定的盈利以后及时卖出，否则容易出现股价“反复坐过山车”现象甚至从盈利变为亏损。在大盘不好的时候，轻仓或者清仓，在大盘走势良好的时候才能加重仓位……尽管听起来非常有道理，但是隐隐又有些不对。究其原因在于这些虽然都是怎么都不会错的大道理，但一旦到了执行层面未免就会让人有些不知所措。所谓的止盈、止损的标准是什么？究竟在怎样的情况下可以轻仓，怎样的情况下重仓？轻仓和重仓的分界线又在哪里？这些细枝末节的事，并没有统一的答案，每个投资者都会有自己的选择。有些激进的投资者可能常年仓位就比较重，而有些谨慎的投资者，稍有风吹草动就一溜烟跑了。

尽管具体策略无法一概而论，但是大致上会有一个区分，这里做个简单论述以供参考。根据持股的周期不同，大概可以分为长线操作、中线操作和短线操作三种情况。

1. 长线操作的资金风险管理

长线操作的持有周期是以年为单位的，甚至一些长线投资者的持股时间是超越牛熊的，其持股是依靠基本面等底层逻辑，而不是股价的短期变动，因而对于回撤的容忍程度较高。

基于长线操作的资金风险管理，大致需要注意以下几方面：

（1）只使用闲置的资金。

在长线操作中，时间是我们的朋友，会给我们带来财富。但是值得注意的是，长线操作是基于长线的逻辑，但并不代表一定要一直持有。长期持股是一个结果，而不是目的，一旦投资的逻辑变了，自然也就不该继续持有了。尽管时间这一神器解决了短期波动的烦恼，但是也带来了一些麻烦，股价很多时候就像一条疯狗，哪怕性价比已经高得不可思议了，但股价还是“跌跌不休”，甚至跌得让人怀疑自己的投资逻辑是不是错了。因而对于长线操作来说，其资金必须是闲置的资金，至少是一年甚至几年都不需用到的资金。

（2）合理分散行业。

长期持股的逻辑，必然是基于行业发展的，把所有的资金都投资在同一个行业中，也就将自己置于行业变动的不确定风险之中了。曾经的汽车板块、医疗板块等都是香饽饽，但 2019 年却面临着行业的重新估值。而将资金分散到不同的行业中，恰恰能降低这种行业风险。

（3）仓位的管理。

对于长线操作，股价的变动是不可预测的，尽管股价已经下跌到投资者的心理价位，但并不代表就不会跌了。因而在长线投资的建仓期内，可以采取分期多次买入的方法，买入完成后可耐心等待股价到达预期卖点，或者长期逻辑发生变化而不再持有。

（4）持有逻辑的跟踪、坚持持有。

长期持有不代表长期投资，有一种情况是极其致命的，就是短线操作被套住而选择长期持有，拿着短期逻辑做长期投资，特别是一些的“垃圾股”，如同一个鸡蛋一般，一旦从高位砸下来，可能再也无法反弹了。对于长期投资来说，必须关注行业的逻辑，举个极端的例子，当年柯达胶卷直到破产都是世界上最优秀的胶卷，只是世界不再需要传统胶卷了，这也导致了柯达的破产。关注行业的发展变化，严守自己的投资逻辑，只有在投资逻辑发生变化时再作出抉择，这对于避免短期波动的干扰显得尤为重要。

2. 中线操作的资金风险管理

基于中线操作的资金风险管理，大致需要注意以下几方面：

（1）使用相对闲置的资金。

与长线操作不同的是，中线操作的周期并不会以年为单位，通常以月为单位，因而使用的资金可以更多一些，但也应低于自己可用资金的60%，以避免因为短期急用而不得不在未到卖点时被迫卖出。

（2）分散投资。

这一点和长线投资并无二致，市场是存在“黑天鹅”事件的，哪怕走势运行得很好，也存在短期大跌的可能性。此外，不同的个股涨跌幅度和先后也是不同的，分散到不同的标的可以平滑资金曲线。当然，操作的股票在 5 只以内为宜，一方面，人的时间和精力是有限的，过于分散反而容易力不从心；另一方面，一些平庸的机会也容易拉低账户的整体收益率，特别是一些不熟悉的行业或者个股。

（3）仓位管理。

关于趋势投资者买入股票前的分析，有6个重要的因素：大盘、行业（概念）、个股、K线、均线、形态。大盘是所有股票上涨下跌的基础。覆巢之下，安有完卵？在大盘走势良好时，股票上涨的概率就大得多，操作个股的容错率也会比较高，而大盘情况不佳时，哪怕本来要启动的股票，也可能受大盘影响而调整。行业和概念作用和大盘相似，资金是会抱团的，因而在热门板块中的个股，往往会有更多的人气溢价，涌入的资金使得股价上升更加持久。个股的特质也是股价运动的重要因素，认清股票涨跌的逻辑，究竟只是概念热炒，还是业绩原因，抑或其他原因。K线是图表的语言，大阳线、小阳线、大阴线、十字星等，都蕴含着价值不菲的信息。而均线就是天然的趋势线，均线的方向以及排列顺序也是趋势重要的表现。而走势形态众多，每个投资者都会有偏好的形态。

对于趋势投资者而言，符合的要素越多，操作性越强，而符合的条件少于 5 个时，理论上为安全起见，不应再参与操作。而仓位大小取决于个人的风险偏好，例如大盘指数在 20 日均线以下不参与，或者符合其中 5 个因素就可以参与。对于波段操作，有一种常见的做法是保留一定比例的底仓，对其他部分进行高抛低吸，直到波段趋势告一段落。但有一点是必须注意的，不同于长线操作，中线波段操作时需要严格止损，哪怕不知道下跌原因，股价触发技术止损必须及时出场。

注：这里论述的中线操作是基于趋势的波段交易。

3. 短线操作的资金风险管理

基于短线操作的资金风险管理，大致需要注意以下几方面：

（1）注意行情热点的变动。

对短线操作而言，大盘环境并没有过于严格的规定，但并不是没有原则。就如前文所说，大盘环境良好时，操作个股的容错率更高。但是这并不表明熊市或者震荡市中就没有机会，哪怕是熊市，跌多了也会有反弹的机会，而短线抓的就是热点的轮动。除了熊市初期的普跌以外，基本都会有局部结构性行情，如熊市中逆周期的政策导致的一些结构行情。

（2）更加高效的买卖。

短线操作本质上更多的是一种情绪和资金的博弈，依靠的是市场一时的冲动。很多时候一个市场利好出来，资金便向潮水一般地涌入个股，导致个股短期内极速上涨，期间常常会出现涨停板，是一种情绪的宣泄。买入时机更多时候也是追涨买入，若股价强度不如预期或者反复调整，理应及时退出观察。买卖原则也需要明确的标准，如买入 3 天内涨幅没有脱离成本区，则先行卖出。

（3）仓位管理和分散投资。

对于仓位而言，由于操作周期较短，可能几天甚至隔天就能操作，因而没有过于严格的规定。但并不是说短线操作的风险小，而是短线操作的机动性更强，遇到一些风吹草动就应及时撤出，而不是还犹豫着思考下跌的原因。一般来说，熊市的反弹不能超过 1/3 仓，而指数慢慢开始企稳时不超过 1/2 仓。不同风险偏好的投资者会有所差别，激进的投资者仓位可以稍重一些，而稳健的投资者对于机会的筛选可能更加严格，仓位控制更加谨慎。

能预测到的风险不是真正的风险，可以预测到的风险，市场会提前通过股价的下跌释放信号，唯有突发情况才会让人措手不及，甚至是致命的，因而时刻做好风险管理就显得尤为重要。

老魏寄语:

关于风险管理，细心的读者会发现，这是我在全书中反复提到的要点。每个来到股市的投资者，都不是“善男信女”，不是为了给股市做奉献，谁都想到股市来分一杯羹。但我们永远要记住的是，股市中风险是无限的，机会也是无限的，只有我们的本金是有限的。留得青山在，不怕没柴烧，在市场风险较高时管住手，保护好本金，在市场转暖时及时参与，哪怕每次少赚点，但长时间积累的利润也是非常可观的。